KB049738

세/계/중/재/법/규/총/서

1

세계중재법규

제3권

법무부
MINISTRY OF JUSTICE

2010년 7,000억 원 상당이던 한국 기업의 국제 중재 분쟁금액이 2013년에는 18조 5,000억 원 상당으로 증가하였습니다.

FTA 등으로 국제분쟁이 증가하는 상황에서 중재는 '각국 법원의 자국 기업 편들기'를 피할 수 있는 효율적인 분쟁해결 수단이기 때문에, 국제거래에서 중재의 활용도는 계속 높아질 것으로 예상됩니다.

그런데 이와 같이 국제 중재계약이 늘어나고 있지만, 우리 기업 및 로펌이 중재지를 선정함에 있어서, 외국의 중재법규를 파악하고, 장·단점을 비교하기에는 어려움이 많은 상황입니다.

이에 법무부는 국제 계약을 하는 기업 및 로펌에 도움을 주고, 중재 활성화에도 기여하기 위해 미국, 중국, 영국, 프랑스, 싱가포르 등 18개 국제 중재 중심지 중재법규와 UNCITRAL 모델법 등을 번역·감수하였습니다.

책자가 나오기까지 바쁜 일정에도 감수에 힘써주신 성균관대 오원석, 숭실대 허해관 교수님께 감사의 마음을 전합니다.

아무쪼록 「세계 중재법규 총서」시리즈가 우리 기업들의 이익보호에 기여하고, 우리나라가 아시아의 중재허브로 발전하는 데 도움이 될 수 있기를 기대해 봅니다.

2014. 12.

법무부 법무실장 **정 인 창**

종래 국제거래에서 발생하는 분쟁은 중재로써 해결하도록 국제적으로 권장되고 있는데, 이는 중재가 소송에 비하여 많은 장점이 있고 무엇보다도 중재판정은 1958년 뉴욕협약에 의하여 그 체약국인 153개국 사이에서 국제적 승인과 집행이 널리 보장되기 때문입니다. 근래에는 우리나라 기업도 국제중재를 이용하여 분쟁을 해결하는 사례가 점증하고 있습니다.

중재법은 중재절차를 규율하는 법률을 말하는데, 중재지가 있는 국가의 중재법이 그 중재절차에 적용됩니다. 이러한 중재법은 중재절차의 골격을 제공하면서 그와 함께 그 골격 내에서 각 절차의 세부적 사항들을 규정합니다. 예컨대 중재법은 중재의 제기와 중재판정부의 구성, 임시적 처분, 변론의 진행, 중재판정의 요건과 효력, 중재판정의 취소 기타 그에 대한 불복, 중재판정의 국내적 또는 국제적 승인과 집행에 관하여 규정하면서 아울러 그러한 각 절차의 세부적 사항을 규정합니다. 물론 각국의 중재법은 중재절차에서 당사자자치를 널리 허용하므로, 당사자들은 예컨대 중재인의 수나 그 선정방법, 중재에 사용할 언어, 변론진행의 일정 · 장소 · 방법 등에 관하여 합의로 정할 수 있습니다.

한편 다른 법률분야와 비교되는 특징의 하나로 중재법은 범세계적으로 통일되어 있습니다. 그 이유로는 여러 가지가 있겠지만 특히 UNCITRAL이 1985년에 제정한 국제상사 중재에 관한 모델법(Model Law on International Commercial Arbitration)을 들지 않을 수 없습니다. 이 모델법은 근 40개국에 이르는 국가에서 국내법으로 전부 또는 일부 수용되었다고 보고되고 있습니다. 우리나라도 이를 수용하여 1999년에 중재법을 전면적으로 개정한 바 있습니다. 이 모델법은 중재합의의 서면요건을 완화하고 임시적 처분에 관한 규정을 보강하기 위하여 2006년에 개정되었고, 그 후 이 개정법은 서구의 중재법분야 선진국들을 포함한 많은 국가에서 수용되고 있습니다. 그러한 국제적 추세에 발맞추어 우리 법무부도 2013년 3월에 법무자문위원회 중재법 개정 특별분과위원회를 발족하여 2년여에 걸쳐 운영하는 등 중재법 개정을 위하여 많은 노력을 기울이고 있는데, 참으로 바람직한 일이라 하겠습니다.

    이러한 배경에서 현재 중재법의 비교법적 연구는 학문적으로나 실무상으로 매우 중요
한데, 우리 법무부가 이와 같이 세계중재법규집을 발간하는 것도 이러한 이유 때문이라
고 생각됩니다. 특히 이번 법규집에서는 뉴욕협약과 UNCITRAL 개정 모델중재법 외에도
비교법적 연구에 중요한 미국, 영국, 독일, 프랑스 및 일본의 중재법을 한 권으로 묶어 제
공할 뿐만 아니라 그 밖에 중국이나 러시아 중재법이나 캐나다, 호주, 이탈리아 중재법과
같이 그 동안 크게 관심을 받지 못하였던 국가의 중재법까지 방대하게 포함시키고 있어
학계와 실무에 큰 도움이 될 것으로 보입니다. 아무쪼록 이 법규집이 널리 활용되어 이와
같은 목적을 달성하고, 우리 중재법의 개정작업에 일조할 수 있기를 염원합니다.

2014. 12.

감수자 일동

CONTENTS

AUSTRIA

ÖSTERREICHISCHES SCHIEDSRECHT

오스트리아 중재법

01

ÖSTERREICHISCHES SCHIEDSRECHT

(ZPO idF SchiedsRÄG 2013)

(in Kraft ab 1. Jänner 2014)

ERSTER TITEL   ALLGEMEINE BESTIMMUNGEN

§ 577.   ANWENDUNGSBEREICH

(1) Die Bestimmungen dieses Abschnitts sind anzuwenden, wenn der Sitz des Schiedsgerichts in Österreich liegt.

(2) §§ 578, 580, 583, 584, 585, 593 Abs. 3 bis 6, §§ 602, 612 und 614 sind auch anzuwenden, wenn der Sitz des Schiedsgerichts nicht in Österreich liegt oder noch nicht bestimmt ist.

(3) Solange der Sitz des Schiedsgerichts noch nicht bestimmt ist, besteht die inländische Gerichtsbarkeit für die im dritten Titel genannten gerichtlichen Aufgaben, wenn eine der Parteien ihren Sitz, Wohnsitz oder gewöhnlichen Aufenthalt in Österreich hat.

(4) Die Bestimmungen dieses Abschnitts sind nicht auf Einrichtungen nach dem Vereinsgesetz zur Schlichtung von Streitigkeiten aus dem Vereinsverhältnis anwendbar.

§ 578.   GERICHTLICHE TÄTIGKEIT

Das Gericht darf in den in diesem Abschnitt geregelten Angelegenheiten nur tätig werden, soweit dieser Abschnitt es vorsieht.

§ 579.   RÜGEPFLICHT

Hat das Schiedsgericht einer Verfahrensbestimmung dieses Abschnitts, von der die Parteien abweichen können, oder einem vereinbarten Verfahrenserfordernis des Schiedsverfahrens nicht entsprochen, so kann eine Partei den Mangel später nicht mehr geltend machen, wenn sie ihn nicht unverzüglich ab Kenntnis oder innerhalb der dafür vorgesehenen Frist gerügt hat.

§ 580.   EMPFANG SCHRIFTLICHER MITTEILUNGEN

(1) Haben die Parteien nichts anderes vereinbart, so gilt eine schriftliche Mitteilung an dem Tag als empfangen, an dem sie dem Empfänger oder einer zum Empfang berechtigten Person persönlich ausgehändigt wurde oder, wenn dies nicht möglich war, an dem sie am Sitz, Wohnsitz oder gewöhnlichen Aufenthalt des Empfängers sonst übergeben wurde.

(2) Hat der Empfänger Kenntnis vom Schiedsverfahren und ist er oder eine zum Empfang berechtigte Person trotz angemessener Nachforschungen unbekannten Aufenthalts, so

오스트리아 중재법

(민사소송법 제6편 제4장 중재절차)
(2014. 1. 1. 발효)

제1절 일반규정

제577조 적용범위

(1) 이 장의 규정은 중재지가 오스트리아 내에 있는 경우에 적용된다.

(2) 제578조, 제580조, 제583조, 제584조, 제585조, 제593조 제3항에서 제6항, 제602조, 제612조 및 제614조는 또한 중재지가 오스트리아가 아닌 경우나 아직 중재지가 결정되지 않은 경우에도 적용된다.

(3) 중재지가 아직 결정되지 않은 경우, 당사자 중 일방의 본거, 주소 또는 상거소가 오스트리아 내인 경우에 오스트리아 법원은 이 장 제3절에 규정된 사법적(司法的) 사항에 대하여 관할을 갖는다.

(4) 이 장의 규정은 오스트리아 단체법(Vereinsgesetz)에 따른 단체 내에서 발생하는 분쟁의 조정에 대해서는 적용되지 아니한다.

제578조 법원의 개입

이 장에 의해 규율되는 사항에 대해서 법원은 이 장에서 허용하는 경우를 제외하고 관여하여서는 아니 된다.

제579조 이의제기

중재판정부가 이 장의 절차에 관한 임의규정이나 중재절차에 관하여 합의된 절차적 요건을 준수하지 않은 경우, 당사자가 이를 안 후 즉시 또는 규정된 기간 내에 이의를 제기하지 아니한 때에는 향후 이의를 제기할 수 없다.

제580조 서면통지의 수령

(1) 당사자들이 달리 합의하지 않는 한, 모든 서면통지는 수신인 또는 수령대리인에게 직접 교부되거나 이것이 불가능한 경우에는 수신인의 본거, 주소 또는 상거소에 전달된 일자에 수령된 것으로 본다.

(2) 수신인이 중재절차에 대하여 알고 있되 합리적인 조사에도 불구하고 수신인 또는 그 수령대리인의 소재를 알 수 없는 경우에, 서면통지는 수신인이 중재합의 당시에 표시

gilt eine schriftliche Mitteilung an dem Tag als empfangen, an dem eine ordnungsgemäße Übermittlung nachweislich an einem Ort versucht wurde, der bei Abschluss der Schiedsvereinbarung oder in der Folge vom Empfänger der anderen Partei oder dem Schiedsgericht gegenüber als Adresse bekannt gegeben worden ist und bisher nicht unter Angabe einer neuen Adresse widerrufen wurde.

(3) Abs. 1 und 2 gelten nicht für Mitteilungen in gerichtlichen Verfahren.

ZWEITER TITEL   SCHIEDSVEREINBARUNG

§ 581.   BEGRIFF

(1) Die Schiedsvereinbarung ist eine Vereinbarung der Parteien, alle oder einzelne Streitigkeiten, die zwischen ihnen in Bezug auf ein bestimmtes Rechtsverhältnis vertraglicher oder nichtvertraglicher Art entstanden sind oder künftig entstehen, der Entscheidung durch ein Schiedsgericht zu unterwerfen. Die Schiedsvereinbarung kann in Form einer selbständigen Vereinbarung oder in Form einer Klausel in einem Vertrag geschlossen werden.

(2) Die Bestimmungen dieses Abschnitts sind auch auf Schiedsgerichte sinngemäß anzuwenden, die in gesetzlich zulässiger Weise durch letztwillige Verfügung oder andere nicht auf Vereinbarung der Parteien beruhende Rechtsgeschäfte oder durch Statuten angeordnet werden.

§ 582.   SCHIEDSFÄHIGKEIT

(1) Jeder vermögensrechtliche Anspruch, über den von den ordentlichen Gerichten zu entscheiden ist, kann Gegenstand einer Schiedsvereinbarung sein. Eine Schiedsvereinbarung über nicht vermögensrechtliche Ansprüche hat insofern rechtliche Wirkung, als die Parteien über den Gegenstand des Streits einen Vergleich abzuschließen fähig sind.

(2) Familienrechtliche Ansprüche sowie alle Ansprüche aus Verträgen, die dem Mietrechtsgesetz oder dem Wohnungsgemeinnützigkeitsgesetz auch nur teilweise unterliegen, einschließlich der Streitigkeiten über die Eingehung, das Bestehen, die Auflösung und die rechtliche Einordnung solcher Verträge, und alle wohnungseigentumsrechtlichen Ansprüche können nicht Gegenstand einer Schiedsvereinbarung sein. Gesetzliche Vorschriften außerhalb dieses Abschnitts, nach denen Streitigkeiten einem Schiedsverfahren nicht oder nur unter bestimmten Voraussetzungen unterworfen werden dürfen, bleiben unberührt.

§ 583.   FORM DER SCHIEDSVEREINBARUNG

(1) Die Schiedsvereinbarung muss entweder in einem von den Parteien unterzeichneten Schriftstück oder in zwischen ihnen gewechselten Schreiben, Telefaxen, e-mails oder anderen Formen der Nachrichtenübermittlung enthalten sein, die einen Nachweis der

하였거나 그 이후에 상대방 당사자나 중재판정부에게 표시하였던 장소로서 새로운 주소에 의하여 철회되지 않은 장소에 통상적인 방법으로 전달을 시도한 일자에 수령된 것으로 본다.

(3) 제1항 및 제2항은 소송절차상의 송달에는 적용되지 아니한다.

제2절 중재합의

제581조 정의

(1) 중재합의는 계약적인 법률관계인지를 불문하고, 일정한 법률관계에 관하여 당사자 간에 이미 발생하였거나 장래에 발생할 수 있는 모든 또는 특정한 분쟁을 중재에 회부하기로 하는 당사자 간의 합의를 말한다.

(2) 이 장의 규정은 당사자 간의 합의에 기초하지 않는 유언에 의한 처분 기타 법적 거래에 의하거나 단체나 법인의 정관에 의하여 법적으로 유효하게 권한을 받는 중재판정부에 대하여 준용된다.

제582조 중재가능성

(1) 법원의 관할 내에 있는 재산권에 관한 청구는 중재합의의 대상이 될 수 있다. 비재산권에 관한 중재합의는 당사자들이 분쟁의 대상에 관하여 화해할 수 있는 범위 내에서 법적 효력을 갖는다.

(2) 가족법상의 문제에 관한 청구 및 주택임대법(Mietrechtsgesetz)이나 공공임대법(Wohnungsgemeinnützigkeitsgesetz)의 적용을 일부라도 받는 계약에 기초한 청구(그러한 계약의 성립, 존재, 종료 및 그 성질결정을 포함한다)와 공동소유주택의 재산권에 관한 청구는 중재합의의 대상이 되지 아니 한다. 분쟁을 중재에 회부하지 못하도록 하거나 일정한 요건 하에서만 중재에 회부할 수 있도록 하는 이 장 외의 법률규정은 영향을 받지 아니한다.

제583조 중재합의의 형식

(1) 중재합의는 그 합의가 당사자들의 서명된 문서 또는 당사자 간에 교환된 서신, 팩스, 이메일 또는 기타 통신수단에 기재되어야 한다.

Vereinbarung sicherstellen.

(2) Nimmt ein den Formerfordernissen des Abs. 1 entsprechender Vertrag auf ein Schriftstück Bezug, das eine Schiedsvereinbarung enthält, so begründet dies eine Schiedsvereinbarung, wenn die Bezugnahme dergestalt ist, dass sie diese Schiedsvereinbarung zu einem Bestandteil des Vertrages macht.

(3) Ein Formmangel der Schiedsvereinbarung wird im Schiedsverfahren durch Einlassung in die Sache geheilt, wenn er nicht spätestens zugleich mit der Einlassung gerügt wird.

§ 584. SCHIEDSVEREINBARUNG UND KLAGE VOR GERICHT

(1) Wird vor einem Gericht Klage in einer Angelegenheit erhoben, die Gegenstand einer Schiedsvereinbarung ist, so hat das Gericht die Klage zurückzuweisen, sofern der Beklagte nicht zur Sache vorbringt oder mündlich verhandelt, ohne dies zu rügen. Dies gilt nicht, wenn das Gericht feststellt, dass die Schiedsvereinbarung nicht vorhanden oder undurchführbar ist. Ist ein solches Verfahren noch vor einem Gericht anhängig, so kann ein Schiedsverfahren dennoch eingeleitet oder fortgesetzt werden und ein Schiedsspruch ergehen.

(2) Hat ein Schiedsgericht seine Zuständigkeit für den Gegenstand des Streits verneint, weil hierüber keine Schiedsvereinbarung vorhanden ist oder die Schiedsvereinbarung undurchführbar ist, so darf das Gericht eine Klage darüber nicht mit der Begründung zurückweisen, dass für die Angelegenheit ein Schiedsgericht zuständig ist. Mit der Erhebung der Klage bei Gericht erlischt das Recht des Klägers, nach § 611 eine Klage auf Aufhebung der Entscheidung zu erheben, mit welcher das Schiedsgericht seine Zuständigkeit verneint hat.

(3) Ist ein Schiedsverfahren anhängig, so darf über den geltend gemachten Anspruch kein weiterer Rechtsstreit vor einem Gericht oder einem Schiedsgericht durchgeführt werden; eine wegen desselben Anspruches angebrachte Klage ist zurückzuweisen. Dies gilt nicht, wenn die Unzuständigkeit des Schiedsgerichts vor diesem spätestens mit der Einlassung in die Sache gerügt wurde und eine Entscheidung des Schiedsgerichtes hierüber in angemessener Dauer nicht zu erlangen ist.

(4) Wird eine Klage von einem Gericht wegen Zuständigkeit eines Schiedsgerichtes oder von einem Schiedsgericht wegen Zuständigkeit eines Gerichtes oder eines anderen Schiedsgerichtes zurückgewiesen oder wird in einem Aufhebungsverfahren ein Schiedsspruch wegen Unzuständigkeit des Schiedsgerichts aufgehoben, so gilt das Verfahren als gehörig fortgesetzt, wenn unverzüglich Klage vor dem Gericht oder Schiedsgericht erhoben wird.

(5) Eine Partei, die sich zu einem früheren Zeitpunkt in einem Verfahren auf das Vorhandensein einer Schiedsvereinbarung berufen hat, kann später nicht mehr geltend machen, dass diese

(2) 제1항의 형식요건을 충족하는 계약에서 중재합의를 담고 있는 문서를 원용하는 경우에, 그러한 원용에 의하여 중재합의가 그 계약의 일부를 이루는 때에는 중재합의가 성립한다.

(3) 중재합의 형식의 흠결은 이의제기가 없는 한 늦어도 분쟁의 본안에 관하여 변론을 시작한 때에 그러한 변론에 의하여 치유된다.

제584조 중재합의와 법원에의 제소

(1) 중재합의의 대상이 된 사항을 수소한 법원은 그 소를 각하하여야 하되, 다만 피고가 아무런 이의도 제기함이 없이 분쟁의 본안에 관하여 답변서를 제출하거나 구두로 법원에서 변론하는 때에는 그러하지 아니하다. 이는 법원이 중재합의가 존재하지 않거나 이행불능이라고 것으로 판단하는 때에는 적용되지 아니한다. 그 절차가 법원에 계류 중인 경우에도 중재절차는 개시 또는 계속될 수 있고, 중재판정을 내릴 수도 있다.

(2) 중재판정부가 당해 사안에 관하여 중재합의가 없거나 이행불능이라는 이유로 분쟁의 대상인 사항에 대하여 관할이 없다고 결정한 경우, 법원은 중재판정부가 그 사항에 대하여 관할을 가진다는 이유로 그 사항에 관한 소송을 각하하여서는 아니 된다. 중재판정부가 자신의 관할을 부정하는 결정을 한 데 대하여 제611조에 따라 그러한 결정의 취소소송을 제기할 수 있는 신청인의 권리는 그가 법원에 제소함으로써 소멸된다.

(3) 중재절차가 계류 중인 경우, 그 절차에서 주장되는 청구에 관하여는 더 이상 법원이나 다른 중재판정부에 법적 조치를 구할 수 없으며, 동일한 청구는 각하되어야 한다. 이는 중재판정부의 관할권에 대한 이의가 늦어도 분쟁의 본안에 대하여 변론할 때에 중재판정부에 제기되고 그에 대한 중재판정부의 결정이 합리적인 기간 내에 내려질 수 없는 경우에는 적용되지 아니한다.

(4) 중재판정부의 관할권을 이유로 법원이 소송을 각하하거나 중재판정부가 다른 중재판정부의 관할권을 이유로 중재를 거부하는 경우, 또는 중재판정이 그 취소소송에서 중재판정부의 관할권 흠결을 이유로 취소된 경우에, 당해 절차는 만약 그러한 조치(소송이나 중재)가 그러한 법원이나 중재판정부에 대하여 즉시 제기되었던 때에는 정히 계속되었던 것으로 본다.

(5) 중재절차의 어느 단계에서 중재합의의 존재를 주장한 당사자는 그 후 관련사정이 변경되지 않는 한 그 후의 단계에서 중재합의가 존재하지 않는다고 주장할 수 없다.

nicht vorliegt, es sei denn, die maßgebenden Umstände haben sich seither geändert.

§ 585. SCHIEDSVEREINBARUNG UND EINSTWEILIGE GERICHTLICHE MASSNAHMEN

Eine Schiedsvereinbarung schließt nicht aus, dass eine Partei vor oder während des Schiedsverfahrens bei einem Gericht eine vorläufige oder sichernde Maßnahme beantragt und dass das Gericht eine solche Maßnahme anordnet.

DRITTER TITEL   BILDUNG DES SCHIEDSGERICHTS

§ 586. ZUSAMMENSETZUNG DES SCHIEDSGERICHTS

(1) Die Parteien können die Anzahl der Schiedsrichter frei vereinbaren. Haben die Parteien jedoch eine gerade Zahl von Schiedsrichtern vereinbart, so haben diese eine weitere Person als Vorsitzenden zu bestellen.

(2) Haben die Parteien nichts anderes vereinbart, so sind drei Schiedsrichter zu bestellen.

§ 587. BESTELLUNG DER SCHIEDSRICHTER

(1) Die Parteien können das Verfahren zur Bestellung des Schiedsrichters oder der Schiedsrichter frei vereinbaren.

(2) Fehlt eine Vereinbarung über das Verfahren zur Bestellung, so gilt Folgendes:

1. In Schiedsverfahren mit einem Einzelschiedsrichter wird der Schiedsrichter, wenn sich die Parteien über seine Bestellung nicht binnen vier Wochen nach Empfang einer entsprechenden schriftlichen Aufforderung einer Partei durch die andere Partei einigen können, auf Antrag einer Partei durch das Gericht bestellt.

2. In Schiedsverfahren mit drei Schiedsrichtern bestellt jede Partei einen Schiedsrichter. Diese beiden Schiedsrichter bestellen den dritten Schiedsrichter, der als Vorsitzender des Schiedsgerichts tätig wird.

3. Wenn mehr als drei Schiedsrichter vorgesehen sind, hat jede Partei die gleiche Zahl an Schiedsrichtern zu bestellen. Diese bestellen einen weiteren Schiedsrichter, der als Vorsitzender des Schiedsgerichts tätig wird.

4. Hat eine Partei einen Schiedsrichter nicht binnen vier Wochen nach Empfang einer entsprechenden schriftlichen Aufforderung durch die andere Partei bestellt oder empfangen die Parteien nicht binnen vier Wochen nach der Bestellung der Schiedsrichter von diesen die Mitteilung über den von ihnen zu bestellenden Schiedsrichter, so ist der Schiedsrichter auf Antrag einer Partei durch das Gericht zu bestellen.

5. Eine Partei ist an die durch sie erfolgte Bestellung eines Schiedsrichters gebunden, sobald die andere Partei die schriftliche Mitteilung über die Bestellung empfangen hat.

(3) Haben die Parteien ein Verfahren für die Bestellung vereinbart und

제585조 중재합의와 법원의 임시적 처분

당사자가 중재절차의 전이나 진행 중에 법원에 임시적 또는 보전적 처분을 신청하거나 법원이 그러한 처분을 내리는 것은 중재합의에 반하지 아니한다.

제3절 중재판정부의 구성

제586조 중재판정부의 구성

(1) 당사자들은 중재인의 수에 관하여 자유로이 합의할 수 있다. 그러나 당사자들이 중재인의 수를 짝수로 합의하였다면, 중재인들은 의장중재인을 추가로 선정하여야 한다.

(2) 당사자들이 달리 합의하지 않은 한, 중재인의 수는 3인으로 한다.

제587조 중재인의 선정

(1) 당사자들은 중재인의 선정절차에 관하여 자유로이 합의할 수 있다.

(2) 중재인의 선정절차에 관한 합의가 없는 경우에 다음 각 호가 적용된다.

1. 단독중재인에 의한 중재의 경우, 당사자가 상대방으로부터 중재인을 합의로 선정하기로 하는 서면요청을 수령한 날로부터 4주 내에 당사자들이 중재인 선정에 합의하지 못하는 때에는 어느 일방당사자의 요청에 따라 법원이 중재인을 선정한다.

2. 3인의 중재인에 의한 중재의 경우에, 각 당사자는 1인의 중재인을 선정하여야 한다. 그렇게 선정된 2인의 중재인은 의장중재인이 될 제3의 중재인을 선정하여야 한다.

3. 4인 이상의 중재인이 선정되어야 하는 경우에, 각 당사자는 동일한 수의 중재인을 선정하여야 한다. 그렇게 선정된 중재인들은 의장중재인이 될 1인의 중재인을 추가로 선정하여야 한다.

4. 당사자가 상대방으로부터 중재인의 선정을 구하는 서면요청을 수령한 날로부터 4주 내에 중재인을 선정하지 않거나, 당사자들이 선정한 중재인들로부터 그들이 중재인으로 선정된 후 4주 내에 그들이 선정하여야 하는 중재인에 관하여 통지를 받지 못하는 경우, 어느 일방당사자의 신청에 따라 법원이 그 중재인을 선정한다.

5. 당사자는 상대방이 그의 서면의 중재인 선정통지를 받는 즉시 그 중재인의 선정에 구속된다.

(3) 당사자들이 중재인 선정절차를 합의하고 또한 다음 각 호와 같은 경우에,

1. handelt eine der Parteien nicht entsprechend diesem Verfahren oder

2. können die Parteien oder die Schiedsrichter eine Einigung entsprechend diesem Verfahren nicht erzielen oder

3. erfüllt ein Dritter eine ihm nach diesem Verfahren übertragene Aufgabe innerhalb von drei Monaten nach Empfang einer entsprechenden schriftlichen Mitteilung nicht,

so kann jede Partei bei Gericht die entsprechende Bestellung von Schiedsrichtern beantragen, sofern das vereinbarte Bestellungsverfahren zur Sicherung der Bestellung nichts anderes vorsieht.

(4) Die schriftliche Aufforderung zur Bestellung eines Schiedsrichters hat auch Angaben darüber zu enthalten, welcher Anspruch geltend gemacht wird und auf welche Schiedsvereinbarung sich die Partei beruft.

(5) Können sich mehrere Parteien, die gemeinsam einen oder mehrere Schiedsrichter zu bestellen haben, darüber nicht innerhalb von vier Wochen nach Empfang einer entsprechenden schriftlichen Mitteilung einigen, so ist der Schiedsrichter oder sind die Schiedsrichter auf Antrag einer Partei vom Gericht zu bestellen, sofern das vereinbarte Bestellungsverfahren zur Sicherung der Bestellung nichts anderes vorsieht.

(6) Der Schiedsrichter oder die Schiedsrichter sind auf Antrag einer Partei vom Gericht auch zu bestellen, wenn seine oder ihre Bestellung aus anderen in den vorhergehenden Absätzen nicht geregelten Gründen nicht innerhalb von vier Wochen nach Empfang einer entsprechenden schriftlichen Mitteilung der einen an die andere Partei erfolgen kann oder auch das Bestellungsverfahren zur Sicherung der Bestellung nicht binnen angemessener Zeit zur Bestellung führt.

(7) Wenn noch vor Entscheidung erster Instanz die Bestellung erfolgt und eine Partei dies nachweist, ist der Antrag abzuweisen.

(8) Das Gericht hat bei der Bestellung eines Schiedsrichters alle nach der Parteivereinbarung für den Schiedsrichter vorgesehenen Voraussetzungen angemessen zu berücksichtigen und allen Gesichtspunkten Rechnung zu tragen, welche die Bestellung eines unabhängigen und unparteiischen Schiedsrichters sicherstellen.

(9) Gegen eine Entscheidung, mit der ein Schiedsrichter bestellt wird, ist kein Rechtsmittel zulässig.

§ 588. ABLEHNUNGSGRÜNDE

(1) Will eine Person ein Schiedsrichteramt übernehmen, so hat sie alle Umstände offen zu legen, die Zweifel an ihrer Unparteilichkeit oder Unabhängigkeit wecken können oder der Parteienvereinbarung widersprechen. Ein Schiedsrichter hat vom Zeitpunkt seiner Bestellung an und während des Schiedsverfahrens den Parteien unverzüglich solche Umstände offen zu legen, wenn er sie ihnen nicht schon vorher mitgeteilt hat.

1. 당사자가 그러한 절차에 따라 요구되는 조치를 이행하지 않는 경우, 또는

2. 당사자들 또는 중재인들이 그러한 절차에 따른 합의를 할 수 없는 경우, 또는

3. 제3자가 각각의 관련 서면통지를 수령한 후 3개월 내에 그러한 절차에서 위임된 역할을 하지 않는 경우

그 합의된 선정절차에서 그 선정을 보장하는 그 밖의 방법을 정하고 있지 않은 한 어느 당사자든지 법원에 중재인의 선정을 신청할 수 있다.

(4) 중재인의 선정을 위한 요청서에서는 또한 어떤 청구가 주장되고 있는지 그리고 당사자가 어떤 중재합의에 의거하고 있는지를 명시하여야 한다.

(5) 1인 또는 2인 이상의 중재인을 공동으로 선정하여야 할 수인의 당사자들이 중재인 선정을 위한 서면통지를 수령한 후 4주 내에 그 선정에 관하여 합의에 이르지 못하는 경우, 그 합의된 선정절차에서 달리 정하지 않는 한, 그 중재인 또는 중재인들은 각 당사자의 신청에 따라 법원이 선정한다.

(6) 일방당사자가 상대방으로부터 서면통지를 수령한 날로부터 4주 내에 전항에서 규정하지 않는 사유로 그 중재인 또는 중재인들의 선정을 할 수 없는 경우, 또는 선정의 보장을 위한 절차에 따른 선정이 합리적인 기간 내에 무산되는 경우에, 그 중재인이나 중재인들은 어느 일방당사자의 신청에 따라 법원이 선정한다.

(7) 중재인 선정이 일심법원의 중재인선정 결정이 있기 전에 이루어지고 당사자가 이를 증명하는 경우, 그러한 신청은 기각되어야 한다.

(8) 법원은 중재인 선정 시 당사자들의 합의에 의하여 요구되는 중재인의 자격을 고려하여야 하며 또한 독립적이며 공정한 중재인의 선정이 보장되는 지에 대해서도 정히 고려하여야 한다.

(9) 중재인의 선정에 관한 결정에 대하여는 상소가 허용되지 아니한다.

제588조 기피사유

(1) 중재인의 직무를 수행하고자 하는 자는 자신의 공정성이나 독립성에 관하여 의심을 야기할 수 있거나, 당사자 간의 합의에 반하는 모든 사정을 고지하여야 한다. 중재인은 중재인으로 선정된 때로부터 중재절차가 종료될 때까지 그러한 사정을 당사자들에게 지체 없이 고지하여야 한다. 다만, 당해 중재인이 그러한 사정을 당사자들에게 이미 통지한 경우에는 그러하지 아니하다.

(2) Ein Schiedsrichter kann nur abgelehnt werden, wenn Umstände vorliegen, die berechtigte Zweifel an seiner Unparteilichkeit oder Unabhängigkeit wecken, oder wenn er die zwischen den Parteien vereinbarten Voraussetzungen nicht erfüllt. Eine Partei kann einen Schiedsrichter, den sie bestellt hat oder an dessen Bestellung sie mitgewirkt hat, nur aus Gründen ablehnen, die ihr erst nach der Bestellung oder Mitwirkung daran bekannt geworden sind.

§ 589. ABLEHNUNGSVERFAHREN

(1) Die Parteien können vorbehaltlich des Abs. 3 ein Verfahren für die Ablehnung eines Schiedsrichters frei vereinbaren.

(2) Fehlt eine solche Vereinbarung, so hat die Partei, die einen Schiedsrichter ablehnt, binnen vier Wochen, nachdem ihr die Zusammensetzung des Schiedsgerichts oder ein Umstand im Sinne von § 588 Abs. 2 bekannt geworden ist, dem Schiedsgericht schriftlich die Ablehnungsgründe darzulegen. Tritt der abgelehnte Schiedsrichter von seinem Amt nicht zurück oder stimmt die andere Partei der Ablehnung nicht zu, so entscheidet das Schiedsgericht einschließlich des abgelehnten Schiedsrichters über die Ablehnung.

(3) Bleibt eine Ablehnung nach dem von den Parteien vereinbarten Verfahren oder nach dem in Abs. 2 vorgesehenen Verfahren erfolglos, so kann die ablehnende Partei binnen vier Wochen, nachdem ihr die Entscheidung, mit der die Ablehnung verweigert wurde, zugegangen ist, bei Gericht eine Entscheidung über die Ablehnung beantragen. Gegen diese Entscheidung ist kein Rechtsmittel zulässig. Während ein solcher Antrag anhängig ist, kann das Schiedsgericht einschließlich des abgelehnten Schiedsrichters das Schiedsverfahren fortsetzen und einen Schiedsspruch erlassen.

§ 590. VORZEITIGE BEENDIGUNG DES SCHIEDSRICHTERAMTS

(1) Das Amt eines Schiedsrichters endet, wenn die Parteien dies vereinbaren oder wenn der Schiedsrichter zurücktritt. Vorbehaltlich des Abs. 2 können die Parteien auch ein Verfahren für die Beendigung des Schiedsrichteramts vereinbaren.

(2) Jede Partei kann bei Gericht eine Entscheidung über die Beendigung des Amtes beantragen, wenn der Schiedsrichter entweder außer Stande ist, seine Aufgaben zu erfüllen, oder er diesen in angemessener Frist nicht nachkommt und

1. der Schiedsrichter von seinem Amt nicht zurücktritt,

2. sich die Parteien über dessen Beendigung nicht einigen können oder

3. das von den Parteien vereinbarte Verfahren nicht zur Beendigung des Schiedsrichteramtes führt.

Gegen diese Entscheidung ist ein Rechtsmittel nicht zulässig.

(3) Tritt ein Schiedsrichter nach Abs. 1 oder nach § 589 Abs. 2 zurück oder stimmt eine Partei

(2) 중재인은 오직 자신의 공정성이나 독립성에 관하여 정당한 의심을 야기할 수 있는 사정이 존재하는 경우 또는 당사자들이 합의한 자격을 충족시키지 못하는 경우에 기피될 수 있다. 당사자는 자신이 선정하였거나 그 선정절차에 참여한 중재인의 경우에는 오직 그 선정 후에 비로소 알게 된 사유에 의해서만 기피할 수 있다.

제589조　기피절차

(1) 제3항의 제한 하에, 당사자들은 중재인 기피절차를 자유로이 합의할 수 있다.

(2) 그러한 합의가 없는 경우, 중재인을 기피하고자 하는 당사자는 중재판정부가 구성된 사실을 알게 된 후 또는 제588조 제2항의 사정을 알게 된 후 4주 내에 중재인 기피사유를 명시한 서면을 중재판정부에 제출하여야 한다. 기피된 중재인이 사임하지 않거나 상대방이 그 기피신청에 동의하지 않는 경우에, 그 기피된 중재인을 포함하여 중재판정부가 그 기피에 대하여 결정한다.

(3) 당사자들이 합의한 절차나 제2항의 절차에 따라 기피신청이 인용되지 않는 경우, 기피신청을 한 당사자는 그 기각결정을 수령한 날로부터 4주 내에 법원에 기피에 대한 결정을 신청할 수 있다. 그 법원의 결정에 대하여는 상소할 수 없다. 그러한 신청이 계류 중인 경우, 그 기피된 중재인을 포함하여 중재판정부는 그 중재절차를 계속하고 중재판정을 내릴 수 있다.

제590조　중재인 권한의 조기종료

(1) 중재인의 권한은 당사자들이 그 권한의 종료를 합의하거나 그가 사임하는 때에 종료한다. 제2항의 규정의 제한 하에, 당사자들은 중재인의 권한종료에 관한 절차에 합의할 수 있다.

(2) 중재인이 합리적인 기간 내에 그의 직무를 수행할 수 없거나 이유 없이 불이행하고 또한 다음 각 호에 해당하는 때에는 어느 당사자든지 법원에 중재인의 권한종료 결정을 신청할 수 있다.

1. 중재인이 사임하지 않는 경우
2. 당사자들이 중재인의 권한종료에 관하여 합의하지 못하는 경우
3. 당사자들이 합의한 절차가 중재인의 권한종료를 낳지 못하는 경우.

이러한 법원의 결정은 상소할 수 없다.

(3) 중재인이 제1항의 규정 또는 제589조 제2항에 따라 사임하는 경우, 또는 당사자들이 중재인의 권한종료에 합의하는 경우에도, 이는 제2항 또는 제588조 제2항에 규정된 사유의 유효성을 인정하는 것을 해석되지 아니한다.

der Beendigung des Amtes eines Schiedsrichters zu, so bedeutet das nicht die Anerkennung der in Abs. 2 oder § 588 Abs. 2 genannten Gründe.

§ 591. BESTELLUNG EINES ERSATZSCHIEDSRICHTERS

(1) Endet das Amt eines Schiedsrichters vorzeitig, so ist ein Ersatzschiedsrichter zu bestellen. Die Bestellung erfolgt nach den Regeln, die auf die Bestellung des zu ersetzenden Schiedsrichters anzuwenden waren.

(2) Haben die Parteien nichts anderes vereinbart, so kann das Schiedsgericht die Verhandlung unter Verwendung der bisherigen Verfahrensergebnisse, insbesondere des aufgenommenen Verhandlungsprotokolls und aller sonstigen Akten, fortsetzen.

VIERTER TITEL   ZUSTÄNDIGKEIT DES SCHIEDSGERICHTS

§ 592. BEFUGNIS DES SCHIEDSGERICHTS ZUR ENTSCHEIDUNG ÜBER DIE EIGENE ZUSTÄNDIGKEIT

(1) Das Schiedsgericht entscheidet selbst über seine Zuständigkeit. Die Entscheidung kann mit der Entscheidung in der Sache getroffen werden, aber auch gesondert in einem eigenen Schiedsspruch.

(2) Die Einrede der Unzuständigkeit des Schiedsgerichts ist spätestens mit dem ersten Vorbringen zur Sache zu erheben. Von der Erhebung dieser Einrede ist eine Partei nicht dadurch ausgeschlossen, dass sie einen Schiedsrichter bestellt oder an der Bestellung eines Schiedsrichters mitgewirkt hat. Die Einrede, eine Angelegenheit überschreite die Befugnisse des Schiedsgerichts, ist zu erheben, sobald diese zum Gegenstand eines Sachantrags erhoben wird. In beiden Fällen ist eine spätere Erhebung der Einrede ausgeschlossen; wird die Versäumung jedoch nach Überzeugung des Schiedsgerichts genügend entschuldigt, so kann die Einrede nachgeholt werden.

(3) Auch wenn eine Klage auf Aufhebung eines Schiedsspruches, mit welchem das Schiedsgericht seine Zuständigkeit bejaht hat, noch bei Gericht anhängig ist, kann das Schiedsgericht vorerst das Schiedsverfahren fortsetzen und auch einen Schiedsspruch fällen.

§ 593. ANORDNUNG VORLÄUFIGER ODER SICHERNDER MASSNAHMEN

(1) Haben die Parteien nichts anderes vereinbart, so kann das Schiedsgericht auf Antrag einer Partei vorläufige oder sichernde Maßnahmen gegen eine andere Partei nach deren Anhörung anordnen, die es in Bezug auf den Streitgegenstand für erforderlich hält, weil sonst die Durchsetzung des Anspruchs vereitelt oder erheblich erschwert werden würde oder ein unwiederbringlicher Schaden droht. Das Schiedsgericht kann von jeder Partei im Zusammenhang mit einer solchen Maßnahme angemessene Sicherheit fordern.

제591조 보궐중재인의 선정

(1) 중재인의 권한이 조기에 종료되는 경우에 보궐중재인은 교체되는 중재인의 선정에 적용되었던 규칙에 따라 선정되어야 한다.

(2) 당사자들이 달리 합의하지 않는 한, 중재판정부는 당해 시점까지의 절차상 결과를 기초로 특히 기존의 심리의 내용 기타 기록을 기초로 절차를 진행할 수 있다.

제4절 중재판정부의 관할권

제592조 자신의 관할권에 대한 중재판정부의 결정권한

(1) 중재판정부는 자신의 관할권에 대해 결정할 수 있다. 그 결정은 본안에 대한 판정과 함께 또는 별도의 중재판정으로 내려질 수 있다.

(2) 중재판정부가 관할이 없다는 항변은 늦어도 분쟁의 본안에 대한 최초의 답변서를 제출할 때까지는 제기되어야 한다. 당사자는 중재인을 선정하거나 중재인의 선정에 참여한 사실로 인하여 그러한 항변을 차단당하지 아니한다. 중재판정부가 그 권한을 유월하였다는 항변은 그러한 권한 유월이 있다고 주장되는 사항이 그 구제청구의 대상이 된 즉시 제기되어야 한다. 그러한 두 가지 모두의 경우에 시기에 늦은 항변은 허용되지 아니한다. 다만 중재판정부가 그 지연이 충분히 정당한 사유가 있다고 인정하는 때에는 그러한 항변은 그 후에도 제기할 수 있다.

(3) 중재판정부가 자신의 관할권이 있다고 결정한 중재판정을 취소하는 소송이 계류 중인 때에도 중재판정부는 중재절차를 계속하고 중재판정을 내릴 수 있다.

제593조 임시적 또는 보전적 처분

(1) 당사자 간 달리 합의하지 않는 한, 중재판정부는 일방당사자의 요청에 따라, 상대방 당사자의 변론을 들은 후, 청구의 내용을 집행하는 것이 불가능하게 되거나 현저히 곤란하게 되거나 또는 회복할 수 없는 손해가 발생할 수 있는 경우에는 분쟁의 대상에 관하여 필요하다고 판단되는 임시적 또는 보전적 처분을 명할 수 있다. 중재판정부는 그러한 조치와 관련하여 당사자에게 적정한 담보의 제공을 요구할 수 있다.

(2) Maßnahmen nach Abs. 1 sind schriftlich anzuordnen; jeder Partei ist ein unterfertigtes Exemplar der Anordnung zuzustellen. In Schiedsverfahren mit mehr als einem Schiedsrichter genügt die Unterschrift des Vorsitzenden oder im Falle seiner Verhinderung eines anderen Schiedsrichters, sofern der Vorsitzende oder der andere Schiedsrichter auf der Anordnung vermerkt, welches Hindernis der Unterfertigung entgegensteht. § 606 Abs. 2, 3, 5 und 6 gelten entsprechend.

(3) Auf Antrag einer Partei hat das Bezirksgericht, bei dem der Gegner der gefährdeten Partei zur Zeit der ersten Antragstellung seinen Sitz, Wohnsitz oder gewöhnlichen Aufenthalt im Inland hat, sonst das Bezirksgericht, in dessen Sprengel die dem Vollzug der einstweiligen Verfügung dienende Handlung vorzunehmen ist, eine solche Maßnahme zu vollziehen. Sieht die Maßnahme ein dem inländischen Recht unbekanntes Sicherungsmittel vor, so kann das Gericht auf Antrag nach Anhörung des Antragsgegners jenes Sicherungsmittel des inländischen Rechts vollziehen, welches der Maßnahme des Schiedsgerichts am nächsten kommt. Dabei kann es die Maßnahme des Schiedsgerichts auf Antrag auch abweichend fassen, um die Verwirklichung ihres Zwecks zu gewährleisten.

(4) Das Gericht hat die Vollziehung einer Maßnahme nach Abs. 1 abzulehnen, wenn

1. der Sitz des Schiedsgerichts im Inland liegt und die Maßnahme an einem Mangel leidet, der bei einem inländischen Schiedsspruch einen Aufhebungsgrund nach § 611 Abs. 2, § 617 Abs. 6 und 7 oder § 618 darstellen würde;

2. der Sitz des Schiedsgerichts nicht im Inland liegt und die Maßnahme an einem Mangel leidet, der bei einem ausländischen Schiedsspruch einen Grund für die Versagung der Anerkennung oder Vollstreckbarerklärung darstellen würde;

3. die Vollziehung der Maßnahme mit einer früher beantragten oder erlassenen inländischen oder früher erlassenen und anzuerkennenden ausländischen gerichtlichen Maßnahme unvereinbar ist;

4. die Maßnahme ein dem inländischen Recht unbekanntes Sicherungsmittel vorsieht und kein geeignetes Sicherungsmittel des inländischen Rechts beantragt wurde.

(5) Das Gericht kann den Antragsgegner vor Entscheidung über die Vollziehung der Maßnahme nach Abs. 1 hören. Wenn der Antragsgegner vor der Beschlussfassung nicht gehört wurde, kann er gegen die Bewilligung der Vollziehung Widerspruch im Sinne von § 397 EO einlegen. In beiden Fällen kann der Antragsgegner nur geltend machen, dass ein Grund zur Versagung der Vollziehung nach Abs. 4 vorliegt. In diesem Verfahren ist das Gericht nicht befugt, gemäß § 394 EO über Schadenersatzansprüche zu entscheiden.

(6) Das Gericht hat die Vollziehung auf Antrag aufzuheben, wenn

1. die vom Schiedsgericht bestimmte Geltungsdauer der Maßnahme abgelaufen ist;

2. das Schiedsgericht die Maßnahme eingeschränkt oder aufgehoben hat;

(2) 제1항에 규정된 조치는 서면으로 내려져야 하고, 서명된 결정문이 각 당사자에게 송달되어야 한다. 2인 이상의 중재인이 있는 중재절차에서는 의장중재인의 서명이, 의장중재인이 서명할 수 없는 경우에는 다른 중재인의 서명으로 충분하되, 다만 그 의장중재인 또는 그 다른 중재인은 그 결정문에 그러한 서명의 누락이유를 기재하여야 한다. 제606조 제2항, 제3항, 제5항 및 제6항의 규정이 그에 적용된다.

(3) 당사자의 신청에 따라, 최초 신청시에 오스트리아 내에 피신청인의 본거, 주소 또는 상거소가 있는 지역의 지방법원(Bezirksgericht) 또는 임시적 또는 보전적 처분이 집행되어야 하는 지역의 지방법원은 그러한 처분을 집행하여야 한다. 그 처분이 오스트리아법에 규정되어 있지 않은 보전적 처분인 경우, 법원은 신청이 있는 경우 상대방의 변론을 들은 후 오스트리아법상 그 중재판정부의 처분과 가장 유사한 처분을 집행하여야 한다. 이러한 경우 또한 법원은 신청에 따라 그 처분의 목적을 달성하기 위하여 중재판정부가 명한 조치를 변형할 수 있다.

(4) 법원은 다음 각 호에 해당하는 경우에는 제1항에 따른 처분의 집행을 거부할 수 있다.
    1. 중재지가 오스트리아 국내이고 그 처분이 제611조 제2항, 제617조 제6항 및 제7항 및 제618조에서 규정하는 중재재정의 취소 사유를 구성하는 하자에 해당하는 경우
    2. 중재지가 오스트리아 국내가 아니고 그 처분이 외국중재판정의 승인 및 집행 거부 사유를 구성하는 하자에 해당하는 경우
    3. 그 처분을 집행하는 것이 이미 신청되었거나 내려진 오스트리아 법원의 처분과 양립할 수 없거나 이미 내려졌기에 승인되어야 하는 외국 법원의 처분과 양립할 수 없는 경우
    4. 그 처분이 오스트리아 법에 규정되어 있지 않은 보호수단을 제공하는데 그에 상당하는 적절한 보호수단을 오스트리아법이 제공하지 못하는 경우

(5) 법원은 제1항에 따른 처분의 집행을 결정하기 전에 상대방 당사자를 변론을 들어야 한다. 그러한 결정 전에 그 변론의 기회를 갖지 못한 상대방 당사자는 오스트리아 집행법(Exekutionsordnung) 제397조의 취지에 따라 집행결정에 대하여 이의를 제기할 수 있다. 그러한 경우에 상대방 당사자는 오직 제4항에 규정된 집행거부사유만을 주장할 수 있다. 이러한 절차에서 법원은 오스트리아 집행법 제394조에 따라 손해배상청구에 대하여 재판관할을 갖지 아니한다.

(6) 다음 각 호의 경우에 법원은 신청에 따라 집행을 취소하여야 한다.
    1. 중재판정부에 의해 설정된 처분의 기간이 만료된 경우
    2. 중재판정부가 처분의 범위를 제한하거나 처분을 취소한 경우

3. ein Fall von § 399 Abs. 1 Z 1 bis 4 EO vorliegt, sofern ein solcher Umstand nicht bereits vor dem Schiedsgericht erfolglos geltend gemacht wurde und der diesbezüglichen Entscheidung des Schiedsgerichts keine Anerkennungshindernisse (Abs. 4) entgegenstehen;

4. eine Sicherheit nach Abs. 1 geleistet wurde, welche die Vollziehung der Maßnahme entbehrlich macht.

FÜNFTER TITEL   DURCHFÜHRUNG DES SCHIEDSVERFAHRENS

§ 594.   ALLGEMEINES

(1) Vorbehaltlich der zwingenden Vorschriften dieses Abschnitts können die Parteien die Verfahrensgestaltung frei vereinbaren. Dabei können sie auch auf Verfahrensordnungen Bezug nehmen. Fehlt eine solche Vereinbarung, so hat das Schiedsgericht nach den Bestimmungen dieses Titels, darüber hinaus nach freiem Ermessen vorzugehen.

(2) Die Parteien sind fair zu behandeln. Jeder Partei ist rechtliches Gehör zu gewähren.

(3) Die Parteien können sich durch Personen ihrer Wahl vertreten oder beraten lassen. Dieses Recht kann nicht ausgeschlossen oder eingeschränkt werden.

(4) Ein Schiedsrichter, welcher die durch Annahme der Bestellung übernommene Verpflichtung gar nicht oder nicht rechtzeitig erfüllt, haftet den Parteien für allen durch seine schuldhafte Weigerung oder Verzögerung verursachten Schaden.

§ 595.   SITZ DES SCHIEDSGERICHTS

(1) Die Parteien können den Sitz des Schiedsgerichts frei vereinbaren. Sie können die Bestimmung des Sitzes auch einer Schiedsinstitution überlassen. Fehlt eine solche Vereinbarung, so wird der Sitz des Schiedsgerichts vom Schiedsgericht bestimmt; dabei sind die Umstände des Falles einschließlich der Eignung des Ortes für die Parteien zu berücksichtigen.

(2) Haben die Parteien nichts anderes vereinbart, so kann das Schiedsgericht ungeachtet des Abs. 1 an jedem ihm geeignet erscheinenden Ort Verfahrenshandlungen setzen, insbesondere zur Beratung, Beschlussfassung, mündlichen Verhandlung und zur Beweisaufnahme zusammentreten.

§ 596.   VERFAHRENSSPRACHE

Die Parteien können die Sprache oder die Sprachen, die im Schiedsverfahren zu verwenden sind, vereinbaren. Fehlt eine solche Vereinbarung, so bestimmt hierüber das Schiedsgericht.

§ 597.   KLAGE UND KLAGEBEANTWORTUNG

(1) Innerhalb der von den Parteien vereinbarten oder vom Schiedsgericht bestimmten Frist hat

3. 오스트리아 집행법 제399조 제1항 제1호 내지 제4호에서 규정된 사안에 해당하는 경우. 다만 그러한 사정들이 중재판정부에서 이미 다루어졌고 그에 따른 중재판정부의 결정을 승인하는데 아무런 장애가 없는 때에는 그러하지 아니하다.

4. 제1항에 규정된 담보가 제공되어 그 처분을 집행하는 것이 과잉이 되는 경우

제5절 중재절차의 진행

제594조 일반

(1) 이 절의 강행규정의 제한 하에, 당사자들은 절차에 관한 규칙을 자유로이 합의할 수 있다. 이를 위하여 당사자들은 중재규칙을 원용할 수 있다. 이러한 합의가 없는 경우, 중재판정부는 이 절의 규정에 따라 그리고 그 밖의 점에 관하여 스스로 적절하다고 판단하는 방식으로 중재를 진행할 수 있다.

(2) 당사자들은 동등한 대우를 받아야 한다. 각 당사자는 충분한 변론의 기회를 가져야 한다.

(3) 당사자들은 자신이 선정한 타인으로 하여금 대리하게 하거나 자문하게 할 수 있다. 이러한 권리는 배제되거나 제한될 수 없다.

(4) 중재인이 자신의 선정 수락에 따라 발생하는 의무를 전혀 이행하지 않거나 이행을 지체하는 경우에 당사자들에 대하여 그의 부당한 거절이나 지연으로 인하여 발생한 모든 손해에 관한 책임을 져야 한다.

제595조 중재지

(1) 당사자들은 중재지에 관하여 자유로이 합의할 수 있다. 당사자들은 또한 중재지의 결정을 중재기관에 맡길 수도 있다. 그러한 합의가 없는 경우, 중재지는 중재판정부가 당사자의 편의 등을 포함한 당해 사건의 제반사정을 고려하여 결정한다.

(2) 제1항의 규정에도 불구하고, 중재판정부는 당사자들이 달리 합의하지 않는 한, 절차의 진행을 위하여, 특히 중재인들 간의 협의, 사항에 대한 결정, 구술심리의 수행 및 증거조사를 위하여 적절하다고 판단되는 장소에서 회합할 수 있다.

제596조 절차의 언어

당사자들은 중재절차에서 사용되는 하나 또는 복수의 언어에 대하여 자유로이 합의할 수 있다. 그러한 합의가 없는 경우, 중재판정부는 중재절차에 사용되는 하나 또는 복수의 언어를 결정하여야 한다.

제597조 중재신청서와 답변서

(1) 당사자들이 합의하였거나 중재판정부가 결정한 기간 내에 신청인은 신청취지와 청구의 원인사실을 기재한 중재신청서를 제출하여야 하고, 피신청인은 그에 대한 답변서를

der Kläger sein Begehren zu stellen und die Tatsachen, auf welche sich der Anspruch stützt, darzulegen sowie der Beklagte hiezu Stellung zu nehmen. Die Parteien können dabei alle ihnen erheblich erscheinenden Beweismittel vorlegen oder weitere Beweismittel bezeichnen, derer sie sich bedienen wollen.

(2) Haben die Parteien nichts anderes vereinbart, so können beide Parteien im Laufe des Verfahrens ihre Klage oder ihr Vorbringen ändern oder ergänzen, es sei denn, das Schiedsgericht lässt dies wegen Verspätung nicht zu.

§ 598. MÜNDLICHE VERHANDLUNG UND SCHRIFTLICHES VERFAHREN

Haben die Parteien nichts anderes vereinbart, so entscheidet das Schiedsgericht, ob mündlich verhandelt oder ob das Verfahren schriftlich durchgeführt werden soll. Haben die Parteien eine mündliche Verhandlung nicht ausgeschlossen, so hat das Schiedsgericht auf Antrag einer Partei eine solche in einem geeigneten Abschnitt des Verfahrens durchzuführen.

§ 599. VERFAHREN UND BEWEISAUFNAHME

(1) Das Schiedsgericht ist berechtigt, über die Zulässigkeit einer Beweisaufnahme zu entscheiden, diese durchzuführen und ihr Ergebnis frei zu würdigen.

(2) Die Parteien sind von jeder Verhandlung und von jedem Zusammentreffen des Schiedsgerichts zu Zwecken der Beweisaufnahme rechtzeitig in Kenntnis zu setzen.

(3) Alle Schriftsätze, Schriftstücke und sonstigen Mitteilungen, die dem Schiedsgericht von einer Partei vorgelegt werden, sind der anderen Partei zur Kenntnis zu bringen. Gutachten und andere Beweismittel, auf die sich das Schiedsgericht bei seiner Entscheidung stützen kann, sind beiden Parteien zur Kenntnis zu bringen.

§ 600. VERSÄUMUNG EINER VERFAHRENSHANDLUNG

(1) Versäumt es der Kläger, die Klage nach § 597 Abs. 1 einzubringen, so beendet das Schiedsgericht das Verfahren.

(2) Versäumt es der Beklagte nach § 597 Abs. 1 binnen der vereinbarten oder aufgetragenen Frist Stellung zu nehmen, so setzt das Schiedsgericht, wenn die Parteien nichts anderes vereinbart haben, das Verfahren fort, ohne dass allein wegen der Versäumung das Vorbringen des Klägers für wahr zu halten ist. Gleiches gilt, wenn eine Partei eine andere Verfahrenshandlung versäumt. Das Schiedsgericht kann das Verfahren fortsetzen und eine Entscheidung auf Grund der aufgenommenen Beweise fällen. Wird die Versäumung nach Überzeugung des Schiedsgerichts genügend entschuldigt, so kann die versäumte Verfahrenshandlung nachgeholt werden.

§ 601. VOM SCHIEDSGERICHT BESTELLTER SACHVERSTÄNDIGER

(1) Haben die Parteien nichts anderes vereinbart, so kann das Schiedsgericht

제출하여야 한다. 당사자들은 중재신청서나 답변서와 함께 관련 있다고 판단되는 모든 서류를 제출하거나 자신이 제출하고자 하는 서류 기타 증거를 표시할 수 있다.

(2) 당사자 간에 달리 합의되지 않은 한, 어느 당사자든지 중재절차 진행 중에 자신의 청구나 답변을 변경하거나 보충할 수 있다. 다만 중재판정부가 그로 인한 지연을 고려하여 그러한 변경을 허용하는 것이 부적절하다고 판단하는 경우에는 그러하지 아니하다.

제598조 구술심리와 서면절차

당사자 간에 다른 합의가 없는 한, 중재판정부는 구술심리를 할 것인지 아니면 서면으로 절차를 진행시킬 것인지 결정하여야 한다. 당사자들이 구술심리를 배제하지 않는 한, 중재판정부는 당사자 일방의 요청이 있으면 중재절차 진행 중의 적절한 단계에서 구술심리를 개최하여야 한다.

제599조 증거조사와 절차

(1) 중재판정부는 증거조사의 허용가능성을 결정하여 그 증거조사를 행하고 그 증거조사의 결과를 자유로이 평가할 수 있는 권한을 갖는다.

(2) 당사자들은 증거조사를 목적으로 하는 중재판정부의 모든 심리와 회합에 관하여 충분한 사전통지를 받아야 한다.

(3) 일방당사자에 의하여 중재판정부에 제출된 모든 준비서면, 문서 기타 통신문은 상대방 당사자에게 제공되어야 한다. 중재판정부가 중재판정을 함에 있어 의거할 수 있는 감정인 의견과 기타 증거는 양당사자에게 제공되어야 한다.

제600조 절차상 해태

(1) 신청인이 제597조 제1항에 따른 중재신청서를 제출하지 않은 경우, 중재판정부는 절차를 종료하여야 한다.

(2) 피신청인이 합의된 또는 규정된 기간 내에, 제597조 제1항에 따른 답변서를 제출하지 않은 경우, 중재판정부는 당사자들이 달리 합의하지 않는 한 그러한 해태의 사실 자체가 피신청인이 신청인의 주장을 그대로 인정하는 것으로 취급하지 않고서 절차를 속행하여야 한다. 일방당사자가 절차상 다른 행위에 관하여 해태한 경우에도 같다. 중재판정부는 절차를 속행하여 그 판정부에 제출된 증거에 기초하여 중재판정을 내릴 수 있다. 중재판정부가 그러한 해태에 충분히 정당한 이유가 있다고 판단하는 때에는, 그렇게 해태된 중절차상의 행위는 나중에 수행될 수 있다.

제601조 중재판정부의 감정인 선정

(1) 당사자들이 달리 합의하지 않는 한, 중재판정부는

1. einen oder mehrere Sachverständige zur Erstattung eines Gutachtens über bestimmte vom Schiedsgericht festzulegende Fragen bestellen;

2. die Parteien auffordern, dem Sachverständigen jede sachdienliche Auskunft zu erteilen oder alle für das Verfahren erheblichen Schriftstücke oder Sachen zur Aufnahme eines Befunds vorzulegen oder zugänglich zu machen.

(2) Haben die Parteien nichts anderes vereinbart, so hat der Sachverständige, wenn eine Partei dies beantragt oder das Schiedsgericht es für erforderlich hält, nach Erstattung seines Gutachtens an einer mündlichen Verhandlung teilzunehmen. Bei der Verhandlung können die Parteien Fragen an den Sachverständigen stellen und eigene Sachverständige zu den streitigen Fragen aussagen lassen.

(3) Auf den vom Schiedsgericht bestellten Sachverständigen sind §§ 588 und 589 Abs. 1 und 2 entsprechend anzuwenden.

(4) Haben die Parteien nichts anderes vereinbart, so hat jede Partei das Recht, Gutachten eigener Sachverständiger vorzulegen. Abs. 2 gilt entsprechend.

§ 602.   GERICHTLICHE RECHTSHILFE

Das Schiedsgericht, vom Schiedsgericht hiezu beauftragte Schiedsrichter oder eine der Parteien mit Zustimmung des Schiedsgerichts können bei Gericht die Vornahme richterlicher Handlungen beantragen, zu deren Vornahme das Schiedsgericht nicht befugt ist. Die Rechtshilfe kann auch darin bestehen, dass das Gericht ein ausländisches Gericht oder eine Behörde um die Vornahme solcher Handlungen ersucht. § 37 Abs. 2 bis 5 und §§ 38, 39 und 40 JN gelten entsprechend mit der Maßgabe, dass die Rechtsmittelbefugnis gemäß § 40 JN dem Schiedsgericht und den Parteien des Schiedsverfahrens zusteht. Das Schiedsgericht oder ein vom Schiedsgericht beauftragter Schiedsrichter und die Parteien sind berechtigt, an einer gerichtlichen Beweisaufnahme teilzunehmen und Fragen zu stellen. § 289 ist sinngemäß anzuwenden.

SECHSTER TITEL   SCHIEDSSPRUCH UND BEENDIGUNG DES VERFAHRENS

§ 603.   ANZUWENDENDES RECHT

(1) Das Schiedsgericht hat die Streitigkeit in Übereinstimmung mit den Rechtsvorschriften oder Rechtsregeln zu entscheiden, die von den Parteien vereinbart worden sind. Die Vereinbarung des Rechts oder der Rechtsordnung eines bestimmten Staates ist, sofern die Parteien nicht ausdrücklich etwas anderes vereinbart haben, als unmittelbare Verweisung auf das materielle Recht dieses Staates und nicht auf sein Kollisionsrecht zu verstehen.

(2) Haben die Parteien die anzuwendenden Rechtsvorschriften oder Rechtsregeln nicht bestimmt, so hat das Schiedsgericht jene Rechtsvorschriften anzuwenden, die es für

1. 중재판정부가 결정하여야 하는 일정한 쟁점들에 대하여 보고할 1인 또는 수인의 감정인을 선정할 수 있다.
2. 일방당사자로 하여금 감정인에게 관련정보를 제공하게 하거나 감정인이 조사를 할 수 있도록 관련 문서나 물건을 제공하거나 그에 접근할 수 있도록 명할 수 있다.

(2) 당사자들이 달리 합의하지 않는 한, 당사자 일방의 요청이 있거나 중재판정부가 필요하다고 판단하는 경우, 감정인은 자신의 감정보고서를 제출한 후에 구술심리에 참여하여야 한다. 구술심리에서 당사자들은 그 감정인에게 질문할 수 있고, 문제가 되고 있는 쟁점들에 대하여 증언하기 위한 자신의 감정인을 내세울 수 있다.

(3) 제588조 및 제589조 제1항 내지 제2항은 중재판정부가 선정한 감정인에게 준용된다.

(4) 당사자들이 달리 합의하지 않는 한, 각 당사자는 자신의 감정인의 보고서를 제출할 권리가 있다. 그에 따라 제2항이 준용된다.

제602조 법원의 협조

중재판정부나 중재판정부로부터 권한을 받은 중재인 또는 중재판정부의 승인을 받은 당사자는 법원에 대하여 중재판정부에게 권한이 없는 사법적(司法的) 행위를 행할 것을 신청할 수 있다. 법원의 협조에는 법원이 외국의 법원이나 관할당국에 그 행위를 요청하는 것도 포함된다. 그에 관하여 오스트리아 법원조직법 제37조 제2항 내지 제5항과 제38조, 제39조 내지 제40조는 적용하되, 다만 중재판정부와 중재절차의 당사자들은 오스트리아 법원조직법 제40조에 따라 상소할 권리를 갖는다. 중재판정부나 중재판정부로부터 권한을 받은 중재인 및 당사자들은 법원의 증거조사절차에 참여할 수 있고 의문을 제기할 수 있다. 그에 관하여 제289조가 적용된다.

제6절 판정문 작성과 절차의 종료

제603조 실체의 준거법

(1) 중재판정부는 당사자들이 선택한 제정법률이나 법의 규칙에 따라 분쟁을 판정하여야 한다. 당사자들이 달리 명시적으로 합의하지 않은 한, 특정 국가의 법 또는 법체계를 지정하는 합의는 그 국가의 실질법을 직접 지정하는 것으로 해석하며, 그 국가의 국제사법을 지정하는 것으로 해석하지 아니한다.

(2) 당사자들이 준거법으로 제정법률이나 법의 규칙을 지정하지 않은 경우에, 중재판정부는 그 자신이 적절하다고 판단하는 제정법률을 적용하여야 한다.

angemessen erachtet.

(3) Das Schiedsgericht hat nur dann nach Billigkeit zu entscheiden, wenn die Parteien es ausdrücklich dazu ermächtigt haben.

§ 604. ENTSCHEIDUNG DURCH EIN SCHIEDSRICHTERKOLLEGIUM

Haben die Parteien nichts anderes vereinbart, so gilt Folgendes:

1. In Schiedsverfahren mit mehr als einem Schiedsrichter ist jede Entscheidung des Schiedsgerichts mit Stimmenmehrheit aller Mitglieder zu treffen. In Verfahrensfragen kann der Vorsitzende allein entscheiden, wenn die Parteien oder alle Mitglieder des Schiedsgerichts ihn dazu ermächtigt haben.

2. Nehmen ein oder mehrere Schiedsrichter an einer Abstimmung ohne rechtfertigenden Grund nicht teil, so können die anderen Schiedsrichter ohne sie entscheiden. Auch in diesem Fall ist die erforderliche Stimmenmehrheit von der Gesamtzahl aller teilnehmenden und nicht teilnehmenden Schiedsrichter zu berechnen. Bei einer Abstimmung über einen Schiedsspruch ist die Absicht, so vorzugehen, den Parteien vorher mitzuteilen. Bei anderen Entscheidungen sind die Parteien von der Nichtteilnahme an der Abstimmung nachträglich in Kenntnis zu setzen.

§ 605. VERGLEICH

Vergleichen sich die Parteien während des Schiedsverfahrens über die Streitigkeit und sind die Parteien fähig, über den Gegenstand des Streits einen Vergleich abzuschließen, so können sie beantragen, dass

1. das Schiedsgericht den Vergleich protokolliert, sofern der Inhalt des Vergleichs nicht gegen Grundwertungen der österreichischen Rechtsordnung (ordre public) verstößt; es reicht aus, wenn das Protokoll von den Parteien und dem Vorsitzenden unterschrieben wird;

2. das Schiedsgericht den Vergleich in Form eines Schiedsspruchs mit vereinbartem Wortlaut festhält, sofern der Inhalt des Vergleichs nicht gegen Grundwertungen der österreichischen Rechtsordnung (ordre public) verstößt. Ein solcher Schiedsspruch ist gemäß § 606 zu erlassen. Er hat dieselbe Wirkung wie jeder Schiedsspruch in der Sache.

§ 606. SCHIEDSSPRUCH

(1) Der Schiedsspruch ist schriftlich zu erlassen und durch den Schiedsrichter oder die Schiedsrichter zu unterschreiben. Haben die Parteien nichts anderes vereinbart, so genügen in Schiedsverfahren mit mehr als einem Schiedsrichter die Unterschriften der Mehrheit aller Mitglieder des Schiedsgerichts, sofern der Vorsitzende oder ein anderer Schiedsrichter am Schiedsspruch vermerkt, welches Hindernis fehlenden Unterschriften entgegensteht.

(2) Haben die Parteien nichts anderes vereinbart, so ist der Schiedsspruch zu begründen.

(3) 중재판정부는 당사자들이 명시적으로 권한을 부여한 경우에 한하여 형평과 선 또는 우의적 중재인으로서 판정을 내려야 한다.

제604조　중재판정부의 의사결정

당사자들이 달리 합의하지 않는 한, 다음 각 호가 적용된다.

1. 2인 이상의 중재인이 있는 중재절차의 경우, 중재판정부의 결정은 모든 구성원의 다수결에 의한다. 절차의 문제는 당사자들이나 중재판정부 구성원 전원의 수권이 있으면 의장중재인이 단독으로 결정할 수 있다.

2. 1인 또는 수인의 중재인이 정당한 사유 없이 표결에 참가하지 않은 경우, 나머지 중재인들이 그들 없이 판정을 내릴 수 있다. 이러한 경우, 필요한 과반수는 모든 참가 중재인 및 불참 중재인을 합산하여 산정되어야 한다. 중재판정을 위한 표결에 관하여는, 이러한 방식으로 절차가 진행될 것이라는 의도가 당사자들에게 미리 통지되어야 한다. 그 밖의 결정에 관하여는, 표결이 있은 후에 그 표결의 불참에 관한 사실을 당사자들에게 통지하여야 한다.

제605조　화해

중재절차 진행 중에 당사자들이 분쟁을 화해하는 경우와 당사자들이 분쟁의 대상에 관하여 화해를 할 수 있는 경우에 당사자들은

1. 그 화해의 내용이 오스트리아 법체계의 기본적 가치(공서)에 반하지 않는다면, 중재판정부에 그 화해의 내용을 문서로 작성할 것을 요청할 수 있다. 이러한 화해문서는 당사자들과 의장중재인이 서명하는 것으로 충분하다.

2. 그 화해의 내용이 오스트리아 법체계의 기본적 가치(공서)에 반하지 않는다면, 중재판정부에 합의된 조건에 따라 중재판정의 형식으로 화해의 내용을 문서로 작성할 것을 요청할 수 있다. 이러한 중재판정문은 제606조에 따라 작성되어야 한다. 이는 당해 사건의 본안에 관한 다른 중재판정과 동일한 효력을 갖는다.

제606조　중재판정

(1) 중재판정은 서면으로 작성되어야 하며 중재인 또는 중재인들의 서명이 있어야 한다. 당사자들이 달리 합의하지 않은 한, 2인 이상 중재인이 있는 중재의 경우에, 판정부 구성원 중 과반수의 서명으로 충분하되, 다만 의장중재인이나 다른 중재인은 중재판정에 당해 서명이 누락된 이유를 기재하여야 한다.

(2) 당사자들이 달리 합의하지 않은 한, 중재판정에는 그 판정의 기초가 된 이유가 기재되어야 한다.

(3) Im Schiedsspruch sind der Tag, an dem er erlassen wurde, und der nach § 595 Abs. 1 bestimmte Sitz des Schiedsgerichts anzugeben. Der Schiedsspruch gilt als an diesem Tag und an diesem Ort erlassen.

(4) Jeder Partei ist ein von den Schiedsrichtern nach Abs. 1 unterschriebenes Exemplar des Schiedsspruchs zu übersenden.

(5) Der Schiedsspruch und die Urkunden über dessen Zustellung sind gemeinschaftliche Urkunden der Parteien und der Schiedsrichter. Das Schiedsgericht hat mit den Parteien eine allfällige Verwahrung des Schiedsspruchs sowie der Urkunden über dessen Zustellung zu erörtern.

(6) Der Vorsitzende, im Falle seiner Verhinderung ein anderer Schiedsrichter, hat auf Verlangen einer Partei die Rechtskraft und Vollstreckbarkeit des Schiedsspruchs auf einem Exemplar des Schiedsspruchs zu bestätigen.

(7) Durch Erlassung eines Schiedsspruchs tritt die zugrunde liegende Schiedsvereinbarung nicht außer Kraft.

§ 607. WIRKUNG DES SCHIEDSSPRUCHS

Der Schiedsspruch hat zwischen den Parteien die Wirkung eines rechtskräftigen gerichtlichen Urteils.

§ 608. BEENDIGUNG DES SCHIEDSVERFAHRENS

(1) Das Schiedsverfahren wird mit dem Schiedsspruch in der Sache, einem Schiedsvergleich oder mit einem Beschluss des Schiedsgerichts nach Abs. 2 beendet.

(2) Das Schiedsgericht hat das Schiedsverfahren zu beenden, wenn

1. es der Kläger versäumt, die Klage nach § 597 Abs. 1 einzubringen;
2. der Kläger seine Klage zurücknimmt, es sei denn, dass der Beklagte dem widerspricht und das Schiedsgericht ein berechtigtes Interesse des Beklagten an der endgültigen Beilegung der Streitigkeit anerkennt;
3. die Parteien die Beendigung des Verfahrens vereinbaren und dies dem Schiedsgericht mitteilen;
4. ihm die Fortsetzung des Verfahrens unmöglich geworden ist, insbesondere weil die bisher im Verfahren tätigen Parteien trotz schriftlicher Aufforderung des Schiedsgerichts, mit welcher dieses auf die Möglichkeit einer Beendigung des Schiedsverfahrens hinweist, das Schiedsverfahren nicht weiter betreiben.

(3) Vorbehaltlich der §§ 606 Abs. 4 bis 6, 609 Abs. 5, und 610 sowie der Verpflichtung zur Aufhebung einer angeordneten vorläufigen oder sichernden Maßnahme endet das Amt des Schiedsgerichts mit der Beendigung des Schiedsverfahrens.

(3) 중재판정에는 작성일자와 제595조 제1항에 따라 결정되는 중재지가 기재되어야 한다. 중재판정은 그러한 일자와 중재지에서 작성된 것으로 간주된다.

(4) 제1항에 따라 중재인들이 서명한 중재판정의 정본이 각 당사자에게 송달되어야 한다.

(5) 중재판정문과 그 송달에 관한 서류는 당사자들과 중재인들의 공동문서이다. 중재판정부는 중재판정문과 그 송달에 관한 서류의 가능한 보관방법에 관하여 협의하여야 한다.

(6) 의장중재인, 또는 그가 확인할 수 없는 경우에는 다른 중재인이 당사자의 요청에 따라 그 중재판정문의 정본상에 그 중재판정의 기판력 및 집행력을 확인해 주어야 한다.

(7) 중재판정이 내려졌다고 해서 그 기초가 된 중재합의가 효력을 상실하는 것은 아니다.

제607조 중재판정의 효력

중재판정은 당사자들 사이에서 법원의 확정판결과 동일한 효력을 갖는다.

제608조 중재절차의 종료

(1) 중재절차는 본안에 관한 중재판정에 의하거나 중재상 화해에 의하거나 제2항에 따른 중재판정부의 결정에 의하여 종료된다.

(2) 중재판정부는 다음의 경우에 중재절차를 종료하여야 한다.

1. 신청인이 제597조 제1항에 따른 중재신청서를 제출하지 않은 경우

2. 신청인이 중재신청을 철회하는 경우. 다만 피신청인이 그에 반대하고 중재판정부가 분쟁의 최종적 해결을 구하는 데에 대하여 피신청인에게 적법한 이익이 있다고 인정하는 때에는 그러하지 아니하다.

3. 당사자들이 절차의 종료에 합의하고 이를 중재판정부에 통지한 경우

4. 중재판정부가 중재절차를 속행하는 것이 불가능하고 특히 지금까지 절차상 당사자들이 중재절차의 종료가능성을 언급하는 중재판정부의 서면 통지에도 불구하고 중재절차를 속행하지 않는 경우.

(3) 제606조 제4항 내지 제6항, 제609조 제5항 및 제610조의 규정 및 임시적 또는 보전적 처분에 관한 명령을 취소할 의무의 제한 하에, 중재판정부의 임무는 중재절차의 종료와 동시에 종료한다.

§ 609. ENTSCHEIDUNG ÜBER DIE KOSTEN

(1) Wird das Schiedsverfahren beendet, so hat das Schiedsgericht über die Verpflichtung zum Kostenersatz zu entscheiden, sofern die Parteien nichts anderes vereinbart haben. Das Schiedsgericht hat dabei nach seinem Ermessen die Umstände des Einzelfalls, insbesondere den Ausgang des Verfahrens, zu berücksichtigen. Die Ersatzpflicht kann alle zur zweckentsprechenden Rechtsverfolgung oder Rechtsverteidigung angemessenen Kosten umfassen. Im Fall von § 608 Abs. 2 Z 3 hat eine solche Entscheidung nur zu ergehen, wenn eine Partei gleichzeitig mit der Mitteilung der Vereinbarung über die Beendigung des Verfahrens eine solche Entscheidung beantragt.

(2) Das Schiedsgericht kann auf Antrag des Beklagten auch über eine Verpflichtung des Klägers zum Kostenersatz entscheiden, wenn es sich für unzuständig erklärt hat, weil keine Schiedsvereinbarung vorhanden ist.

(3) Gleichzeitig mit der Entscheidung über die Verpflichtung zum Kostenersatz hat das Schiedsgericht, sofern dies bereits möglich ist und die Kosten nicht gegeneinander aufgehoben werden, den Betrag der zu ersetzenden Kosten festzusetzen.

(4) In jedem Fall haben die Entscheidung über die Verpflichtung zum Kostenersatz und die Festsetzung des zu ersetzenden Betrags in Form eines Schiedsspruchs nach § 606 zu erfolgen.

(5) Ist die Entscheidung über die Verpflichtung zum Kostenersatz oder die Festsetzung des zu ersetzenden Betrags unterblieben oder erst nach Beendigung des Schiedsverfahrens möglich, so wird darüber in einem gesonderten Schiedsspruch entschieden.

§ 610. BERICHTIGUNG, ERLÄUTERUNG UND ERGÄNZUNG DES SCHIEDSSPRUCHS

(1) Sofern die Parteien keine andere Frist vereinbart haben, kann jede Partei innerhalb von vier Wochen nach Empfang des Schiedsspruchs beim Schiedsgericht beantragen,

1. Rechen-, Schreib- und Druckfehler oder Fehler ähnlicher Art im Schiedsspruch zu berichtigen;

2. bestimmte Teile des Schiedsspruchs zu erläutern, sofern die Parteien dies vereinbart haben;

3. einen ergänzenden Schiedsspruch über Ansprüche zu erlassen, die im Schiedsverfahren zwar geltend gemacht, im Schiedsspruch aber nicht erledigt worden sind.

(2) Der Antrag nach Abs. 1 ist der anderen Partei zu übersenden. Vor der Entscheidung über einen solchen Antrag ist die andere Partei zu hören.

(3) Das Schiedsgericht soll über die Berichtigung oder Erläuterung des Schiedsspruchs innerhalb von vier Wochen und über die Ergänzung des Schiedsspruchs innerhalb von acht Wochen entscheiden.

(4) Eine Berichtigung des Schiedsspruchs nach Abs. 1 Z 1 kann das Schiedsgericht binnen vier

제609조 비용의 결정

(1) 중재절차가 종료하는 경우, 당사자들이 달리 합의하지 않는 한, 중재판정부는 그 중재 절차비용의 상환의무에 관하여 결정하여야 한다. 중재판정부는 당해 사건의 제반사정, 특히 당해 절차의 결과를 고려하여 재량으로 이를 산정한다. 주장 또는 방어에 소요된 합리적이고 모든 비용이 상환의무에 포함될 수 있다. 제608조 제2항 제3호에 규정된 경우에는 일방당사자가 절차의 종료에 관한 합의 통지와 함께 이를 요청하는 경우에만 비용을 결정할 수 있다.

(2) 피신청인의 신청으로, 중재판정부는 중재합의의 부존재를 이유로 자신이 관할이 없다고 판정하는 경우, 당해 절차 비용을 신청인이 상환하는 것으로 결정할 수 있다.

(3) 절차비용의 상환의무에 대한 결정과 함께, 중재판정부는 그것이 이미 가능하고 비용이 당사자 간에 상계되지 않은 한, 상환되어야 하는 구체적인 금액을 결정할 수 있다.

(4) 어떠한 경우에도, 절차비용 상환의무와 그 액수에 대한 결정은 제606조에 따른 중재판정의 형식으로 이루어져야 한다.

(5) 절차비용 상환의무나 상환금액에 관한 결정이 없거나 그러한 결정을 하는 것이 중재절차의 종료 후에 비로소 가능한 경우에, 그러한 결정은 별도의 중재판정으로 이루어져야 한다.

제610조 중재판정의 정정 및 해석 및 추가판정

(1) 당사자들이 기간을 달리 합의하지 않은 한, 중재판정을 수령한 날로부터 4주 내에 각 당사자는 중재판정부에

   1. 중재판정에 있는 계산상 오류, 오기나 오식 또는 이와 유사한 오류를 정정해줄 것을 요청할 수 있다.

   2. 당사자들의 합의가 있는 때에는, 중재판정의 일부를 해석해줄 것을 요청할 수 있다.

   3. 중재절차에서 제기되었지만 중재판정에서 누락된 주장에 대한 추가판정을 할 것을 요청할 수 있다.

(2) 제1항에 따른 요청은 상대방에게 통지되어야 한다. 그러한 요청에 대하여 결정을 내려지기 전에, 상대방의 변론을 들어야 한다.

(3) 중재판정부는 4주 내에 중재판정문을 정정 또는 해석하여야 하고, 8주 내에 추가판정을 내려야 한다.

(4) 중재판정부는 판정일로부터 4주 내에 제1항 제1호에 규정된 유형의 오류를 직권으로 정정할 수 있다.

Wochen ab dem Datum des Schiedsspruchs auch ohne Antrag vornehmen.

(5) § 606 ist auf die Berichtigung, Erläuterung oder Ergänzung des Schiedsspruchs anzuwenden. Die Erläuterung oder Berichtigung ist Bestandteil des Schiedsspruchs.

SIEBENTER TITEL   RECHTSBEHELF GEGEN DEN SCHIEDSSPRUCH

§ 611.   ANTRAG AUF AUFHEBUNG EINES SCHIEDSSPRUCHS

(1) Gegen einen Schiedsspruch kann nur eine Klage auf gerichtliche Aufhebung gestellt werden. Dies gilt auch für Schiedssprüche, mit welchen das Schiedsgericht über seine Zuständigkeit abgesprochen hat.

(2) Ein Schiedsspruch ist aufzuheben, wenn

1. eine gültige Schiedsvereinbarung nicht vorhanden ist, oder wenn das Schiedsgericht seine Zuständigkeit verneint hat, eine gültige Schiedsvereinbarung aber doch vorhanden ist, oder wenn eine Partei nach dem Recht, das für sie persönlich maßgebend ist, zum Abschluss einer gültigen Schiedsvereinbarung nicht fähig war;

2. eine Partei von der Bestellung eines Schiedsrichters oder vom Schiedsverfahren nicht gehörig in Kenntnis gesetzt wurde oder sie aus einem anderen Grund ihre Angriffs- oder Verteidigungsmittel nicht geltend machen konnte;

3. der Schiedsspruch eine Streitigkeit betrifft, für welche die Schiedsvereinbarung nicht gilt, oder er Entscheidungen enthält, welche die Grenzen der Schiedsvereinbarung oder das Rechtsschutzbegehren der Parteien überschreiten; betrifft der Mangel nur einen trennbaren Teil des Schiedsspruchs, so ist dieser Teil aufzuheben;

4. die Bildung oder Zusammensetzung des Schiedsgerichts einer Bestimmung dieses Abschnitts oder einer zulässigen Vereinbarung der Parteien widerspricht;

5. das Schiedsverfahren in einer Weise durchgeführt wurde, die Grundwertungen der österreichischen Rechtsordnung (ordre public) widerspricht;

6. die Voraussetzungen vorhanden sind, unter denen nach § 530 Abs. 1 Z 1 bis 5 ein gerichtliches Urteil mittels Wiederaufnahmsklage angefochten werden kann;

7. der Gegenstand des Streits nach inländischem Recht nicht schiedsfähig ist;

8. der Schiedsspruch Grundwertungen der österreichischen Rechtsordnung (ordre public) widerspricht.

(3) Die Aufhebungsgründe des Abs. 2 Z 7 und 8 sind auch von Amts wegen wahrzunehmen.

(4) Die Klage auf Aufhebung ist innerhalb von drei Monaten zu erheben. Die Frist beginnt mit dem Tag, an welchem der Kläger den Schiedsspruch oder den ergänzenden Schiedsspruch empfangen hat. Ein Antrag nach § 610 Abs. 1 Z 1 oder 2 verlängert diese Frist nicht. Im Fall des Abs. 2 Z 6 ist die Frist für die Aufhebungsklage nach den Bestimmungen über die Wiederaufnahmsklage zu beurteilen.

(5) 제606조는 중재판정의 정정이나 해석 또는 추가판정에 적용된다. 그러한 해석이나 정정은 중재판정의 일부를 구성한다.

제7절   중재판정에 대한 불복

제611조   중재판정취소소송

(1) 중재판정에 대하여 법원에 제기하는 불복은 오직 중재판정취소소송에 의해서만 가능하다. 이는 중재판정부가 자신의 관할권에 대하여 내린 중재판정에도 적용된다.

(2) 중재판정은 다음 각 호의 경우에 취소된다.

　　1. 유효한 중재합의가 존재하지 않는 경우 또는 중재판정부가 유효한 중재합의의 존재에도 불구하고 그 관할권을 부인한 경우, 또는 당사자가 그 속인법에 따라 유효한 중재합의를 체결할 능력이 없었던 경우

　　2. 당사자가 중재인의 선정이나 중재절차에 관한 적절한 통지를 받지 못한 경우 또는 기타 사유로 변론할 수 없었던 경우

　　3. 중재판정이 중재합의의 대상이 아닌 분쟁을 다룬 경우 또는 중재합의의 범위 또는 법적 보호를 위한 당사자의 주장을 벗어난 결정을 포함하고 있는 경우. 다만 이러한 하자가 중재판정의 일부에만 관련된다면 중재판정 중 오직 그 부분만 취소되어야 한다.

　　4. 중재판정부의 구성이 이 장의 규정이나 허용가능한 당사자의 합의에 따르지 않은 경우

　　5. 중재절차가 오스트리아 법체계의 기본적 가치(공서)에 저촉되는 방식으로 진행된 경우

　　6. 제530조 제1항 제1호 내지 제5호에 따라 법원의 판결에 대한 재심을 위한 요건이 충족된 경우

　　7. 분쟁의 본안이 오스트리아 법령상 중재로 해결될 수 없는 경우

　　8. 중재판정이 오스트리아 법체계의 기본적 가치(공서)에 저촉되는 경우

(3) 제2항 제7호 및 제8호에 규정된 취소사유는 법원이 직권으로도 고려하여야 한다.

(4) 중재판정취소의 소는 3개월 내에 제기되어야 한다. 그 기간은 신청인이 중재판정 또는 추가판정을 수령한 날로부터 기산된다. 제610조 제1항 제1호 또는 제2호에 따른 요청이 있더라도 이 기간은 연장되지 아니한다. 제2항 제6호의 경우, 취소소송의 제기기간은 재심에 관한 규정에 따른다.

(5) Die Aufhebung eines Schiedsspruchs berührt nicht die Wirksamkeit der zugrunde liegenden Schiedsvereinbarung. Wurde bereits zweimal ein Schiedsspruch über den selben Gegenstand rechtskräftig aufgehoben und ist ein weiterer hierüber ergehender Schiedspruch aufzuheben, so hat das Gericht auf Antrag einer der Parteien gleichzeitig die Schiedsvereinbarung hinsichtlich dieses Gegenstandes für unwirksam zu erklären.

§ 612. FESTSTELLUNG DES BESTEHENS ODER NICHTBESTEHENS EINES SCHIEDSSPRUCHS

Die Feststellung des Bestehens oder Nichtbestehens eines Schiedsspruchs kann begehrt werden, wenn der Antragsteller ein rechtliches Interesse daran hat.

§ 613. WAHRNEHMUNG VON AUFHEBUNGSGRÜNDEN IN EINEM ANDEREN VERFAHREN

Stellt ein Gericht oder eine Behörde in einem anderen Verfahren, etwa in einem Exekutionsverfahren, fest, dass ein Aufhebungsgrund nach § 611 Abs. 2 Z 7 und 8 besteht, so ist der Schiedsspruch in diesem Verfahren nicht zu beachten.

ACHTER TITEL   ANERKENNUNG UND VOLLSTRECKBARERKLÄRUNG

§ 614. AUSLÄNDISCHER SCHIEDSSPRÜCHE

(1) Die Anerkennung und Vollstreckbarerklärung ausländischer Schiedssprüche richten sich nach den Bestimmungen der Exekutionsordnung, soweit nicht nach Völkerrecht oder in Rechtsakten der Europäischen Union anderes bestimmt ist. Das Formerfordernis für die Schiedsvereinbarung gilt auch dann als erfüllt, wenn die Schiedsvereinbarung sowohl den Formvorschriften des § 583 als auch den Formvorschriften des auf die Schiedsvereinbarung anwendbaren Rechts entspricht.

(2) Die Vorlage der Urschrift oder einer beglaubigten Abschrift der Schiedsvereinbarung nach Art IV Abs. 1 lit. b des New Yorker UN-Übereinkommens über die Anerkennung und Vollstreckung ausländischer Schiedssprüche ist nur nach Aufforderung durch das Gericht erforderlich.

NEUNTER TITEL   GERICHTLICHES VERFAHREN

§ 615. ZUSTÄNDIGKEIT

Für die Klage auf Aufhebung eines Schiedsspruchs und die Klage auf Feststellung des Bestehens oder Nichtbestehens eines Schiedsspruchs sowie für Verfahren in Angelegenheiten nach dem dritten Titel ist der Oberste Gerichtshof zuständig.

(5) 중재판정의 취소는 그 기초가 되는 중재합의의 효력에 영향을 미치지 아니한다. 동일한 실체에 관한 중재판정이 이미 종국적으로 두 번 취소되고 그 실체에 관한 그 후의 중재판정도 취소될 경우, 당사자의 신청에 따라 법원은 동시에 그 실체에 관하여 중재합의가 무효라고 선언하여야 한다.

제612조　중재판정의 존부에 관한 확인

그 신청을 하는 자가 법적 이익을 갖는 경우, 그는 중재판정의 존부에 관한 확인을 요청할 수 있다.

제613조　다른 절차에서의 판정취소사유의 고려

집행절차와 같은 다른 절차에서 법원 또는 다른 권한 있는 기관이 제611조 제2항 제7호 및 제8호에 따른 판정취소사유가 있다고 인정하는 경우, 그 중재판정은 그러한 절차에서 무시되어야 한다.

제8절　외국중재판정의 승인 및 집행결정

제614조　외국중재판정의 승인 및 집행결정

(1) 외국중재판정의 승인 및 집행결정은, 국제법이나 유럽연합의 법률에서 달리 규정하지 않는 한, 집행법(Exekutionsordnung)의 규정에 따라 이루어져야 한다. 중재합의의 형식요건은 제583조와 중재합의의 준거법상의 형식요건을 모두 충족하는 경우에 충족된 것으로 본다.

(2) 외국중재판정의 승인 및 집행에 관한 뉴욕협약 제4조 제1항 제b호에 따른 중재합의의 정본 또는 인증된 사본의 제출은 법원이 요구하는 경우에 한하여 요구된다.

제9절　법원절차

제615조　관할

중재판정 취소소송과 존부확인소송 및 제3절의 절차를 위한 법원절차는 대법원이 관할을 갖는다.

§ 616.   VERFAHREN

(1) Das Verfahren über die Klage auf Aufhebung eines Schiedsspruchs und die Klage auf Feststellung des Bestehens oder Nichtbestehens eines Schiedsspruchs richtet sich nach den Bestimmungen dieses Gesetzes über das Verfahren vor den Gerichtshöfen erster Instanz, das Verfahren in Angelegenheiten nach dem dritten Titel richtet sich nach den Bestimmungen des Außerstreitgesetzes über das Verfahren erster Instanz.

(2) Auf Antrag einer Partei kann die Öffentlichkeit auch ausgeschlossen werden, wenn ein berechtigtes Interesse daran dargetan wird.

ZEHNTER TITEL   SONDERBESTIMMUNGEN

§ 617.   KONSUMENTEN

(1) Schiedsvereinbarungen zwischen einem Unternehmer und einem Verbraucher können wirksam nur für bereits entstandene Streitigkeiten abgeschlossen werden.

(2) Schiedsvereinbarungen, an denen ein Verbraucher beteiligt ist, müssen in einem von diesem eigenhändig unterzeichneten Dokument enthalten sein. Andere Vereinbarungen als solche, die sich auf das Schiedsverfahren beziehen, darf dieses nicht enthalten.

(3) Bei Schiedsvereinbarungen zwischen einem Unternehmer und einem Verbraucher ist dem Verbraucher vor Abschluss der Schiedsvereinbarung eine schriftliche Rechtsbelehrung über die wesentlichen Unterschiede zwischen einem Schiedsverfahren und einem Gerichtsverfahren zu erteilen.

(4) In Schiedsvereinbarungen zwischen Unternehmern und Verbrauchern muss der Sitz des Schiedsgerichts festgelegt werden. Das Schiedsgericht darf zur mündlichen Verhandlung und zur Beweisaufnahme nur dann an einem anderen Ort zusammentreten, wenn der Verbraucher dem zugestimmt hat oder der Beweisaufnahme am Sitz des Schiedsgerichts erhebliche Schwierigkeiten entgegenstehen.

(5) Wurde die Schiedsvereinbarung zwischen einem Unternehmer und einem Verbraucher geschlossen, und hat der Verbraucher weder bei Abschluss der Schiedsvereinbarung noch zu dem Zeitpunkt, zu dem eine Klage anhängig gemacht wird, seinen Wohnsitz, gewöhnlichen Aufenthalt oder Beschäftigungsort in dem Staat, in welchem das Schiedsgericht seinen Sitz hat, so ist die Schiedsvereinbarung nur zu beachten, wenn sich der Verbraucher darauf beruft.

(6) Ein Schiedsspruch ist auch dann aufzuheben, wenn in einem Schiedsverfahren, an dem ein Verbraucher beteiligt ist,

1. gegen zwingende Rechtsvorschriften verstoßen wurde, deren Anwendung auch bei einem Sachverhalt mit Auslandsberührung durch Rechtswahl der Parteien nicht abbedungen

제616조 절차

(1) 중재판정 취소소송과 존부확인소송에 관한 절차는 이 법의 일심법원에 관한 규정에 따른다. 제3절에 규정된 사항에 관한 절차는 비송사건절차법의 일반규정에 따른다.

(2) 적법한 이익이 있는 때에는 당사자의 신청에 따라 공개를 배제할 수 있다.

제10절 특별규정

제617조 소비자

(1) 기업과 소비자 간의 중재합의는 이미 발생한 분쟁에 관해서만 유효하게 성립될 수 있다.

(2) 소비자가 당사자인 중재합의에는 그 소비자가 직접 서명한 문서에 들어있어야 한다. 이 문서에는 중재절차에 관한 것 외에는 어떠한 합의사항도 포함되어서는 아니 된다.

(3) 기업과 소비자 간의 중재합의를 할 때에, 소비자는 중재합의의 체결 전에 중재절차와 소송절차의 중요한 차이에 관하여 서면으로 법적 조언을 제공받아야 한다.

(4) 기업과 소비자 간의 중재합의에서는 중재지가 명시되어야 한다. 중재판정부는 소비자가 동의하거나 중재지에서 증거조사를 하는데 상당한 어려움이 있는 경우에만 구술심리와 증거조사를 다른 장소에서 할 수 있다.

(5) 기업과 소비자 간의 중재합의가 체결된 경우로서 중재합의 체결당시 또는 소송이 계류 중인 당시에 소비자가 중재지가 있는 국가에 주소나 상거소 또는 근로지가 없는 경우에, 중재합의는 그 소비자가 이를 주장하는 때에만 구속력이 있다.

(6) 중재절차에 소비자가 참가하는 때에는 중재판정은 다음 각 호의 경우에 취소될 수 있다.

　1. 당사자들이 그 사건에 국제적 요소가 있더라도 법의 선택에 의하여 그 적용을 피할 수 없는 강행법규의 위반이 있는 경우, 또는

werden könnte, oder

2. die Voraussetzungen vorhanden sind, unter denen nach § 530 Abs. 1 Z 6 und 7 ein gerichtliches Urteil mittels Wiederaufnahmsklage angefochten werden kann; diesfalls ist die Frist für die Aufhebungsklage nach den Bestimmungen über die Wiederaufnahmsklage zu beurteilen.

(7) Hat das Schiedsverfahren zwischen einem Unternehmer und einem Verbraucher stattgefunden, so ist der Schiedsspruch auch aufzuheben, wenn die schriftliche Rechtsbelehrung nach Abs. 3 nicht erteilt wurde.

(8) In Schiedsverfahren, in denen ein Verbraucher Partei ist, ist für die Klage auf Aufhebung eines Schiedsspruchs und die Klage auf Feststellung des Bestehens oder Nichtbestehens eines Schiedsspruchs sowie für Verfahren in Angelegenheiten nach dem dritten Titel in erster Instanz ohne Rücksicht auf den Wert des Streitgegenstandes das die Gerichtsbarkeit in bürgerlichen Rechtssachen ausübende Landesgericht zuständig, das in der Schiedsvereinbarung bezeichnet oder dessen Zuständigkeit nach § 104 JN vereinbart wurde oder, wenn eine solche Bezeichnung oder Vereinbarung fehlt, in dessen Sprengel der Sitz des Schiedsgerichts liegt. Ist auch der Sitz des Schiedsgerichts noch nicht bestimmt oder liegt dieser im Fall des § 612 nicht in Österreich, so ist das Handelsgericht Wien zuständig.

(9) Ist die dem Schiedsspruch zugrundeliegende Rechtsstreitigkeit eine Handelssache im Sinn des § 51 JN, so entscheidet das Landesgericht in Ausübung der Gerichtsbarkeit in Handelssachen, in Wien das Handelsgericht Wien.

(10) Das Verfahren über die Klage auf Aufhebung eines Schiedsspruchs und die Klage auf Feststellung des Bestehens oder Nichtbestehens eines Schiedsspruchs richtet sich nach den Bestimmungen dieses Gesetzes, das Verfahren in Angelegenheiten nach dem dritten Titel richtet sich nach den allgemeinen Bestimmungen des Außerstreitgesetzes.

(11) Auf Antrag einer Partei kann die Öffentlichkeit auch ausgeschlossen werden, wenn ein berechtigtes Interesse daran dargetan wird.

§ 618. ARBEITSRECHTSSACHEN

Für Schiedsverfahren in Arbeitsrechtssachen nach § 50 Abs. 1 ASGG gilt § 617 Abs. 2 bis Abs. 8 und Abs. 10 und 11 sinngemäß, wobei an die Stelle der die Gerichtsbarkeit in bürgerlichen Rechtssachen ausübenden Landesgerichte die Landesgerichte als Arbeits- und Sozialgerichte treten, an die Stelle des Handelsgerichts Wien das Arbeits- und Sozialgericht Wien; das Verfahren über die Klage auf Aufhebung eines Schiedsspruchs und die Klage auf Feststellung des Bestehens oder Nichtbestehens eines Schiedsspruchs richtet sich nach den Bestimmungen des Arbeits- und Sozialgerichtsgesetzes. Der Oberste Gerichtshof entscheidet durch einen nach den Grundsätzen der §§ 10 ff. ASGG zusammengesetzten Senat.

2. 제503조 제1항 제6호 및 제7호에 따라 법원의 판결에 대한 재심을 신청할 수 있는 요건이 충족된 경우. 이 경우 취소소송의 제기기간은 재심에 관한 규정에 따른다.

(7) 기업과 소비자 간에 중재절차가 진행되는 경우, 중재판정은 또한 제3항에서 정한 서면의 법적 조언을 받지 못한 경우에도 취소될 수 있다.

(8) 중재판정의 취소소송과 존부확인소송 및 소비자가 당사자인 중재절차에서 제3절의 절차를 위한 법원절차는 중재합의에 명시된 대상인 민사사건에 대하여 관할을 갖거나 오스트리아 법원관할법(Jurisdiktionsnorm) 제104조에 따라 합의에 의하여 관할을 갖는 주법원이, 그러한 명시나 합의가 없는 때에는 중재지가 있는 지역을 관할하는 주법원이 분쟁 금액의 다과에 관계없이 일심에서 관할을 갖는다. 중재지가 아직 결정되지 않은 경우, 또는 제612조가 규정하는 사안에서 중재지가 오스트리아 국내에 있지 않은 경우, 비엔나 상사법원(Handelsgericht Wien)이 관할을 갖는다.

(9) 중재판정의 기초가 된 분쟁이 법원관할법 제51조에서 말하는 상사사건인 경우, 주법원이 상사문제에 대한 관할을 가지고 비엔나 상사법원이 관할을 갖는다.

(10) 중재판정의 취소소송과 존부확인소송에 관한 절차는 이 법의 규정에 따른다. 제3절에 규정된 사항에 관한 절차는 비송사건절차법의 일반규정에 따른다.

(11) 적법한 이익이 있는 때에는 당사자의 신청에 따라 공개를 배제할 수도 있다.

제618조 노동법 사건

제617조 제2항 내지 제8항 및 제10항과 제11항은 규정은 오스트리아 노동및사회법원법(Arbeits- und Sozialgerichtsgesetz) 제50조 제1항에 따라 노동법 사건의 중재에 준용된다. 민사사건에 관할을 갖는 주법원이 아니라 노동및사회법원의 역할을 수행하는 비엔나 노동및사회법원이 관할을 갖는다. 중재판정의 취소소송과 존부확인소송에 관한 절차는 노동및사회법원법의 규정에 따른다. 대법원은 노동및사회법원법 제10조 이하의 규정에 따라 구성되는 위원으로서 재판한다.

SWITZERLAND

Federal Statute on Private International Law

스위스 중재법

02

Federal Statute on Private International Law

Chapter 12 International Arbitration

Article 176   I. Field of application; seat of the Arbitral tribunal

1 The provisions of this chapter shall apply to all arbitrations if the seat of the arbitral tribunal is in Switzerland and if, at the time of the conclusion of the arbitration agreement, at least one of the parties had neither its domicile nor its habitual residence in Switzerland.

2 The parties may exclude the application of this Chapter by an explicit declaration in the arbitration agreement or by an agreement at a later date and agree on the application of the third part of the CPC.

3 The seat of the arbitral tribunal shall be determined by the parties, or the arbitral institution designated by them, or, failing both, by the arbitrators.

Article 177   II. Arbitrability

1 Any dispute of financial interest may be the subject of an arbitration.

2 A state, or an enterprise held by, or an organization controlled by a state, which is party to an arbitration agreement, cannot invoke its own law in order to contest its capacity to arbitrate or the arbitrability of a dispute covered by the arbitration agreement.

Article 178   III. Arbitration agreement

1 The arbitration agreement must be made in writing, by telegram, telex, telecopier or any other means of communication which permits it to be evidenced by a text.

2 Furthermore, an arbitration agreement is valid if it conforms either to the law chosen by the parties, or to the law governing the subject-matter of the dispute, in particular the main contract, or to Swiss law.

3 The arbitration agreement cannot be contested on the grounds that the main contract is not valid or that the arbitration agreement concerns a dispute which had not as yet arisen.

Article 179   IV. Arbitrators

1. Constitution of the Arbitral tribunal

   1   The arbitrators shall be appointed, removed or replaced in accordance with the agreement

스위스 중재법

(스위스 연방 국제사법)

제12장 국제중재

제176조   I. 적용범위와 중재지

1 이 장의 규정들은 중재지가 스위스 내이고, 만일, 중재계약 체결 당시에, 적어도 당사자 중 일방이 스위스 내에 주소 또는 거소가 없었던 모든 중재에 적용되어야 한다.

2 당사자들은 중재합의에서 명시적으로 선언하였거나 추후 합의에 의해 민사소송법 제3 장이 적용되는 것으로 합의하는 방식으로 이 장의 적용을 배제할 수 있다.

3 중재지는 당사자들, 또는 당사자들이 지정한 중재기관, 또는, 두 경우 모두 없는 경우에 는, 중재인들에 의해 결정되어야 한다.

제177조   II. 중재가능성

1 모든 금전적 이해관계가 있는 분쟁은 중재의 대상이 될 수 있다.

2 중재합의의 당사자가, 국가, 또는 국가 소유의 기업, 또는 국가가 통제하는 조직인 경 우, 그 당사자는 자국법을 원용하여 중재절차의 당사자적격을 다투거나 또는 중재합의 의 대상인 분쟁의 중재 가능성에 대해 다툴 수 없다.

제178조   III. 중재합의

1 중재합의는 전보, 텔렉스, 전화복사기 또는 문서로 증빙이 될 수 있는 기타 통신수단에 의해, 서면으로 이루어져야 한다.

2 또한, 중재합의는 당사자들이 선택한 법, 또는 분쟁의 대상을 규율하는 법, 특히 주계 약, 또는 스위스법에 부합되는 경우에는 유효하다.

3 중재합의는 주계약이 유효하지 않다거나 아직 발생하지 않은 분쟁과 관련이 있다는 이 유로 다투어질 수 없다.

제179조   IV. 중재인

1. 중재판정부 구성

  1 중재인은 당사자들의 합의에 따라 선정, 해임 또는 교체되어야 한다.

of the parties.

2 In the absence of such agreement, the judge where the tribunal has its seat may be seized with the question; he shall apply, by analogy, the provisions of the CPC on appointment, removal or replacement of arbitrators.

3 If a judge has been designated as the authority for appointing an arbitrator, he shall make the appointment unless a summary examination shows that no arbitration agreement exists between the parties.

Article 180

2. Challenge of an arbitrator

  1 An arbitrator may be challenged:

    a) if he does not meet the qualifications agreed upon by the parties;

    b) if a ground for challenge exists under the rules of arbitration agreed upon by the parties;

    c) if circumstances exist that give rise to justifiable doubts as to his independence.

  2 No party may challenge an arbitrator nominated by it, or whom it was instrumental in appointing, except on a ground which came to that party's attention after such appointment. The ground for challenge must be notified to the arbitral tribunal and the other party without delay.

  3 To the extent that the parties have not made provisions for this challenge procedure, the judge at the seat of the Arbitral tribunal shall make the final decision.

Article 181   V. Lis Pendens

1 The arbitral proceedings shall be pending from the time when one of the parties seizes with a claim either the arbitrator or arbitrators designated in the arbitration agreement or, in the absence of such designation in the arbitration agreement, from the time when one of the parties initiates the procedure for the appointment of the Arbitral tribunal.

Article 182   VI. Procedure

1. Principle

  1 The parties may, directly or by reference to rules of arbitration, determine the arbitral procedure; they may also submit the arbitral procedure to a procedural law of their choice.

  2 If the parties have not determined the procedure, the Arbitral tribunal shall determine it to the extent necessary, either directly or by reference to a statute or to rules of arbitration.

  3 Regardless of the procedure chosen, the Arbitral tribunal shall ensure equal treatment of the parties and the right of both parities to be heard in adversarial proceedings.

Article 183

2. Provisional and conservatory measures

2 그러한 합의가 없는 경우에는, 그 중재지를 관할하는 판사가 그 문제를 맡을 수 있다. 그는 중재인의 선정, 해임 또는 교체에 관한 민사소송법의 규정들을 유추적용하여야 한다.

3 중재인 선정권자로 지정된 판사가 있다면, 그는 간이조사를 통해 당사자 간 중재합의가 부존재하는 것으로 나타나지 않았다면 중재인을 선정하여야 한다.

제180조

2. 중재인 기피

1 중재인은 다음의 경우에 해당하는 경우 기피될 수 있다.

a) 당사자들에 의해 합의된 자격을 충족시키지 못한 경우

b) 기피사유가 당사자들이 합의한 중재규칙 상 존재하는 경우

c) 중재인의 독립성에 정당한 의문을 야기하는 사정이 존재하는 경우.

2 어떤 당사자도 자신이 지명하였거나, 또는 선정에 일조했던 중재인에 대해서는 기피할 수 없다. 다만, 선정 이후에 당사자가 그러한 사유를 알게 된 경우는 예외이다. 기피사유는 중재판정부와 상대방에게 지체 없이 통지되어야 한다.

3 당사자들이 기피절차에 대해 규정하지 않았다면, 중재지를 관할하는 판사가 최종 결정을 내려야 한다.

제181조 V. 소송경합(Lis Pendens)

1 중재절차는, 일방당사자가 중재합의서에서 지정된 중재인 또는 중재인들에게 중재를 신청하는 때로부터 또는, 중재합의에 그러한 지정이 없는 경우에는 일방당사자가 중재판정부의 선정절차를 개시하는 때로부터 계속되어야 한다.

제182조 VI. 중재절차

1. 원칙

1 당사자들은, 중재규칙을 직접적으로 또는 원용하는 방식으로, 중재절차를 결정할 수 있다. 당사자들은 그들이 선택한 절차법에 당해 중재절차를 회부할 수 있다.

2 당사자들이 절차에 대해 결정하지 않았다면, 중재판정부가 필요한 만큼, 법률 또는 중재규칙을 직접적으로 또는 원용하는 방식으로, 그러한 절차를 결정할 수 있다.

3 선택된 절차와 관계없이, 중재판정부는 당사자들을 공평한 대우와 양당사자들에게 대심(對審) 절차에서 변론할 수 있는 권리를 보장하여야 한다.

제183조

2. 임시적 · 보전적 처분

1 Unless the parties have otherwise agreed, the Arbitral tribunal may, on motion of one party, order provisional or conservatory measures.

2 If the party concerned does not voluntarily comply with these measures, the Arbitral tribunal may request the assistance of the state judge, the judge shall apply his own law.

3 The Arbitral tribunal or the state judge may make the granting of provisional or conservatory measures subject to appropriate sureties.

Article 184

3. Taking of evidence

1 The Arbitral tribunal shall itself conduct the taking of evidence.

2 If the assistance of state judiciary authorities is necessary for the taking of evidence, the Arbitral tribunal or a party with the consent of the Arbitral tribunal, may request the assistance of the state judge at the seat of the Arbitral tribunal; the judge shall apply his own law.

Article 185

4. Other judicial assistance

For any further judicial assistance the state judge at the seat of the Arbitral tribunal shall have jurisdiction.

Article 186   VII. Jurisdiction

1. The arbitral tribunal shall itself decide on its jurisdiction.

1 bis It shall decide on its jurisdiction notwithstanding an action on the same matter between the same parties already pending before a State Court or another arbitral tribunal, unless there are serious reasons to stay the proceedings.

2 A plea of lack of jurisdiction must be raised prior to any defence on the merits.

3 The Arbitral tribunal shall, as a rule, decide on its jurisdiction by preliminary award.

Article 187   VIII. Decision on the merits

1. Applicable law

1 The Arbitral tribunal shall decide the case according to the rules of law chosen by the parties or, in the absence thereof, according to the rules of law with which the case has the closest connection.

2 The parties may authorize the Arbitral tribunal to decide ex aequo et bono.

Article 188

2. Partial award

Unless the parties otherwise agree, the Arbitral tribunal may render partial awards.

1 당사자들이 달리 합의하지 않았다면, 중재판정부는, 일방당사자의 요청이 있는 경우, 임시적 또는 보전적 처분을 명령하여야 한다.

2 관련 당사자가 이러한 조치에 자발적으로 순응하지 않는 경우, 중재판정부는 법원에 협조를 요청할 수 있으며, 해당 판사는 그의 자국법을 적용하여야 한다.

3 중재판정부 또는 법원의 판사는 적절한 담보를 조건부로 임시적 또는 보전적 처분을 허가할 수 있다.

제184조

3. 증거조사

1 중재판정부는 자체적으로 증거조사를 시행하여야 한다.

2 증거조사를 위하여 국가 사법기관의 협조를 필요로 하는 경우, 일방당사자는 중재판정부 또는 중재판정부의 허락을 얻어 중재지를 관할하는 법원의 판사에 협조를 요청할 수 있다. 그 판사는 자국법을 적용하여야 한다.

제185조

4. 기타 법원의 협조

그 외 법원의 협조가 더 필요한 경우에는, 중재지를 관할하는 법원의 판사가 관할을 갖는다.

제186조 VII. 관할

1. 중재판정부는 자신의 관할권에 대해 스스로 판단하여야 한다.

1 bis 중재판정부는, 중재절차를 중지할 심각한 사유가 존재하지 않는 한, 법원 또는 다른 중재판정부에 이미 계류 중인 동일 당사자 간의 동일 사안에 대한 소송 또는 중재에도 불구하고 그 자신의 관할에 대해 판단하여야 한다.

2 관할권 부존재에 대한 항변은 본안에 대한 답변서 제출 이전에 제기되어야 한다.

3 중재판정부는 원칙적으로 예비판정으로 관할에 대해 판정하여야 한다.

제187조 VIII. 본안에 대한 판단

1. 준거법

1 중재판정부는 당사자들에 의해 선택된 법규에 따라 또는, 그러한 선택이 없는 경우에는, 그 사안과 가장 밀접한 관련이 있는 법규에 따라 판단하여야 한다.

2 당사자들은 중재판정부에게 형평과 선에 따라 판정할 수 있도록 수권할 수 있다.

제188조

2. 일부판정

당사자들이 달리 합의하지 않았다면, 중재판정부는 일부판정을 내릴 수 있다.

Article 189

3. Arbitral award

   1 The arbitral award shall be rendered in conformity with the rules of procedure and in the form agreed upon by the parties.

   2 In the absence of such an agreement, the arbitral award shall be made by a majority, or, in the absence of a majority, by the chairman alone. The award shall be in writing, supported by reasons, dated and signed. The signature of the chairman is sufficient.

Article 190   IX. Finality, Action for annulment

1. Principle

   1 The award is final from its notification.

   2 The award may only be annulled:

     a) if the sole arbitrator was not properly appointed or if the Arbitral tribunal was not properly constituted;

     b) if the Arbitral tribunal wrongly accepted or declined jurisdiction;

     c) if the Arbitral tribunal's decision went beyond the claims submitted to it, or failed to decide one of the items of the claim;

     d) if the principle of equal treatment of the parties or the right of the parties to be heard was violated;

     e) if the award is incompatible with public policy.

   3 Preliminary awards can be annulled on the grounds of the above paras. 2(a) and 2(b) only; the time limit runs from the notification of the preliminary award.

Article 191

2. Judicial authority to set aside

The sole judicial authority to set aside is the Swiss Federal Supreme Court. The procedure follows Art. 77 of the Swiss Federal Statute on the Swiss Federal Supreme Court of June 17, 2005.

Article 192   X. Waiver of annulment

   1 If none of the parties have their domicile, their habitual residence, or a business establishment in Switzerland, they may, by an express statement in the arbitration agreement or by a subsequent written agreement, waive fully the action for annulment or they may limit it to one or several of the grounds listed in Art. 190(2).

   2 If the parties have waived fully the action for annulment against the awards and if the awards are to be enforced in Switzerland, the New York Convention of June 10, 1958 on the Recognition and Enforcement of Foreign Arbitral Awards applies by analogy.

제189조

3. 중재판정

1 중재판정은 절차규칙과 당사자들에 의해 합의된 형태에 부합되도록 내려져야 한다.

2 그러한 합의가 없는 경우, 중재판정부는 다수결에 의해, 또는, 다수결이 부존재하는 경우에는, 의장중재인 단독으로 중재판정을 내려야 한다. 중재판정은 서면으로 작성되어야 하며, 이유, 작성일자 및 서명일자가 기재되어야 한다. 의장중재인의 서명으로 충분하다.

제190조　IX. 최종성과 판정 취소의 소

1. 원칙

1 중재판정은 송달로써 종결된다.

2 중재판정은 다음의 사항에 해당되는 경우에만 취소될 수 있다.

　　a) 단독중재인이 적법하게 선정되지 않았거나 중재판정부가 적법하게 구성되지 않은 경우

　　b) 중재판정부가 관할에 대해 잘못 인정 또는 거부한 경우

　　c) 중재판정부의 결정이 그에게 위임된 청구를 유탈한 경우, 또는 청구되었던 사안에 대해 판정이 이루어지지 않은 경우

　　d) 당사자 균등대우의 원칙 또는 당사자들의 변론 권리 위반이 있었던 경우

　　e) 중재판정이 공서에 위배되는 경우.

3 예비판정은 위 제2항 제a호 및 제b호의 사유들에 근거하여 중재판정 취소의 소를 제기할 수 있다. 이때의 기한은 예비판정의 통지일로부터 기산된다.

제191조

2. 중재판정취소소송의 관할 사법기관

판정 취소의 소를 관할하는 유일한 사법기관은 스위스 연방대법원이다. 이에 대한 절차는 2005. 6. 17.자 스위스 연방대법원에 대한 스위스 연방법 제77조에 따른다.

제192조　X. 판정 취소의 소 포기

1 당사자들 중 어느 누구도 스위스 내에 그들의 주소, 상거소, 또는 영업소를 갖고 있지 않는 경우, 그들은, 중재합의 또는 후속적인 서면 합의에서 명시적인 진술을 통해, 중재판정 취소의 소를 완전히 포기하거나 위 제190조 제2항에 열거된 하나 또는 몇 가지 사유로 제한할 수 있다.

2 당사자들이 중재판정 취소의 소를 완전히 포기하였고 그 중재판정이 스위스 내에서 집행되어야 하는 경우에는, 외국중재판정의 승인 및 집행에 관한 뉴욕협약이 유추 적용된다.

Article 193   XI. Deposit and Certificate of enforceability

1 Each party may at its own expense deposit a copy of the award with the Swiss court at the seat of the Arbitral tribunal.

2 On request of a party, the court shall certify the enforceability of the award.

3 On request of a party, the Arbitral tribunal shall certify that the award has been rendered pursuant to the provisions of this Statute; such certificate has the same effect as the deposit of the award.

Article 194   XII. Foreign arbitral awards

The recognition and enforcement of a foreign arbitral award is governed by the New York Convention of June 10, 1958 on the Recognition and Enforcement of Foreign Arbitral Awards.

제193조   XI. 보관 및 강제력의 인증

1   각 당사자는 자신의 경비로 중재지를 관할하는 스위스 법원에 중재판정의 사본을 보관시킬 수 있다.

2   일방당사자의 요청으로, 법원은 중재판정의 집행을 인증할 수 있다.

3   일방당사자의 요청으로, 중재판정부는 이 법의 규정들에 따라 중재판정이 내려졌음을 인증해 주어야 한다. 그러한 인증은 중재판정의 보관과 같은 동일한 효력을 갖는다.

제194조   XII. 외국중재판정

외국중재판정의 승인 및 집행은 외국중재판정의 승인 및 집행에 관한 뉴욕협약에 의하여 규율된다.

ITALY

Codice di Procedura Civile
이탈리아 중재법

03

Codice di Procedura Civile

(Titolo VIII dell' Arbitrato)

CAPO I — Del compromesso e della clausola compromissoria

806 Compromesso

Le parti possono far decidere da arbitri le controversie tra di loro insorte, tranne quelle previste negli artt.409 e 442, quelle che riguardano questioni di stato e di separazione personale tra coniugi e le altre che non possono formare oggetto di transazione.

807 Forma del compromesso

Il compromesso deve, a pena di nullità, essere fatto per iscritto e determinare l'oggetto della controversia.

La forma scritta s'intende rispettata anche quando la volontà delle parti è espressa per telegrafo o telescrivente.

Al compromesso si applicano le disposizioni che regolano la validità dei contratti eccedenti l'ordinaria amministrazione.

808 Clausola compromissoria

Le parti, nel contratto che stipulano o in un atto separato, possono stabilire che le controversie nascenti dal contratto medesimo siano decise da arbitri, purché si tratti di controversie che possono formare oggetto di compromesso. La clausola compromissoria deve risultare da atto avente la forma richiesta per il compromesso ai sensi dell'art. 807, commi primo e secondo.

Le controversie di cui all'art. 409 possono essere decise da arbitri solo se ciò sia previsto nei contratti e accordi collettivi di lavoro purché ciò avvenga, a pena di nullità, senza pregiudizio della facoltà delle parti di adire l'autorità giudiziaria. La clausola compromissoria contenuta in contratti o accordi collettivi o in contratti individuali di lavoro è nulla ove autorizzi gli arbitri a pronunciare secondo equità ovvero dichiari il lodo non impugnabile.

La validità della clausola compromissoria deve essere valutata in modo autonomo rispetto al contratto al quale si riferisce; tuttavia, il potere di stipulare il contratto comprende il potere di convenire la clausola compromissoria.

이탈리아 중재법

(민사소송법 제8편 중재)

제1장　중재부탁과 중재조항

제806조　중재부탁

당사자들은 제409와 제442조에서 규정하는 분쟁이나 개인의 신분이나 이혼, 기타 화해의 대상이 될 수 없는 분쟁 중 하나에 해당하는 경우를 제외하고, 당사자들 간에 발생하는 분쟁을 중재인에게 판정하도록 할 수 있다.

제807조　중재부탁의 형식

중재부탁은 유효하기 위해서는 서면으로 작성되어야 하며, 분쟁의 대상을 표시하여야 한다. 당사자들의 의도가 전보나 텔렉스로 표시되는 경우에는 서면형식 요건에 부합하는 것으로 간주된다.

중재부탁은 통상의 상거래 과정에서 적용되는 것보다 더 엄격한 계약의 유효성을 규율하는 규정에 따른다.

제808조　중재조항

중재부탁의 대상이 되는 분쟁에 대하여, 당사자들은 당해 계약으로부터 발생하는 분쟁을 중재인에 의해 판정을 받는 것으로 계약서에 포함하거나 별도의 문서로 합의할 수 있다. 중재조항은 제807조 제1항과 제2항에 따라 중재부탁에 관한 형식요건을 충족하는 문서로 이루어져야 한다.

제409조에서 명시하는 분쟁은, 무효의 법리에 따라, 사법적 권한에 대하여 당사자의 불복권을 침해하지 아니 하고 체결된 집단적 노동계약과 합의에 대해서만 중재인들에 의해 결정될 수 있다. 집단적 노동계약과 합의 또는 개별적 노동계약에 포함된 중재조항이 중재인에게 형평과 선에 의하여 결정할 권한을 부여하거나 불복할 수 없는 중재판정을 규정하는 경우는 무효이다.

중재조항의 유효성은 그 기초가 되는 계약과 독립적으로 판단되어야 한다. 그럼에도 불구하고 계약을 체결할 능력은 중재조항에 합의할 능력을 포함한다.

809   Numero e modo di nomina degli arbitri

Gli arbitri possono essere uno o più, purché in numero dispari.

Il compromesso o la clausola compromissoria deve contenere la nomina degli arbitri oppure stabilire il numero di essi e il modo di nominarli.

In caso di indicazione di un numero pari di arbitri, l'ulteriore arbitro, se le parti non hanno diversamente convenuto, è nominato dal presidente del tribunale nei modi previsti dall'art. 810. Qualora manchi l'indicazione del numero degli arbitri e le parti non si accordino al riguardo, gli arbitri sono tre e, in mancanza di nomina, se le parti non hanno diversamente convenuto, provvede il presidente del tribunale nei modi previsti dall'art. 810.

CAPO II   Degli arbitri

810   Nomina degli arbitri

Quando a norma del compromesso o della clausola compromissoria gli arbitri debbono essere nominati dalle parti, ciascuna di esse, con atto notificato a mezzo di ufficiale giudiziario, può rendere noto all'altra l'arbitro o gli arbitri che essa nomina, con invito a procedere alla designazione dei propri. La parte, alla quale è rivolto l'invito, deve notificare, nei venti giorni successivi, le generalità dell'arbitro o degli arbitri da essa nominati.

In mancanza, la parte che ha fatto l'invito può chiedere, mediante ricorso, che la nomina sia fatta dal presidente del tribunale nella cui circoscrizione è la sede dell'arbitrato. Se le parti non hanno ancora determinato tale sede, il ricorso è presentato al presidente del tribunale del luogo in cui è stato stipulato il compromesso o il contratto al quale si riferisce la clausola compromissoria oppure, se tale luogo è all'estero, al presidente del tribunale di Roma. Il presidente, sentita, quando occorre, l'altra parte, provvede con ordinanza non impugnabile.

La stessa disposizione si applica se la nomina di uno o più arbitri sia dal compromesso o dalla clausola compromissoria demandata all'autorità giudiziaria o se, essendo demandata a un terzo, questi non vi abbia provveduto.

811   Sostituzione di arbitri

Quando per qualsiasi motivo vengano a mancare tutti o alcuni degli arbitri nominati, si provvede alla loro sostituzione secondo quanto è stabilito per la loro nomina nel compromesso o nella clausola compromissoria. Se la parte a cui spetta o il terzo non vi provvede o se il compromesso o la clausola compromissoria nulla dispongono al riguardo, si applicano le disposizioni dell'articolo precedente.

제809조 중재인의 수와 선정방식

중재인은 1인 혹은 그 이상이 될 수 있다. 다만 중재인의 수는 홀수가 되어야 한다.

중재부탁이나 중재조항은 중재인(들)을 선정하거나 중재인의 수와 선정방법이 포함되어야 한다.

당사자들이 달리 합의한 경우가 아니라면, 중재인의 수가 짝수로 표시된 경우에는 제810조에 명시된 방법으로 법원장에 의해 중재인이 추가적으로 선정되어야 한다. 중재인의 수가 표시되지 않은 경우와 중재인 수에 대하여 당사자들이 합의하지 않은 경우에 중재인의 수는 3인이 되어야 한다. 그리고 당사자들이 달리 정한 경우가 아니라면, 당사자들이 중재인을 선정하지 못하는 경우에는 법원장이 제810조에 명시된 방법에 따라 선정하여야 한다.

제2장 중재인

제810조 중재인의 선정

중재부탁이나 중재조항의 규정에 따라 중재인들이 당사자들에 의해 선정되어야 하는 경우, 각 당사자들은 집행관의 통지방법에 따라 상대방에게 1인 혹은 수인의 중재인들의 선정을 통지하며 상대방에게 당사자선정 중재인들 명단을 요구할 수 있다. 이를 요구받은 상대방은 20일 이내에 선정된 1인 혹은 수인의 중재인들에 관한 신상 자료를 통지하여야 한다.

이에 대한 이행이 없는 경우, 당사자는 중재지 관할 법원장에게 중재인 선정을 청원할 수 있다. 만약 당사자들이 아직 중재지를 정하지 않은 경우, 당사자는 그 청원을 중재부탁이나 중재조항이 이행되는 장소에 소재한 관할 법원장에게 제기하며, 이 같은 장소가 외국이라면 로마의 법원장에게 제기한다. 법원장은 필요하다고 인정하면 상대방을 신문한 후에 명령을 내려야 한다. 이 명령은 불복할 수 없다.

중재부탁이나 중재조항이 1인 또는 그 이상의 중재인 선정을 사법당국에 위임하는 경우 또는 중재인의 선정이 제3자에게 위임되었으나 그 제3자가 그 행위를 하지 않은 경우에도 이 규정이 동일하게 적용된다.

제811조 중재인의 교체

선정된 일부 혹은 전원의 중재인들이 어떠한 사유로 중재인직을 수행할 수 없는 경우, 중재부탁이나 중재조항에 있는 중재인선정 절차에 따라 보궐중재인(들)을 선정하여야 한다. 만약 중재인 선정에 관하여 책임이 있는 당사자나 제3자가 이를 이행하지 않거나 또는 중재부탁이나 중재조항이 이와 관련한 언급이 없다면, 전 조의 규정을 적용하여야 한다.

812   Capacità ad essere arbitro

Gli arbitri possono essere sia cittadini italiani sia stranieri.

Non possono essere arbitri i minori, gli interdetti, gli inabilitati, i falliti, e coloro che sono sottoposti a interdizione dai pubblici uffici.

813   Accettazione e obblighi degli arbitri

L'accettazione degli arbitri deve essere data per iscritto e può risultare dalla sottoscrizione del compromesso.

Gli arbitri debbono pronunciare il lodo entro il termine stabilito dalle parti o dalla legge; in mancanza, nel caso di annullamento del lodo per questo motivo, sono tenuti al risarcimento dei danni. Sono ugualmente tenuti al risarcimento dei danni se dopo l'accettazione rinunciano all'incarico senza giustificato motivo.

Se le parti non hanno diversamente convenuto, l'arbitro che omette o ritarda di compiere un atto relativo alle sue funzioni, può essere sostituito d'accordo tra le parti o dal terzo a ciò incaricato dal compromesso o dalla clausola compromissoria. In mancanza, decorso il termine di quindici giorni da apposita diffida comunicata per mezzo di lettera raccomandata all'arbitro per ottenere l'atto, ciascuna delle parti può proporre ricorso al presidente del tribunale nella cui circoscrizione è la sede dell'arbitrato. Il presidente, sentite le parti, provvede con ordinanza non impugnabile e, ove accerti l'omissione o il ritardo, dichiara la decadenza dell'arbitro e provvede alla sua sostituzione.

814   Diritti degli arbitri

Gli arbitri hanno diritto al rimborso delle spese e all'onorario per l'opera prestata, salvo che vi abbiano rinunciato al momento della accettazione o con atto scritto successivo. Le parti sono tenute solidalmente al pagamento, salvo rivalsa tra loro.

Quando gli arbitri provvedono direttamente alla liquidazione delle spese e dell'onorario, tale liquidazione non è vincolante per le parti se esse non l'accettano. In tal caso l'ammontare delle spese e dell'onorario è determinato con ordinanza non impugnabile dal presidente del tribunale indicato nell'art. 810 secondo comma, su ricorso degli arbitri e sentite le parti.

L'ordinanza è titolo esecutivo contro le parti.

815   Ricusazione degli arbitri

La parte può ricusare l'arbitro, che essa non ha nominato, per i motivi indicati nell'art. 51.

La ricusazione è proposta mediante ricorso al presidente del tribunale indicato nell'art. 810, secondo comma, entro il termine perentorio di dieci giorni dalla notificazione della nomina o dalla sopravvenuta conoscenza della causa di ricusazione. Il presidente pronunzia con ordinanza non impugnabile sentito l'arbitro ricusato e assunte, quando occorre, sommarie informazioni.

제812조 중재인의 능력

중재인은 이탈리아인이거나 외국인일 수 있다.

미성년자, 무능력자와 지적장애자, 파산자와 공직에서 제명된 자는 중재인이 될 수 없다.

제813조 중재인 수락과 의무

중재인의 수락은 서면으로 이루어져야 하며 중재부탁에 자신들의 서명으로 표시할 수 있다.

중재인들은 당사자들이나 법에 의하여 정해진 기한 내에 중재판정을 내려야 한다. 만약 중재인들이 이를 이행하지 않고 이를 이유로 중재판정이 무효가 되면 손해배상에 대한 책임을 부담하여야 한다. 중재인들은 중재인선정을 수락한 이후 정당한 사유 없이 그 직무를 포기하는 경우에도 동일하게 손해배상에 대한 책임을 부담하여야 한다.

당사자들이 달리 합의한 경우를 제외하고, 중재인이 직무와 관련한 행위를 이행하지 않거나 지체하는 경우에 당사자들의 합의에 의하여 또는 중재부탁이나 중재조항에서 그 권한을 부여한 제3자에 의하여 교체될 수 있다. 이에 대한 합의가 없는 경우, 당사자는 중재인에게 그 직무의 이행을 요구하는 등기우편이 통지되고 15일이 경과된 후에는 중재지 관할 법원장에게 그러한 청원권을 가진다. 당사자들을 신문한 법원장은 명령을 내려야 한다. 이 명령은 불복할 수 없다. 그리고 법원장이 중재인의 태만이나 지연을 확인하는 경우 중재인의 해임을 선언하고 그 중재인의 교체를 진행한다.

제814조 중재인의 권리

중재인은 중재인직 수행에 따른 중재인보수와 경비를 청구할 권리를 가진다. 다만 중재인 수락 시 또는 그 후에 서면으로 그 권리를 포기한 경우에는 그러하지 아니하다. 당사자들은 상호 회복청구권을 조건으로 연대하여 그리고 개별적으로 지급 책임을 부담한다.

중재인들이 중재인의 경비와 보수의 금액을 확정하는 경우, 당사자들이 이를 수락하지 않는다면 중재인들의 결정은 당사자들을 구속하지 않는다. 이 경우 중재인의 경비와 보수의 금액은 중재인들의 청원에 따라 제810조 제2항에서 정해지는 법원장에 의하여 당사자들의 변론을 들은 후 명령으로 결정된다. 이 명령은 불복할 수 없다.

이 명령은 당사자들에게 집행력을 가진다.

제815조 중재인의 기피

당사자는 제51조에 규정된 사유에 따라 선정되지 아니한 중재인을 기피할 수 있다.

중재인의 기피는 중재인선정이 통지된 후 또는 그 이후 중재인의 기피사유가 당사자에게 인지된 시점으로부터 확정된 10일 이내에 제810조 제2항에 규정된 법원장에게 청원으로써 제기되어야 한다. 법원장은 기피된 중재인의 변론을 듣고, 필요할 때에는 약식 조회를 거친 후 이에 대한 명령을 내려야 한다. 이 명령은 불복할 수 없다.

CAPO III — Del procedimento

816 Svolgimento del procedimento

Le parti determinano la sede dell'arbitrato nel territorio della Repubblica; altrimenti provvedono gli arbitri nella loro prima riunione.

Le parti possono stabilire nel compromesso, nella clausola compromissoria o con atto scritto separato, purché anteriore all'inizio del giudizio arbitrale, le norme che gli arbitri debbono osservare nel procedimento.

In mancanza di tali norme gli arbitri hanno facoltà di regolare lo svolgimento del giudizio nel modo che ritengono più opportuno.

Essi debbono in ogni caso assegnare alle parti i termini per presentare documenti e memorie, e per esporre le loro repliche.

Gli atti di istruzione possono essere delegati dagli arbitri a uno di essi.

Su tutte le questioni che si presentano nel corso del procedimento gli arbitri provvedono con ordinanza non soggetta a deposito e revocabile tranne che nel caso previsto nell'art. 819.

817 Eccezione di incompetenza

La parte, che non eccepisce nel corso del procedimento arbitrale che le conclusioni delle altre parti esorbitano dai limiti del compromesso o della clausola compromissoria, non può, per questo motivo, impugnare di nullità il lodo.

818 Provvedimenti cautelari

Gli arbitri non possono concedere sequestri, né altri provvedimenti cautelari.

819 Questioni incidentali

Se nel corso del procedimento sorge una questione che per legge non può costituire oggetto di giudizio arbitrale, gli arbitri, qualora ritengano che il giudizio ad essi affidato dipende dalla definizione di tale questione, sospendono il procedimento.

Fuori di tali ipotesi gli arbitri decidono tutte le questioni insorte nel giudizio arbitrale.

Nel caso previsto dal primo comma il termine stabilito nell'art. 820 resta sospeso fino al giorno in cui una delle parti notifichi agli arbitri la sentenza passata in giudicato che ha deciso la causa incidentale; ma se il termine che resta a decorrere ha una durata inferiore a sessanta giorni, è prorogato di diritto fino a raggiungere i sessanta giorni.

819 bis Connessione

La competenza degli arbitri non è esclusa dalla connessione tra la controversia ad essi deferita ed una causa pendente dinanzi al giudice.

제3장 중재절차

제816조 중재절차의 과정

당사자들은 공화국 영토 내에 중재지를 결정하여야 한다. 이를 결정하지 못하는 경우, 중재인들은 첫 번째 회의에서 중재지를 결정하여야 한다.

당사자들은 중재부탁이나 중재조항에서 또는 중재절차의 시작 전에 별도의 서면으로 중재인들이 준수하여야 하는 중재절차 규칙을 정할 수 있다.

그러한 정합이 없는 경우, 중재인들은 최적이라고 판단하는 절차를 정할 수 있다. 이 경우 중재인들은 당사자들이 문서와 의견서를 제출하고 답변서를 제출하는 기한을 정하여야 한다.

증거조사는 중재인들에 의하여 중재판정부 중 한명에게 위임될 수 있다.

이 절차 중에 발생하는 모든 사항은 중재인들이 치안판사법원에 제소할 수 없으나 명령으로 결정되며, 이 명령은 제819조에 규정된 경우를 제외하고 취소될 수 있다.

제817조 관할권 부존재 항변

중재절차 중에, 상대방의 주장이 중재부탁이나 중재조항의 범위를 벗어난다는 이의를 제기하지 않은 당사자는 이를 이유로 중재판정의 무효를 제기할 수 없다.

제818조 임시적 보전조치

중재인들은 압류나 기타 임시적 보전처분을 허용하지 않을 수 있다.

제819조 부수적 사안

중재절차가 진행되는 도중 법률상 중재로 해결할 수 없는 문제가 발생하는 경우에, 중재인들은 그들에게 회부된 본안이 그 문제의 해결에 좌우된다고 판단하는 때에는 중재절차를 정지하여야 한다.

이 외에는, 중재절차 중 발생하는 모든 문제를 중재인들이 결정하여야 한다.

첫 번째 문단에서 규정된 사항에서, 제820조에 규정된 기한은 일방당사자가 이미 기판력이 발생한 법원의 판결을 중재인들에게 통지하는 날까지 중지된다. 만약 기한 만료일이 60일보다 적은 경우에 언급된 기한은 60일로 자동 연장된다.

제819조의 2 관련 사건

중재인들의 관할은 법정에 계류 중인 제소된 분쟁이라는 사실로서 배제되지 않는다.

819 ter   Assunzione delle testimonianze

Gli arbitri possono assumere direttamente presso di sé la testimonianza, ovvero deliberare di assumere la deposizione del testimone, ove questi vi consenta, nella sua abitazione o nel suo ufficio. Possono altresì deliberare di assumere la deposizione richiedendo al testimone di fornire per iscritto risposte a quesiti nel termine che essi stessi stabiliscono.

CAPO IV   Del lodo

820   Termini per la decisione

Se le parti non hanno disposto altrimenti, gli arbitri debbono pronunciare il lodo nel termine di centottanta giorni dall'accettazione della nomina. Se gli arbitri sono più e l'accettazione non è avvenuta contemporaneamente da parte di tutti, il termine decorre dall'ultima accettazione. Il termine è sospeso quando è proposta istanza di ricusazione e fino alla pronuncia su di essa, ed è interrotto quando occorre procedere alla sostituzione degli arbitri.

Quando debbono essere assunti mezzi di prova o sia stato pronunciato lodo non definitivo, gli arbitri possono prorogare per una sola volta il termine e per non più di centottanta giorni.

Nel caso di morte di una delle parti il termine è prorogato di trenta giorni.

Le parti, d'accordo, possono consentire con atto scritto la proroga del termine.

821   Rilevanza del decorso del termine

Il decorso del termine indicato nell'articolo precedente non può essere fatto valere come causa di nullità del lodo se la parte, prima della deliberazione del lodo risultante dal dispositivo sottoscritto dalla maggioranza degli arbitri, non abbia notificato alle altre parti e agli arbitri che intende far valere la loro decadenza.

822   Norme per la deliberazione

Gli arbitri decidono secondo le norme di diritto, salvo che le parti li abbiano autorizzati con qualsiasi espressione a pronunciare secondo equità.

823   Deliberazione e requisiti del lodo

Il lodo è deliberato a maggioranza di voti dagli arbitri riuniti in conferenza personale ed è quindi redatto per iscritto.

Esso deve contenere:

1) l'indicazione delle parti;
2) l'indicazione dell'atto di compromesso o della clausola compromissoria e dei quesiti relativi;

제819조의 3 증인신문

중재인들은 증인에게 심리에 출석하도록 요구하거나 증인이 동의한다면 그의 본사나 사무소에서 증인의 진술을 심리하기로 결정할 수 있다. 또한 중재인들은 증인에게 질문에 대한 서면진술서를 중재인들이 정한 기한 내에 제출하도록 명하여 심리하기로 결정할 수 있다.

제4장 중재판정

제820조 판정기한

당사자들이 달리 합의한 경우를 제외하고, 중재인들은 중재인 선정을 수락한 날로부터 180일 이내에 중재판정을 내려야 한다. 만약 다수의 중재인이 있고 동일한 시간에 모든 수락이 이루어지지 않았다면 그 기한은 마지막 중재인이 수락한 시점부터 기산한다. 중재인의 기피에 대한 소제기가 된 경우에는, 그 기한은 중재인 기피에 대한 결정이 내려질 때까지 중지되며, 중재인의 교체가 필요한 경우에도 그 기한은 중지된다.

증거를 조사해야 하는 경우나 중간판정이 내려진 경우에, 중재인들은 1회에 한하여 180일을 넘지 아니하는 한도 내에서 기한을 연장할 수 있다.

당사자들 가운데 하나가 사망한 경우에 그 기한은 30일간 연장된다.

당사자들은 기한의 연장을 서면으로 합의할 수 있다.

제821조 기한 만료의 관련성

전 조에서 규정된 기한의 만료는, 만약 중재인들의 다수결로 내려진 중재판정을 심의하기 전에 당사자가 상대방과 중재인들에게 중재인들의 권한 종료에 대한 거부의사를 통지하지 않았다면, 중재판정의 취소사유로서 제기될 수 없다.

제822조 중재판정의 심의에 관한 규칙

당사자들이 중재인들에게 형평과 선의 원칙에 의한 분쟁해결 권한을 명시적으로 수권한 경우가 아니라면, 중재인들은 법규에 따라 판정하여야 한다.

제823조 중재판정 심의와 요건

중재판정은 중재인들이 직접 함께 모여서 다수결에 따라 심의되어야 한다. 그리고 중재판정은 서면으로 작성되어야 한다.

중재판정은 다음을 포함하여야 한다.

　1) 당사자들의 성명

　2) 중재부탁이나 중재조항의 표시 그리고 판정을 구하는 사안들

3) l'esposizione sommaria dei motivi;

4) il dispositivo;

5) l'indicazione della sede dell'arbitrato e del luogo o del modo in cui è stato deliberato;

6) la sottoscrizione di tutti gli arbitri, con l'indicazione del giorno, mese ed anno in cui è apposta; la sottoscrizione può avvenire anche in luogo diverso da quello della deliberazione ed anche all'estero; se gli arbitri sono più di uno, le varie sottoscrizioni, senza necessità di ulteriore conferenza personale, possono avvenire in luoghi diversi.

Tuttavia è valido il lodo sottoscritto dalla maggioranza degli arbitri, purché si dia atto che esso è stato deliberato in conferenza personale di tutti, con l'espressa dichiarazione che gli altri non hanno voluto o non hanno potuto sottoscriverlo.

Il lodo ha efficacia vincolante tra le parti dalla data della sua ultima sottoscrizione.

824 Luogo di pronuncia

Il lodo deve essere pronunciato nella Repubblica.

Articolo abrogato dall'art. 16, comma 2, della L. 5 gennaio 1994. n. 25, a decorrere dal 18 aprile 1994.

825 Deposito del lodo

Gli arbitri redigono il lodo in tanti originali quante sono le parti e ne danno comunicazione a ciascuna parte mediante consegna di un originale, anche con spedizione in plico raccomandato, entro dieci giorni dalla data dell'ultima sottoscrizione.

La parte che intende far eseguire il lodo nel territorio della Repubblica è tenuta a depositarlo in originale o in copia conforme, insieme con l'atto di compromesso o con l'atto contenente la clausola compromissoria o con documento equipollente, in originale o in copia conforme, nella cancelleria del tribunale nella cui circoscrizione è la sede dell'arbitrato.

Il tribunale, accertata la regolarità formale del lodo, lo dichiara esecutivo con decreto. Il lodo reso esecutivo è soggetto a trascrizione, in tutti i casi nei quali sarebbe soggetta a trascrizione la sentenza avente il medesimo contenuto.

Del deposito e del provvedimento del tribunale è data notizia dalla cancelleria alle parti nei modi stabiliti nell'art. 133, secondo comma.

Contro il decreto che nega l'esecutorietà del lodo è ammesso reclamo, entro trenta giorni dalla comunicazione, mediante ricorso al tribunale in composizione collegiale, del quale non può far parte il giudice che ha emesso il provvedimento reclamato; il collegio, sentite le parti, provvede in camera di consiglio con ordinanza non impugnabile.

826 Correzione del lodo

Il lodo può essere corretto, su istanza di parte, dagli stessi arbitri che lo hanno pronunziato, qualora questi siano incorsi in omissioni o in errori materiali o di calcolo.

3) 신청이유에 관한 개요서

4) 쟁점의 결정

5) 중재지와 심리의 장소 또는 방식의 표시

6) 중재인들 전원의 서명과 서명의 년, 월, 일의 표시. 중재인들은 외국을 포함하여 중재판정의 심의장소 이외의 장소에서 서명할 수 있다. 만약 1인 이상의 중재인들이 있는 경우, 중재인들은 재차 직접 모임을 갖지 않고 각기 다른 장소에서 서명할 수 있다.

그러나 중재인들의 과반수만 서명된 중재판정은 모든 중재인들의 출석 하에 심의되어 내려졌다는 언급이 있고 나머지 중재인들이 서명할 수 없었거나 서명을 거부하였다는 명시적인 진술이 있는 경우에 한하여 유효성을 가져야 한다.

중재판정은 마지막 서명이 이루어진 날부터 당사자에게 구속력을 가진다.

제824조   판정 장소

삭제

제825조   중재판정의 보관

중재인들은 당사자들의 수에 해당하는 정본의 중재판정문을 준비하여야 한다. 그리고 마지막 서명이 이루어진 날부터 10일 내에 각 당사자들에게 정본을 교부하거나 등기우편으로 이를 송부함으로써 중재판정을 통지하여야 한다.

공화국의 영토 내에서 중재판정의 집행을 구하는 당사자는 중재판정의 정본이나 이의 인증된 사본과 함께 중재부탁이나 중재조항을 포함하는 문서 혹은 원본이나 인증된 사본에 상당하는 문서를 중재가 이루어진 장소의 관할 치안판사법원의 등록소에 접수하여야 한다.

치안판사법원은 중재판정이 모든 형식요건을 충족하는 것을 확인한 후 판결로서 이를 집행한다. 집행력이 선고된 중재판정은 동일한 내용의 판결이 등록의 대상이 된다면 등록되어야 한다.

등록소는 당사자들에게 제133조 2항에서 규정에 따라 그 접수와 치안판사법원의 판결을 통지하여야 한다.

중재판정의 집행을 거부하는 판결에 대한 불복은 통지된 날부터 30일 내에 법원에 청원으로 제기될 수 있다. 법원은 재판정에서 당사자들의 변론을 들은 후 이에 대한 명령을 내려야 한다. 이 명령은 불복할 수 없다.

제826조   중재판정의 정정

일방 당사자의 요청으로, 중재판정에서 누락, 중요한 오류, 계산착오가 있는 경우에 중재판정을 내린 동일한 중재인들에 의해 정정될 수 있다.

Gli arbitri, sentite le parti, provvedono entro venti giorni. Del provvedimento è data comunicazione alle parti, anche con spedizione in plico raccomandato, entro dieci giorni dalla data dell'ultima sottoscrizione.

Se il lodo è già stato depositato, la correzione è richiesta al tribunale del luogo in cui lo stesso è depositato. Si applicano le disposizioni dell'art. 288 in quanto compatibili.

CAPO V — Delle impugnazioni

827 Mezzi di impugnazione

Il lodo è soggetto soltanto all'impugnazione per nullità, per revocazione o per opposizione di terzo.

I mezzi di impugnazione possono essere proposti indipendentemente dal deposito del lodo.

Il lodo che decide parzialmente il merito della controversia è immediatamente impugnabile, ma il lodo che risolve alcune delle questioni insorte senza definire il giudizio arbitrale è impugnabile solo unitamente al lodo definitivo.

828 Impugnazione per nullità

L'impugnazione per nullità si propone, nel termine di novanta giorni dalla notificazione del lodo, davanti alla corte d'appello nella cui circoscrizione è la sede dell'arbitrato.

L'impugnazione non è più proponibile decorso un anno dalla data dell'ultima sottoscrizione.

L'istanza per la correzione del lodo non sospende il termine per l'impugnazione; tuttavia il lodo può essere impugnato relativamente alle parti corrette nei termini ordinari, a decorrere dalla notificazione della pronuncia di correzione.

829 Casi di nullità

L'impugnazione per nullità è ammessa, nonostante qualunque rinuncia, nei casi seguenti:

1) se il compromesso è nullo;
2) se gli arbitri non sono stati nominati con le norme e nei modi prescritti nei capi I e II del presente titolo, purché la nullità sia stata dedotta nel giudizio arbitrale;
3) se il lodo è stato pronunciato da chi non poteva essere nominato arbitro a norma dell'art. 812;
4) se il lodo ha pronunciato fuori dei limiti del compromesso o non ha pronunciato su alcuno degli oggetti del compromesso o contiene disposizioni contraddittorie, salva la disposizione dell'art. 817;
5) se il lodo non contiene i requisiti indicati nei numeri 3), 4), 5) e 6) del secondo comma

당사자들을 심리한 중재인들은 20일 이내에 조치를 취하여야 한다. 그 결정은 마지막 서명일 이후 10일 이내에 등기우편의 방법으로 당사자들에게 통지되어야 한다.

중재판정이 이미 보관 중인 경우에는, 중재판정의 정정에 대한 신청은 중재판정이 이루어진 장소의 치안판사법원에 제기한다. 제288조의 규정은 적절한 경우에 한하여 적용될 수 있다.

제5장 불복 수단

제827조 불복 수단

중재판정은 오직 취소, 철회, 또는 제3자의 이의 제기로서 불복할 수 있다.

불복은 중재판정의 보관에 관계없이 제기될 수 있다.

분쟁의 본안에 대하여 일부만 판정하는 중재판정은 즉시 불복의 대상이 된다. 그러나 분쟁을 해결함이 없이 사안의 일부에 대하여 판정하는 중재판정은 오직 종국판정과 함께 불복의 대상이 된다.

제828조 중재판정 취소의 소제기

중재판정 취소의 소는 중재판정이 통지된 날로부터 90일 이내에 중재가 이루어진 장소의 관할 항소법원에 제기될 수 있다.

마지막 서명일로부터 1년이 경과한 후에는 불복의 소를 제기할 수 없다.

중재판정의 불복의 소제기를 위한 기한은 중재판정의 정정에 대한 요구로서 정지되지는 아니 한다. 그러나 정정이 되는 중재판정 부분은 그 정정의 결정이 통지된 후부터 기산하여 통상의 기한 내에 불복의 소를 제기할 수 있다.

제829조 중재판정의 취소사유

권리포기에도 불구하고, 중재판정 취소의 소는 다음의 사유로 제기될 수 있다.

1) 중재합의가 무효인 경우
2) 중재인들이 이 편 제1장과 제2장에 규정에 따라 선정되지 않은 경우, 다만 중재판정 취소의 사유가 중재절차 중에 발생되는 경우에 한한다.
3) 중재판정이 제812조에 따라 선정될 수 없는 중재인에 의해 내려진 경우
4) 제817조 규정을 조건으로, 중재판정이 중재부탁의 범위를 벗어나거나 중재부탁의 하나 또는 그 이상의 쟁점을 결정하지 못한 경우
5) 중재판정이 제823조 두 번째 문단의 제3호, 제4호, 제5호 및 [제6호와 관련하여서는] 세 번째 문단의 규정을 제한하에 제6호의 요건을 충족하지 않는 경우

dell'art. 823, salvo il disposto del terzo comma di detto articolo;

6) se il lodo è stato pronunciato dopo la scadenza del termine indicato nell'art. 820, salvo il disposto dell'art. 821;

7) se nel procedimento non sono state osservate le forme prescritte per i giudizi sotto pena di nullità, quando le parti ne avevano stabilita l'osservanza a norma dell'art. 816 e la nullità non è stata sanata;

8) se il lodo è contrario ad altro precedente lodo non più impugnabile o a precedente sentenza passata in giudicato tra le parti, purché la relativa eccezione sia stata dedotta nel giudizio arbitrale;

9) se non è stato osservato nel procedimento arbitrale il principio del contraddittorio.

L'impugnazione per nullità è altresì ammessa se gli arbitri nel giudicare non hanno osservato le regole di diritto, salvo che le parti li avessero autorizzati a decidere secondo equità o avessero dichiarato il lodo non impugnabile.

Nel caso previsto nell'art. 808, secondo comma, il lodo è soggetto all'impugnazione anche per violazione e falsa applicazione dei contratti e accordi collettivi.

830 Decisione sull'impugnazione per nullità

La corte di appello, quando accoglie, l'impugnazione, dichiara con sentenza la nullità del lodo; qualora il vizio incida soltanto su una parte del lodo che sia scindibile dalle altre, dichiara la nullità parziale del lodo.

Salvo volontà contraria di tutte le parti, la corte di appello pronuncia anche sul merito, se la causa è in condizione di essere decisa, ovvero rimette con ordinanza la causa all'istruttore, se per la decisione del merito è necessaria una nuova istruzione.

In pendenza del giudizio, su istanza di parte, la corte d'appello può sospendere con ordinanza l'esecutorietà del lodo.

831 Revocazione ed opposizione di terzo

Il lodo, nonostante qualsiasi rinuncia, è soggetto a revocazione nei casi indicati nei numeri 1), 2), 3) e 6) dell'art. 395, osservati i termini e le forme stabiliti nel libro secondo.

Se i casi di cui al primo comma si verificano durante il corso del processo di impugnazione per nullità, il termine per la proposizione della domanda di revocazione è sospeso fino alla comunicazione della sentenza che abbia pronunciato sulla nullità.

Il lodo è soggetto ad opposizione di terzo nei casi indicati nell'art. 404.

Le impugnazioni per revocazione e per opposizione di terzo si propongono davanti alla corte d'appello nella cui circoscrizione è la sede dell'arbitrato.

La corte d'appello può riunire le impugnazioni per nullità, per revocazione e per opposizione di terzo nello stesso processo, salvo che lo stato della causa preventivamente proposta non

6) 제821조 규정을 조건으로, 중재판정이 제820조에 규정된 기한의 만료일 이후 이루어진 경우

7) 절차 중에 보통법원의 소송에 대한 무효의 법리에 따라 규정하는 형식이 준수되지 않은 경우. 다만, 그 무효성이 치유되지 않는다면 제816조에 따라 당사자들에게 이를 준수할 것이 요청되는 경우에 한한다.

8) 중재판정이 더 이상 불복이 불가능한 이전의 중재판정이나 당사자들 사이에 기판력을 갖는 이전의 판결과 반하는 경우. 다만 이에 대한 이의는 중재절차 중에 제기되어야 한다.

9) 상대방 청취 원칙(적대적 원칙)이 중재절차에서 존중되지 않은 경우.

중재판정 취소의 소는, 만약 당사자들이 중재인들에게 형평과 선에 의해 결정할 권한을 부여하거나 중재판정을 불복할 수 없다고 선언한 경우가 아니라면, 중재인들이 법규에 따라 결정하지 않았을 때에 제기될 수 있다.

제808조 제2항에 규정된 경우에서, 중재판정은 집단적 노동계약과 협약의 위반이나 잘못된 적용을 이유로 불복을 제기할 수 있다.

제830조　중재판정 취소의 소에 대한 판결

항소법원은 불복을 인정하는 경우에 중재판정의 무효를 선언하는 판결을 내린다. 그리고 중재판정의 일부만이 다른 것과 분리되어 하자의 영향을 맡는 경우에는 중재판정의 일부에 대하여 무효를 선언하여야 한다.

모든 당사자가 달리 반대의 의도를 선언한 경우가 아니라면, 항소법원은 만약 그 사건을 결정하고자 한다면 본안에 대하여도 결정하여야 한다. 본안에 대한 결정에 추가적인 증거조사가 필요한 경우라면 심리판사에게 명령으로 사건을 환송하여야 한다.

사건이 소송에 계류 중인 경우, 항소법원은 일방당사자의 요청에 따라 중재판정의 집행을 정지하는 명령을 내릴 수 있다.

제831조　취소와 제3자의 이의제기

권리포기에도 불구하고 중재판정은 기한 내에 제2권에 규정된 형식요건에 따라 제395조 제1호, 제2호, 제3호 및 제6호에 규정된 경우에는 취소될 수 있다.

첫 번째 문단에 규정된 경우가 취소절차 중에 발생한다면, 취소청구기한은 취소에 대한 판결이 통지될 때까지 정지되어야 한다.

제404조에 규정된 사건의 경우에 중재판정은 제3자 이의제기의 대상이 된다.

취소에 대한 청구와 제3자의 이의제기는 중재가 이루어진 장소의 관할 항소법원에 제소되어야 한다.

만약 먼저 제기된 절차가 진행된 단계로 보아 다른 사안에 대하여 더 이상 논의하고 결정

consenta l'esauriente trattazione e decisione delle altre cause.

CAPO VI — Dell'arbitrato internazionale

832   Arbitrato internazionale

Qualora alla data della sottoscrizione della clausola compromissoria o del compromesso almeno una delle parti risieda o abbia la propria sede effettiva all'estero oppure qualora debba essere eseguita all'estero una parte rilevante delle prestazioni nascenti dal rapporto al quale la controversia si riferisce, le disposizioni dei capi da I a V del presente titolo si applicano all'arbitrato in quanto non derogate dal presente capo.

Sono in ogni caso salve le norme stabilite in convenzioni internazionali.

833   Forma della clausola compromissoria

La clausola compromissoria contenuta in condizioni generali di contratto oppure in moduli o formulari non è soggetta alla approvazione specifica prevista dagli artt. 1341 e 1342 del codice civile.

E' valida la clausola compromissoria contenuta in condizioni generali che siano recepite in un accordo scritto delle parti, purché le parti abbiano avuto conoscenza della clausola o avrebbero dovuto conoscerla usando l'ordinaria diligenza.

834   Norme applicabili al merito

Le parti hanno facoltà di stabilire d'accordo tra loro le norme che gli arbitri debbono applicare al merito della controversia oppure di disporre che gli arbitri pronuncino secondo equità. Se le parti non provvedono, si applica la legge con la quale il rapporto è più strettamente collegato.

In entrambi i casi gli arbitri tengono conto delle indicazioni del contratto e degli usi del commercio.

835   Lingua dell'arbitrato

Se le parti non hanno diversamente convenuto, la lingua del procedimento è determinata dagli arbitri, tenuto conto delle circostanze.

836   Ricusazione degli arbitri

La ricusazione degli arbitri è regolata dall'art. 815, se le parti non hanno diversamente convenuto.

하는 것이 금지되지 않는 경우에, 항소법원은 중재판정의 취소나 철회 및 제3자 이의제기의 절차를 병합하여 진행할 수 있다.

제6장 국제중재

제832조   국제중재

중재조항이나 중재부탁의 서명일에 당사자들 중 적어도 일방이 그의 주소지 혹은 주영업소가 해외에 있거나 제기되는 분쟁에서 발생하는 의무의 실질적인 부분이 해외에서 이행되어야 하는 경우, 당사자들이 이 장의 적용을 배제하지 않는 한, 이 편의 제1장에서 제5장의 규정이 중재에 적용되어야 한다.

국제조약의 규정들은 모든 경우에 적용가능하다.

제833조   중재조항의 형식

정형거래조건이나 표준계약서에 포함되어 있는 중재조항은 민법 제1341조와 제1342조에 규정된 특정한 승인을 조건으로 하지 아니한다.

당사자들 간에 서면합의에 포함된 정형거래조건에 있는 중재조항은 당사자들이 이 중재조항을 인지했거나 통상의 주의로 인지해야만 했던 경우에 한하여 유효하다.

제834조   본안의 준거법규

당사자들은 중재인들이 분쟁의 본안에 적용할 준거법규를 합의하거나 형평과 선에 따라 결정하도록 정할 수 있다. 만약 당사자들이 이에 대하여 침묵하는 경우, 본안과 가장 밀접한 관련이 있는 법이 적용되어야 한다.

모든 경우에 중재인들은 계약조건과 무역관행을 고려하여야 한다.

제835조   중재언어

당사자들이 달리 규정한 경우를 제외하고, 중재언어는 상황을 고려하여 중재인들이 결정한다.

제836조   중재인의 기피

당사자들이 달리 규정한 경우를 제외하고, 중재인의 기피는 제815조에 따른다.

837   Deliberazione del lodo

Il lodo è deliberato a maggioranza di voti dagli arbitri riuniti in conferenza personale, anche videotelefonica, salvo che le parti abbiano deliberato diversamente, ed è quindi redatto per iscritto.

838   Impugnazione

All'arbitrato internazionale non si applicano le disposizioni dell'art. 829, secondo comma, dell'art. 830, secondo comma, e dell'art. 831 se le parti non hanno diversamente convenuto.

CAPO VII   Dei lodi stranieri

839   Riconoscimento ed esecuzione dei lodi stranieri

Chi vuoi far valere nella Repubblica un lodo straniero deve proporre ricorso al presidente della corte d'appello nella cui circoscrizione risiede l'altra parte; se tale parte non risiede in Italia è competente la corte d'appello di Roma.

Il ricorrente deve produrre il lodo in originale o in copia conforme insieme con l'atto di compromesso, o documento equipollente, in originale o in copia conforme.

Qualora i documenti di cui al secondo comma non siano redatti in lingua italiana la parte istante deve altresì produrne una traduzione certificata conforme.

Il presidente della corte d'appello, accertata la regolarità del lodo dichiara con decreto l'efficacia del lodo straniero nella Repubblica, salvoché:

1) la controversia non potesse formare oggetto di compromesso secondo la legge italiana;

2) il lodo contenga disposizioni contrarie all'ordine pubblico.

840   Opposizione

Contro il decreto che accorda o nega l'efficacia del lodo straniero è ammessa opposizione da proporsi con citazione dinanzi alla corte d'appello entro trenta giorni dalla comunicazione, nel caso di decreto che nega l'efficacia, ovvero dalla notificazione nel caso di decreto che l'accorda. In seguito all'opposizione il giudizio si svolge a norma degli artt. 645 e seguenti in quanto applicabili. La corte d'appello pronuncia con sentenza impugnabile per cassazione.

Il riconoscimento o l'esecuzione del lodo straniero sono rifiutati dalla corte d'appello se nel giudizio di opposizione la parte contro la quale il lodo è invocato prova l'esistenza dì una delle seguenti circostanze:

1) le parti della convenzione arbitrale erano incapaci in base alla legge ad esse applicabile oppure la convenzione arbitrale non era valida secondo la legge alla quale le parti l'hanno sottoposta o, in mancanza di indicazione a tale proposito, secondo la legge dello Stato in

제837조 중재판정의 심의

당사자들이 달리 규정한 경우를 제외하고, 중재판정은 대면회의 혹은 화상회의에서 중재인들의 다수결에 따라 심의되어야 하며 그 후에 서면으로 작성되어야 한다.

제838조 불복

당사자들이 달리 합의한 경우를 제외하고, 제829조 제2항, 제830조 제2항 및 제831조의 규정은 국제중재에 적용되지 아니 한다.

제7장 외국중재판정

제839조 외국중재판정의 승인 및 집행

공화국에서 외국중재판정의 집행을 구하는 당사자는 상대방의 영업소에 있는 관할지역의 항소법원장에게 청원을 제기하여야 한다. 만약 상대방의 영업소가 이탈리아에 소재하지 아니하는 경우에는 로마의 항소법원이 관할권을 갖는다.

신청인은 중재판정 원본이나 인증된 중재판정의 사본을 제출하여야 하며, 이와 함께 중재합의의 원본이나 동등한 문서 또는 인증된 중재합의의 사본을 첨부하여야 한다.

두 번째 문단에 규정된 문서들이 이탈리아어로 작성되지 않은 경우에는, 신청인은 그 문서의 인증된 번역문을 추가로 제출하여야 한다.

항소법원장은 중재판정의 형식적 요건을 확인한 후, 공화국에서 외국중재판정의 집행력을 판결로서 선고한다. 다만 아래의 경우에는 예외이다.

  1) 분쟁의 대상이 이탈리아 법에 따라 중재로 해결할 수 없는 경우

  2) 중재판정이 공서에 반하는 내용을 포함하는 경우.

제840조 이의제기

외국중재판정의 집행력을 승인하거나 거부하는 판결에 대하여 그 이의제기는 집행력을 승인하는 판결이나 혹은 거절하는 판결을 통지 받은 날로부터 30일 이내에 항소법원에 소환장을 제출함으로써 제기할 수 있다.

이의제기가 접수된 후, 그 절차는 그 적용이 가능한 한도 내에서 제645조 이하에 따라 진행되어야 한다. 항소법원의 판결은 대법원에 상고할 수 있다.

항소법원은 중재판정이 다음에 해당하는 사실을 증명하는 당사자의 이의제기가 있는 외국중재판정의 승인이나 집행을 거부하여야 한다.

  1) 중재합의의 당사자들이 준거법에 따라 무능력이거나 당사자들이 준수하는 법에 따라 중재합의가 유효하지 않거나 중재판정이 이루어지는 국가법에 따라 그에 관한 어

cui il lodo è stato pronunciato;

2) la parte nei cui confronti il lodo è invocato non è stata informata della designazione dell'arbitro o del procedimento arbitrale o comunque è stata nell'impossibilità di far valere la propria difesa nel procedimento stesso;

3) il lodo ha pronunciato su una controversia non contemplata nel compromesso o nella clausola compromissoria, oppure fuori dei limiti del compromesso o della clausola compromissoria; tuttavia, se le statuizioni del lodo che concernono questioni sottoposte ad arbitrato possono essere separate da quelle che riguardano questioni non sottoposte ad arbitrato, le prime possono essere riconosciute e dichiarate esecutive;

4) la costituzione del collegio arbitrale o il procedimento arbitrale non sono stati conformi all'accordo delle parti o. in mancanza di tale accordo, alla legge del luogo di svolgimento dell'arbitrato;

5) il lodo non è ancora divenuto vincolante per le parti o è stato annullato o sospeso da un'autorità competente dello Stato nel quale, o secondo la legge del quale, è stato reso.

Allorché l'annullamento o la sospensione dell'efficacia del lodo straniero siano stati richiesti all'autorità competente indicata nel numero 5) del terzo comma, la corte d'appello può sospendere il procedimento per il riconoscimento o l'esecuzione del lodo; su istanza della parte che ha richiesto l'esecuzione può, in caso di sospensione, ordinare che l'altra parte presti idonea garanzia.

Il riconoscimento o l'esecuzione del lodo straniero sono altresì rifiutati allorché la corte d'appello accerta che:

1) la controversia non potesse formare oggetto di compromesso secondo la legge italiana,

2) il lodo contenga disposizioni contrarie all'ordine pubblico.

Sono in ogni caso salve le norme stabilite in convenzioni internazionali.

떠한 언급이 없는 사실

2) 중재판정에 대하여 불복하는 당사자에게 중재인의 선정통지가 없었거나 중재절차에 대한 통지가 없었던 사실 또는 중재절차에서 그 사건에 달리 출석할 수 없었던 사실

3) 분쟁에 관하여 결정된 중재판정이 중재부탁이나 중재조항에서 의도하지 않은 사실 또는 중재부탁이나 중재조항의 제한범위를 벗어나는 사실. 그럼에도 불구하고 만약 중재판정에서 그 결정이 중재에 제기된 관련 문제가 관련 문제와 별개로 구분될 수 있다면 그 첫 번째 중재판정은 승인되고 집행될 수 있다.

4) 중재판정부의 구성이나 중재절차가 당사자들의 합의에 따라 이루어지지 않은 사실 또는 그에 관한 합의가 없다면 중재가 이루어지는 장소의 법에 따라 이루어지지 않은 사실

5) 중재판정이 아직 당사자에게 구속력을 가지지 않거나 중재판정이 내려진 법이나 국가의 적법한 기관에 의하여 취소되거나 정지된 사실.

중재판정의 취소나 효력정지 신청이 세 번째 문단의 제5호에서 규정하는 적법한 기관에 의해 이루어졌다면, 항소법원은 중재판정의 승인이나 집행결정을 연기할 수 있다. 중재판정의 효력이 정지된 경우에는 중재판정의 집행을 구하는 당사자의 청구에 따라 상대방에게 적절한 담보를 제공할 것을 명할 수 있다.

또한 외국중재판정의 승인이나 집행은 항소법원이 다음을 인정하는 경우에도 거부되어야 한다.

1) 분쟁의 대상이 이탈리아 법에 따라 중재로 해결할 수 없는 경우

2) 중재판정이 공서에 반하는 내용을 포함하는 경우.

모든 경우에서 국제조약의 규정들은 적용된다.

CHINA

세 | 계 | 중 | 재 | 법 | 령

04

中华人民共和国仲裁法
중국 중재법

中华人民共和国仲裁法

（1994年8月31日第八届全国人民代表大会常务委员会第九次会议通过 1994年8月31日中华人民共和国主席令 第31号公布 自1995年9月1日起施行）

第一章　总则

第一条　为保证公正、及时地仲裁经济纠纷，保护当事人的合法权益，保障社会主义市场经济健康发展，制定本法。

第二条　平等主体的公民、法人和其他组织之间发生的合同纠纷和其他财产权益纠纷，可以仲裁。

第三条　下列纠纷不能仲裁：

（一）婚姻、收养、监护、扶养、继承纠纷；

（二）依法应当由行政机关处理的行政争议。

第四条　当事人采用仲裁方式解决纠纷，应当双方自愿，达成仲裁协议。没有仲裁协议，一方申请仲裁的，仲裁委员会不予受理。

第五条　当事人达成仲裁协议，一方向人民法院起诉的，人民法院不予受理，但仲裁协议无效的除外。

第六条　仲裁委员会应当由当事人协议选定。

仲裁不实行级别管辖和地域管辖。

第七条　仲裁应当根据事实，符合法律规定，公平合理地解决纠纷。

第八条　仲裁依法独立进行，不受行政机关，社会团体和个人的干涉。

第九条　仲裁实行一裁终局的制度。裁决作出后，当事人就同一纠纷再申请仲裁或者向人民法院起诉的，仲裁委员会或者人民法院不予受理。

중국 중재법

(1994년 8월 31일 제8기 전국인민대표대회상무위원회 제9차 회의 통과, 1994년 8월 31일 중화인민공화국 주석령 제31호 공포, 1995년 9월 1일부터 시행)

제1장　총 칙

제1조　경제적 분쟁의 공정하고 신속한 중재를 보증하고 당사자의 합법적 권익을 보호하며 사회주의시장경제의 건전한 발전을 보장하기 위하여 이 법을 제정한다.

제2조　평등한 주체인 국민, 법인과 그 밖의 조직 간에 발생한 계약분쟁과 그 밖의 재산권 분쟁은 중재로 처리할 수 있다.

제3조　다음 각 호에 해당하는 분쟁은 중재로 처리할 수 없다.

1. 혼인, 입양, 후견, 부양, 상속 관련 분쟁
2. 법률에 따라 행정기관이 처리하여야 하는 행정분쟁

제4조　당사자가 분쟁을 중재로 해결하고자 하는 경우 양쪽 당사자가 자율적으로 중재합의를 하여야 한다. 중재합의가 없이 어느 한쪽 당사자가 중재를 신청한 경우 중재위원회는 이를 수리하지 아니한다.

제5조　당사자가 중재합의를 하였음에도 일방 당사자가 인민법원에 소를 제기한 경우 인민법원은 이를 수리하지 아니한다. 다만 중재합의가 무효인 경우에는 그러하지 아니하다.

제6조　① 중재위원회는 당사자 간에 합의로 선정한다.

② 중재에서는 심급관할과 토지관할을 실시하지 아니한다.

제7조　중재는 사실에 근거하고 법률규정에 부합하며 공평하고 합리적으로 분쟁을 해결하여야 한다.

제8조　중재는 법률에 따라 독립적으로 진행하고, 행정기관, 사회단체 및 개인의 간섭을 받지 아니한다.

제9조　① 중재는 1심으로 종결하는(一裁終局) 제도를 실시한다. 중재판정이 내려진 후에 당사자가 동일한 분쟁으로 다시 중재를 신청하거나 인민법원에 소를 제기하는 경우 중재위원회나 인민법원은 이를 수리하지 아니한다.

裁决被人民法院依法裁定撤销或者不予执行的，当事人就该纠纷可以根据双方重新达成的仲裁协议申请仲裁，也可以向人民法院起诉。

第二章 仲裁委员会和仲裁协会

第十条 仲裁委员会可以在直辖市和省、自治区人民政府所在地的市设立，也可以根据需要在其他设区的市设立，不按行政区划层层设立。

仲裁委员会由前款规定的市的人民政府组织有关部门和商会统一组建。

设立仲裁委员会，应当经省、自治区、直辖市的司法行政部门登记。

第十一条 仲裁委员会应当具备下列条件：

（一）有自己的名称、住所和章程；

（二）有必要的财产；

（三）有该委员会的组成人员；

（四）有聘任的仲裁员。

仲裁委员会的章程应当依照本法制定。

第十二条 仲裁委员会由主任一人、副主任二至四人和委员七至十一人组成。

仲裁委员会的主任、副主任和委员由法律、经济贸易专家和有实际工作经验的人员担任。仲裁委员会的组成人员中，法律，经济贸易专家不得少于三分之二。

第十三条 仲裁委员会应当从公道正派的人员中聘任仲裁员。

仲裁员应当符合下列条件之一：

（一）从事仲裁工作满八年的；

（二）从事律师工作满八年的；

（三）曾任审判员满八年的；

（四）从事法律研究、教学工作并具有高级职称的；

（五）具有法律知识、从事经济贸易等专业工作并具有高级职称或者具有同等专业水平的。

仲裁委员会按照不同专业设仲裁员名册。

② 인민법원이 법률에 따라 중재판정을 취소하거나 집행거부 결정(裁定)을 내린 경우, 당사자는 해당 분쟁에 대하여 양쪽 당사자가 다시 체결한 중재합의를 근거로 중재를 신청할 수 있고 인민법원에 소를 제기할 수도 있다.

제2장 중재위원회와 중재협회

제10조 ① 중재위원회는 직할시와 성(省), 자치구 인민정부 소재지의 시(市)에 설립할 수 있고 필요에 따라서는 구(區)를 둔 그 밖의 시에 설립할 수도 있으며, 행정구획에 따라 단계별로 설립하지는 아니한다.
② 중재위원회는 제1항에 규정한 시의 인민정부 조직 관련부서와 상업회의소가 통일적으로 설립하여야 한다.
③ 중재위원회를 설립할 때에는 성, 자치구, 직할시의 사법행정부서에 등기하여야 한다.
제11조 ① 중재위원회는 다음 각 호에 해당하는 조건을 갖추어야 한다.
1. 자신의 명칭, 주소와 정관이 있을 것
2. 필요한 자산이 있을 것
3. 해당 중재위원회의 구성원이 있을 것
4. 초빙된 중재인이 있을 것
② 중재위원회 정관은 이 법률에 근거하여 제정되어야 한다.
제12조 ① 중재위원회는 위원장 1명, 부위원장 2명이상 4명이하, 위원 7명이상 11명이하로 구성한다.
② 중재위원회의 위원장, 부위원장과 위원은 법률 및 경제무역 분야의 전문가와 실제 업무경험이 있는 자들로 구성한다. 중재위원회의 구성원 중 법률 및 경제무역 분야의 전문가가 3분의 2 이상이어야 한다.
제13조 ① 중재위원회는 공정하고 정직한 자들 중에서 중재인을 초빙해야 한다.
② 중재인은 다음 각 호의 어느 하나에 해당하는 조건을 충족하여야 한다.
1. 중재업무 종사기간 8년이상
2. 변호사업무 종사기간 8년이상
3. 법관 임용기간 8년이상
4. 법률연구 및 교육에 종사하며 고급직함(高級職称)을 가진 자
5. 법률지식이 있고 경제무역 등 전문업무에 종사하며 고급직함이 있거나 동등한 전문수준에 이른 자
③ 중재위원회는 전문분야별로 중재인 명부를 구비하여야 한다.

第十四条　仲裁委员会独立于行政机关，与行政机关没有隶属关系，仲裁委员会之间也没有隶属关系。

第十五条　中国仲裁协会是社会团体法人，仲裁委员会是中国仲裁协会的会员，中国仲裁协会的章程由全国会员大会制定。

中国仲裁协会是仲裁委员会的自律性组织，根据章程对仲裁委员会及其组成人员、仲裁员的违纪行为进行监督。

中国仲裁协会依照本法和民事诉讼法的有关规定制定仲裁规则。

第三章　仲裁协议

第十六条　仲裁协议包括合同中订立的仲裁条款和以其他书面方式在纠纷发生前或者纠纷发生后达成的请求仲裁的协议。

仲裁协议应当具有下列内容：

（一）请求仲裁的意思表示；

（二）仲裁事项；

（三）选定的仲裁委员会。

第十七条　有下列情形之一的，仲裁协议无效：

（一）约定的仲裁事项超出法律规定的仲裁范围的；

（二）无民事行为能力人或者限制民事行为能力人订立的仲裁协议；

（三）一方采取胁迫手段，迫使对方订立仲裁协议的。

第十八条　仲裁协议对仲裁事项或者仲裁委员会没有约定或者约定不明确的，当事人可以补充协议；达不成补充协议的，仲裁协议无效。

第十九条　仲裁协议独立存在，合同的变更、解除、终止或者无效，不影响仲裁协议的效力。

仲裁庭有权确认合同的效力。

第二十条　当事人对仲裁协议的效力有异议的，可以请求仲裁委员会作出决定或者请求人民法院作出裁定。一方请求仲裁委员会作出决定，另一方请求人民法院作出裁定的，由人民法院裁定。

当事人对仲裁协议的效力有异议，应当在仲裁庭首次开庭前提出。

제14조 중재위원회는 행정기관으로부터 독립되며, 행정기관과 예속관계가 없다. 중재위원회 간에도 예속관계가 없다.

제15조 ① 중국중재협회는 사단법인이며, 중재위원회는 중국중재협회의 회원이다. 중국중재협회의 정관은 전국회원대회에서 정한다.

② 중국중재협회는 중재위원회의 자율적 조직이며, 정관에 근거하여 중재위원회 및 그 구성원·중재인의 기율위반 행위를 감독한다.

③ 중국중재협회는 이 법률과 「민사소송법」의 관련 규정에 근거하여 중재규칙을 정한다.

제3장 중재합의

제16조 ① 중재합의에는 계약 중에 체결한 중재조항과 분쟁 발생 전후에 기타 서면형식으로 체결한 중재부탁 합의를 포함한다.

② 중재합의에는 다음 각 호에 해당하는 내용이 포함되어야 한다.

1. 중재에 부치는 의사표시
2. 중재의 대상
3. 선정된 중재위원회

제17조 다음 각 호의 어느 하나에 해당하는 중재합의는 무효이다.

1. 약정한 중재대상이 법률에서 규정한 중재범위를 벗어난 경우
2. 민사상 행위무능력자 또는 행위능력이 제한된 자가 체결한 중재합의
3. 어느 한쪽 당사자가 협박수단을 사용하여 상대방에게 중재합의를 강요한 경우

제18조 중재합의에서 중재대상 또는 중재위원회에 대한 약정이 없거나 약정이 불명확한 경우 당사자는 보충합의를 할 수 있으며, 보충합의에 이르지 못한 경우 중재합의는 무효이다.

제19조 ① 중재합의는 독립적으로 존재하며, 계약의 변경, 해제, 종료 또는 무효는 중재합의의 효력에 영향을 미치지 아니한다.

② 중재판정부는 계약의 효력을 확인할 권한을 가진다.

제20조 ① 당사자가 중재합의의 효력에 대하여 이의가 있는 경우 중재위원회에 결정을 청구하거나 인민법원에 결정을 청구할 수 있다. 어느 한쪽 당사자가 중재위원회에 결정을 청구하고 다른 당사자가 인민법원에 결정을 청구한 경우 인민법원이 결정한다.

② 당사자는 중재합의의 효력에 대한 이의를 중재판정부의 제1차 심리 이전에 제기하여야 한다.

第四章　仲裁程序

第一节　申请和受理

第二十一条　当事人申请仲裁应当符合下列条件：

（一）有仲裁协议；

（二）有具体的仲裁请求和事实、理由；

（三）属于仲裁委员会的受理范围。

第二十二条　当事人申请仲裁，应当向仲裁委员会递交仲裁协议、仲裁申请书及副本。

第二十三条　仲裁申请书应当载明下列事项：

（一）当事人的姓名、性别、年龄、职业、工作单位和住所，法人或者其他组织的名称、住所和法定代表人或者主要负责人的姓名、职务；

（二）仲裁请求和所根据的事实、理由；

（三）证据和证据来源、证人姓名和住所。

第二十四条　仲裁委员会收到仲裁申请书之日起五日内，认为符合受理条件的，应当受理，并通知当事人；认为不符合受理条件的，应当书面通知当事人不予受理，并说明理由。

第二十五条　仲裁委员会受理仲裁申请后，应当在仲裁规则规定的期限内将仲裁规则和仲裁员名册送达申请人，并将仲裁申请书副本和仲裁规则、仲裁员名册送达被申请人。

被申请人收到仲裁申请书副本后，应当在仲裁规则规定的期限内向仲裁委员会提交答辩书。仲裁委员会收到答辩书后，应当在仲裁规则规定的期限内将答辩书副本送达申请人。被申请人未提交答辩书的，不影响仲裁程序的进行。

第二十六条　当事人达成仲裁协议，一方向人民法院起诉未声明有仲裁协议，人民法院受理后，另一方在首次开庭前提交仲裁协议的，人民法院应当驳回起诉，但仲裁协议无效的除外，另一方在首次开庭前未对人民法院受理该案提出异议的，视为放弃仲裁协议，人民法院应当继续审理。

第二十七条　申请人可以放弃或者变更仲裁要求。被申请人可以承认或者反驳仲裁请求，有权提出反请求。

제4장　중재절차

제1절　신청과 수리

제21조　당사자가 중재신청을 할 때에는 다음 각 호에 해당하는 요건을 충족하여야 한다.

1. 중재합의가 있을 것
2. 구체적인 중재청구와 사실 및 이유가 있을 것
3. 중재위원회의 수리범위에 속할 것

제22조　당사자가 중재신청을 할 때에는 중재위원회에 중재합의, 중재신청서 및 사본을 제출하여야 한다.

제23조　중재신청서에는 다음 각 호에 해당하는 사항을 명확히 기재하여야 한다.

1. 당사자의 성명·성별·연령·직업·근무처 및 주소, 법인 또는 그 밖의 조직의 명칭·주소와 법정대표자 또는 주요책임자의 성명·직무
2. 중재청구와 그 근거사실 및 이유
3. 증거와 그 출처, 증인의 성명과 주소

제24조　중재위원회는 중재신청서를 접수한 날부터 5일이내에 수리요건을 충족한다고 인정하면 이를 수리하고 당사자에게 통지하여야 한다. 수리요건을 충족하지 못하였다고 인정하면 당사자에게 서면으로 수리거부를 통지하고 그 이유를 설명하여야 한다.

제25조　① 중재위원회는 중재신청을 수리한 후에 중재규칙에서 정한 기간 내에 중재규칙과 중재인명부를 신청인에게 송부하여야 하고 중재신청서 사본과 중재규칙, 중재인명부를 피신청인에게 송부하여야 한다.

② 피신청인은 중재신청서 사본을 수령한 후에 중재규칙에서 정한 기간 내에 중재위원회에 답변서를 제출하여야 한다. 중재위원회는 답변서를 접수한 후에 중재규칙에서 정한 기간 내에 답변서 사본을 신청인에게 송부하여야 한다. 피신청인이 답변서를 제출하지 아니한 경우에도 중재절차의 진행에는 영향을 주지 아니한다.

제26조　당사자 간에 중재합의를 하였으나 어느 한쪽 당사자가 중재합의 사실을 밝히지 않고 소를 제기하여 인민법원이 이를 수리한 경우에 상대방 당사자가 제1차 공판 전에 중재합의를 제시하면 인민법원은 소를 각하하여야 한다. 다만, 중재합의가 무효인 경우는 그러하지 아니하다. 상대방 당사자가 제1차 공판 전에 인민법원의 해당 사건 수리에 대하여 이의를 제기하지 않은 경우에는 중재합의를 포기한 것으로 보며 인민법원은 심리를 계속하여야 한다.

제27조　신청인은 중재청구를 포기하거나 변경할 수 있다. 피신청인은 중재청구를 승인하거나 반박할 수 있으며 반대청구를 제출할 권리가 있다.

第二十八条 一方当事人因另一方当事人的行为或者其他原因，可能使裁决不能执行或者难以执行的，可以申请财产保全。

当事人申请财产保全的，仲裁委员会应当将当事人的申请依照民事诉讼法的有关规定提交人民法院。

申请有错误的，申请人应当赔偿被申请人因财产保全所遭受的损失。

第二十九条 当事人、法定代理人可以委托律师或其他代理人进行仲裁活动，委托律师和其他代理人进行仲裁活动的，应当向仲裁委员会提交授权委托书。

第二节 仲裁庭的组成

第三十条 仲裁庭可以由三名仲裁员或者一名仲裁员组成，由三名仲裁员组成的，设首席仲裁员。

第三十一条 当事人约定由三名仲裁员组成仲裁庭的，应当各自选定或者各自委托仲裁员会主任指定一名仲裁员，第三名仲裁员由当事人共同选定或者共同委托仲裁委员会主任指定，第三名仲裁员是首席仲裁员。

当事人约定由一名仲裁员成立仲裁庭的，应当由当事人共同选定或者共同委托仲裁委员会主任指定仲裁员。

第三十二条 当事人没有在仲裁规则规定的期限内约定仲裁庭的组成方式或者选定仲裁员的，由仲裁委员会主任指定。

第三十三条 仲裁庭组成后，仲裁委员会应当将仲裁庭的组成情况书面通知当事人。

第三十四条 仲裁员有下列情形之一的，必须回避，当事人也有权提出回避申请：

（一）是本案当事人或者当事人、代理人的近亲属。

（二）与本案有利害关系；

（三）与本案当事人、代理人有其他关系，可能影响公正仲裁的；

（四）私自会见当事人、代理人，或者接受当事人、代理的请客送礼的。

第三十五条 当事人提出回避申请，应当说明理由，在首次开庭前提出，回避事由在首次开庭后知道的，可以在最后一次开庭终结前提出。

제28조　① 어느 한쪽 당사자는 상대방 당사자의 행위 또는 그 밖의 이유로 중재판정의 집행이 불가능하거나 곤란하게 될 가능성이 있는 경우에 재산보전을 신청할 수 있다.

② 당사자가 재산보전을 신청한 경우 중재위원회는「민사소송법」의 관련 규정에 따라 당사자의 신청을 인민법원에 제출하여야 한다.

③ 신청에 착오가 있는 경우 신청인은 재산보전으로 입은 피신청인의 손해를 배상하여야 한다.

제29조　당사자나 법정대리인은 변호사 또는 그 밖의 대리인에게 중재업무 진행을 위탁할 수 있다. 변호사와 기타 대리인에게 중재업무 진행을 위탁하는 경우 중재위원회에 위임장을 제출하여야 한다.

제2절　중재판정부의 구성

제30조　중재판정부는 3명 또는 1명의 중재인으로 구성하며, 3명의 중재인으로 구성하는 경우 의장중재인을 둔다.

제31조　① 당사자가 3명의 중재인으로 중재판정부를 구성하기로 합의한 경우, 각자가 1명의 중재인을 선정하거나 각자가 중재위원회 위원장에게 1명의 중재인을 지명하도록 위탁하여야 한다. 제3의 중재인은 당사자가 공동으로 선정하거나 공동으로 중재위원회 위원장에게 지명을 위탁한다. 제3의 중재인이 의장중재인이 된다.

② 당사자가 1명의 중재인으로 중재판정부를 구성하기로 합의한 경우 당사자 공동으로 중재인을 선정하거나 공동으로 중재위원회 위원장에게 지명을 위탁하여야 한다.

제32조　당사자가 중재규칙에서 정한 기간 내에 중재판정부의 구성방식 또는 중재인의 선정에 관하여 합의하지 못한 경우 중재위원회 위원장이 지명한다.

제33조　중재판정부가 구성된 후 중재위원회는 중재판정부의 구성정황을 서면으로 당사자에게 통지하여야 한다.

제34조　중재인이 다음 각 호의 어느 하나에 해당하는 경우 반드시 회피하여야 한다. 당사자도 기피신청을 제출할 수 있다.

1. 해당 사건의 당사자이거나 당사자·대리인의 근친(近亲属)인 경우
2. 해당 사건과 이해관계가 있는 경우
3. 해당 사건의 당사자·대리인과 기타 관계가 있어 공정한 중재에 영향을 미칠 수 있는 경우
4. 사적으로 당사자·대리인을 만나거나 당사자·대리인으로부터 향응·선물을 받은 경우

제35조　당사자가 기피신청을 제출하는 경우 그 이유를 설명하여야 하고 제1차 심리 전에 제출하여야 한다. 제1차 심리 이후에 기피사유를 알게 된 경우에는 마지막 차례의 심리가 종료되기 전에 신청할 수 있다.

第三十六条 仲裁员是否回避，由仲裁委员会主任决定，仲裁委员会主任担任仲裁员时，由仲裁委员会集体决定。

第三十七条 仲裁员因回避或者其他原因不能履行职责的，应当依照本法规定重新选定或者指定仲裁员。

因回避而重新选定或者指定仲裁员后，当事人可以请求已进行的仲裁程序重新进行，是否准许，由仲裁庭决定；仲裁庭也可以自行决定已进行的仲裁程序是否重新进行。

第三十八条 仲裁员有本法第三十四条第四项规定的情形，情节严重的，或者有本法第五十八条第六项规定的情形的，应当依法承担法律责任，仲裁委员会应当将其除名。

第三节　开庭和裁决

第三十九条 仲裁应当开庭进行。当事人协议不开庭的，仲裁庭可以根据仲裁申请书、答辩书以及其他材料作出裁决。

第四十条 仲裁不公开进行，当事人协议公开的，可以公开进行，但涉及国家秘密的除外。

第四十一条 仲裁委员会应当在仲裁规则规定的期限内将开庭日期通知双方当事人。

当事人有正当理由的，可以在仲裁规则规定的期限内请求延期开庭。是否延期，由仲裁庭决定。

第四十二条 申请人经书面通知，无正当理由不到庭或者未经仲裁庭许可中途退庭的，可以视为撤回仲裁申请。

被申请人经书面通知，无正当理由不到庭或者未经仲裁庭许可中途退庭的，可以缺席裁决。

第四十三条 当事人应当对自己的主张提供证据。仲裁庭认为有必要收集的证据，可以自行收集。

第四十四条 仲裁庭对专门性问题认为需要鉴定的，可以交由当事人约定的鉴定部门鉴定，也可以由仲裁庭指定的鉴定部门鉴定。根据当事人的请求或者仲裁庭的要求，鉴定部门应当派鉴定人参加开庭。当事人经仲裁庭许可，可以向鉴定人提问。

第四十五条 证据应当在开庭时出示，当事人可以质证。

제36조 중재인에 대한 기피 여부는 중재위원회 위원장이 결정한다. 중재위원회 위원장이 중재인을 맡았을 때에는 중재위원회에서 회의를 거쳐 결정한다.

제37조 ① 중재인이 기피 또는 그 밖의 사유로 직무를 수행할 수 없는 경우 이 법률의 규정에 따라 중재인을 다시 선정하거나 지명하여야 한다.

② 기피로 인하여 중재인을 다시 선정하거나 지명한 후에 당사자는 이미 진행된 중재절차를 다시 진행하도록 요청할 수 있으며 그 수락 여부는 중재판정부가 결정한다. 중재판정부도 이미 진행된 중재절차를 다시 진행할지 여부를 자체적으로 결정할 수 있다.

제38조 중재인이 이 법률 제34조 제4호의 규정에 해당하고 그 정도가 심하거나 이 법률 제58조 제6호의 규정에 해당하게 된 경우 법률에 따른 책임을 부담하여야 하며 중재위원회는 그를 제명하여야 한다.

제3절 심리와 중재판정

제39조 중재는 구술심리 방식으로 진행되어야 한다. 당사자가 구술심리를 하지 아니하기로 합의한 경우 중재판정부는 중재신청서, 답변서 및 그 밖의 자료에 근거하여 판정을 내릴 수 있다.

제40조 중재는 비공개로 진행하며, 당사자가 공개하기로 합의한 경우에는 국가비밀에 관련되지 아니하는 한 공개로 진행할 수 있다.

제41조 중재위원회는 중재규칙에서 정한 기한 내에 심리일자를 당사자 모두에게 통지하여야 한다. 당사자는 정당한 이유가 있는 경우 중재규칙에서 정한 기한 내에 심리의 연기를 요청할 수 있다. 연기 여부는 중재판정부가 결정한다.

제42조 ① 신청인이 서면통지를 받고도 정당한 이유 없이 중재판정부에 불출석하거나 중재판정부의 허가 없이 심리 도중에 퇴장하는 경우 중재신청을 철회하는 것으로 간주할 수 있다.

② 피신청인이 서면통지를 받고도 정당한 이유 없이 중재판정부에 불출석하거나 중재판정부의 허가 없이 심리 도중에 퇴장하는 경우 궐석판정을 내릴 수 있다.

제43조 ① 당사자는 자신의 주장에 대하여 증거를 제시하여야 한다.

② 중재판정부는 필요하다고 인정하는 경우 스스로 증거를 수집할 수 있다.

제44조 ① 중재판정부는 전문적 사안에 대하여 감정이 필요하다고 인정하는 경우에 당사자 간에 합의한 감정기관에 감정을 의뢰할 수 있으며, 중재판정부가 지정한 감정기관에 의뢰할 수도 있다.

② 당사자의 청구나 중재판정부의 요청이 있는 경우 감정기관은 감정인을 심리에 참가시켜야 한다. 당사자는 중재판정부의 허가를 받아 감정인에게 질문을 할 수 있다.

제45조 증거는 심리 도중에 제시하여야 하며, 당사자는 이에 대하여 검증을 할 수 있다.

第四十六条　在证据可能灭失或者以后难以取得的情况下，当事人可以申请证据保全。当事人申请证据保全的，仲裁委员会应当将当事人的申请提交证据所在地的基层人民法院。

第四十七条　当事人在仲裁过程中有权进行辩论。辩论终结时，首席仲裁员或者独任仲裁员应当征询当事人的最后意见。

第四十八条　仲裁庭应当将开庭情况记入笔录，当事人和其他仲裁参与人认为对自己陈述的记录有遗漏或者差错的，有权申请补正。如果不予补正，应当记录该申请。

笔录由仲裁员、记录人员、当事人和其他仲裁参与人签名或者盖章。

第四十九条　当事人申请仲裁后，可以自行和解。达成和解协议的，可以要求仲裁庭根据和解协议作出裁决书，也可以撤回仲裁申请。

第五十条　当事人达成和解协议，撤回仲裁申请后反悔的，可以根据仲裁协议申请仲裁。

第五十一条　仲裁庭在作出裁决前，可以先行调解。当事人自愿调解的，仲裁庭应当调解。调解不成的，应当及时作出裁决。

调解达成协议的，仲裁庭应当制作调解书或者根据协议的结果制作裁决书。调解书与裁决书具有同等法律效力。

第五十二条　调解书应当写明仲裁请求和当事人协议的结果。调解书由仲裁员签名，加盖仲裁委员会印章，送达双方当事人。

调解书经双方当事人签收后，即发生法律效力。

在调解书签收前当事人返回的，仲裁庭应当及时作出裁决。

第五十三条　裁决应当按照多数仲裁员的意见作出，少数仲裁员的不同意见可以记入笔录，仲裁庭不能形成多数意见时，裁决应当按照首席仲裁员的意见作出。

第五十四条　裁决书应当写明仲裁请求、争议事实、裁决理由、裁决结果、仲裁费用的负担和裁决日期。当事人协议不愿写明争议事实和裁决理由的，可以不写，裁决书由仲裁员签名，加盖仲裁委员会印章。对裁决持不同意见的仲裁员，可以签名，也可以不签名。

제46조　증거가 멸실되거나 향후에 수집하기 어려운 정황에 놓일 가능성이 있는 경우 당사자는 증거보전을 신청할 수 있다. 당사자가 증거보전을 신청한 경우 중재위원회는 당사자의 신청내용을 증거 소재지 기층인민법원(基层人民法院)에 제출하여야 한다.

제47조　당사자는 중재진행 과정에서 변론할 권리를 가진다. 변론 종결시에 의장중재인 또는 단독중재인은 당사자에게 최후 진술을 요구하여야 한다.

제48조　① 중재판정부는 심리과정을 기록부에 기재하여야 하며, 당사자와 그 밖의 중재참여자가 자신의 진술에 대한 기록에 누락 또는 오류가 있다고 인정하는 경우 그 보충 또는 정정을 요청할 권리가 있다. 만약 보충 또는 정정을 하지 아니하는 경우 해당 요청내용을 기재하여야 한다.

② 기록부에는 중재인, 기록담당자, 당사자와 그 밖의 중재참여자가 서명 또는 날인한다.

제49조　당사자는 중재를 신청한 후에 스스로 화해할 수 있다. 화해합의가 성립된 경우 화해합의를 근거로 중재판정을 내려 주도록 중재판정부에 요청할 수 있고 중재신청을 철회할 수도 있다.

제50조　당사자 간에 화해가 성립되어 중재신청을 철회한 후 이를 번복하는 경우에는 중재합의에 근거하여 중재를 신청할 수 있다.

제51조　① 중재판정부는 판정을 내리기 전에 먼저 조정을 할 수 있다. 당사자가 조정을 자원하는 경우 중재판정부는 조정을 하여야 한다. 조정이 성립되지 아니한 경우 지체없이 판정을 내려야 한다.

② 조정이 합의에 이른 경우 중재판정부는 조정서를 작성하거나 합의결과에 근거하여 중재판정문을 작성하여야 한다. 조정서와 중재판정문은 동일한 법적 효력을 가진다.

제52조　① 조정서에는 중재청구와 당사자의 합의결과가 명시되어야 한다. 조정서는 중재인의 서명을 거쳐 중재위원회가 날인한 후 양 당사자에게 송부된다.

② 조정서는 양 당사자가 수령사실을 서명한 후 즉시 법적효력이 발생한다.

③ 조정서 수령사실 서명 전에 당사자가 번복하는 경우 중재판정부는 지체없이 중재판정을 내려야 한다.

제53조　중재판정은 다수 중재인의 의견에 따라 내려지며, 소수 중재인의 다른 의견은 기록부에 기재할 수 있다. 중재판정부가 다수 의견을 형성할 수 없는 때에는 중재판정은 의장중재인의 의견에 따라 내려져야 한다.

제54조　중재판정문에는 중재청구, 분쟁사실, 판정이유, 판정결과, 중재비용의 부담 및 판정일자를 명시하여야 한다. 당사자 간에 분쟁사실과 판정이유를 명시하지 아니하기로 합의한 경우 이를 생략할 수 있으며 중재판정문에는 중재인의 서명을 거쳐 중재위원회가 날인한다. 중재판정에 대하여 다른 의견을 가진 중재인은 서명을 하거나 하지 않을 수 있다.

第五十五条 仲裁庭仲裁纠纷时，其中一部分事实已经清楚，可以就该部分先行裁决。

第五十六条 对裁决书中的文字、计算错误或者仲裁庭已经裁决但在裁决书中遗漏的事项，仲裁庭应当补正，当事人自收到裁决书之日起三十日内，可以请求仲裁庭补正。

第五十七条 裁决书自作出之日起发生法律效力。

第五章 申请撤销裁决

第五十八条 当事人提出证据证明裁决有下列情形之一的，可以向仲裁委员会所在地的中级人民法院申请撤销裁决：

（一）没有仲裁协议的；

（二）裁决的事项不属于仲裁协议的范围或者仲裁委员会无权仲裁的；

（三）仲裁庭的组成或者仲裁的程序违反法定程序的；

（四）裁决所根据的证据是伪造的；

（五）对方当事人隐瞒了足以影响公正裁决的证据的；

（六）仲裁员在仲裁该案时有索赔受贿，徇私舞弊，枉法裁决行为的。

人民法院经组成合议庭审查核实裁决有前款规定情形之一的，应当裁定撤销。

人民法院认定该裁决违背社会公共利益的，应当裁定撤销。

第五十九条 当事人申请撤销裁决的，应当自收到裁决书之日起六个月内提出。

第六十条 人民法院应当在受理撤销裁决申请之日起两个月内作出撤销裁决或者驳回申请的裁定。

第六十一条 人民法院受理撤销裁决的申请后，认为可以由仲裁庭重新仲裁的，通知仲裁庭在一定期限内重新仲裁，并裁定中止撤销程序，仲裁庭拒绝重新仲裁的，人民法院应当裁定恢复撤销程序。

제55조 중재판정부가 분쟁을 중재할 때에 그 중 일부분의 사실이 이미 명확하다면 해당 부분에 대하여 먼저 판정을 내릴 수 있다.

제56조 중재판정문 중의 문자나 계산의 착오 또는 중재판정부가 이미 판정하였으나 단지 중재판정문에 누락된 사항에 대하여는 중재판정부가 보충 또는 정정하여야 하며, 당사자는 중재판정문 수령일부터 30일 이내에 중재판정부에 보충 또는 정정을 요청할 수 있다.

제57조 중재판정문은 작성한 날로부터 법적 효력이 발생된다.

제5장　중재판정의 취소 신청

제58조 ① 당사자는 중재판정이 다음 각 호의 어느 하나에 해당됨을 입증하는 증거를 제시하는 경우 중재위원회 소재지 중급인민법원(中级人民法院)에 중재판정의 취소를 신청할 수 있다.

1. 중재합의가 없는 경우
2. 판정내용이 중재합의의 범위에 속하지 아니하거나 중재위원회가 권한 없이 중재한 경우
3. 중재판정부의 구성 또는 중재절차가 법정 절차를 위반한 경우
4. 중재판정이 근거로 한 증거가 위조된 경우
5. 상대방 당사자가 공정한 중재판정에 영향을 미칠만 한 증거를 은폐한 경우
6. 중재인이 당해 사건을 중재하는 도중에 대가요구 또는 수뢰, 사적이익을 위한 부정행위, 법을 위반한 판정행위를 한 경우

② 인민법원이 합의부를 구성하여 중재판정에 제1항 각 호의 어느 하나에 해당하는 정황이 있음을 심사 확인한 경우에는 중재판정을 취소하여야 한다.

③ 인민법원이 해당 중재판정이 사회 공공이익에 반한다고 인정하는 경우에는 중재판정을 취소하여야 한다.

제59조 당사자가 중재판정의 취소를 신청하는 경우에는 중재판정문을 수령한 날부터 6개월 내에 제출하여야 한다.

제60조 민법원은 중재판정 취소신청을 수리한 날부터 2개월 내에 중재판정을 취소하거나 신청을 각하하는 결정을 내려야 한다.

제61조 인민법원은 중재판정 취소신청을 수리한 후 중재판정부에서 다시 중재할 수 있다고 판단하는 경우 중재판정부에 일정기한 내에 다시 중재할 것을 통지함과 동시에 취소절차의 중지를 결정한다. 중재판정부가 다시 중재하는 것을 거부하는 경우 인민법원은 중재판정 취소절차의 재개를 결정하여야 한다.

第六章 执行

第六十二条 当事人应当履行裁决。一方当事人不履行的，另一方当事人可以依照民事诉讼法的有关规定向人民法院申请执行。受申请的人民法院应当执行。

第六十三条 被申请人提出证据证明裁决有民事诉讼法第二百一十七条第二款规定的情形之一的，经人民法院组成合议庭审查核实，裁定不予执行。

第六十四条 一方当事人申请执行裁决，另一方当事人申请撤销裁决的，人民法院应当裁定中止执行。

人民法院裁定撤销裁决的，应当裁定终结执行。撤销裁决的申请被裁定驳回的，人民法院应当裁定恢复执行。

第七章 涉外仲裁的特别规定

第六十五条 涉外经济贸易、运输和海事中发生纠纷的仲裁，适用本章规定。本章没有规定的，适用本法其他有关规定。

第六十六条 涉外仲裁委员会可以由中国国际商会组织设立。

涉外仲裁委员会由主任一人，副主任若干人和委员若干人组成。

涉外仲裁委员会的主任、副主任和委员可以由中国国际商会聘任。

第六十七条 涉外仲裁委员会可以从具有法律、经济贸易、科学技术等专门知识的外籍人士中聘任仲裁员。

第六十八条 涉外仲裁的当事人申请证据保全的，涉外仲裁委员会应当将当事人的申请提交证据所在地的中级人民法院。

第六十九条 涉外仲裁的仲裁庭可以将开庭情况记入笔录，或者作出笔录要点，笔录要点可以由当事人和其他仲裁参与人签字或者盖章。

第七十条 当事人提出证据证明涉外仲裁裁决有民事诉讼法第二百六十条第一款规定的情形之一的，经人民法院组成合议庭审查核实裁定撤销。

第七十一条 被申请人提出证据证明涉外仲裁裁决有民事诉讼法第二百六十条第一款规定的情形之一的，经人民法院组成合议庭审查核实，裁定不予执行。

제6장   집 행

제62조   당사자는 중재판정을 이행하여야 한다. 어느 한쪽 당사자가 불이행한 경우 상대방 당사자는 「민사소송법」의 관련 규정에 따라 인민법원에 집행을 신청할 수 있다. 신청을 접수한 인민법원은 이를 집행하여야 한다.

제63조   피신청인이 중재판정에 「민사소송법」 제217조 제2항 각 호의 어느 하나에 해당하는 사실이 있음을 입증하는 증거를 제시하는 경우 인민법원은 합의부를 구성하여 심사 확인한 후 중재판정의 집행거부를 결정한다.

제64조   ① 어느 일방 당사자가 중재판정의 집행을 신청하고 상대방 당사자가 중재판정의 취소를 신청한 경우 인민법원은 집행중지를 결정하여야 한다.

② 인민법원이 중재판정의 취소를 결정하는 경우 집행의 종료를 결정하여야 한다. 중재판정 취소의 신청이 각하된 경우 인민법원은 집행을 재개하는 결정을 내려야 한다.

제7장   섭외중재에 관한 특별규정

제65조   섭외경제무역, 운송 및 해사 중에 발생한 분쟁에 대한 중재는 이 장의 규정을 적용한다. 이 장에 규정이 없는 경우 이 법의 기타 관련 규정을 적용한다.

제66조   ① 섭외중재위원회는 중국국제상업회의소가 조직하여 설립할 수 있다.

② 섭외중재위원회는 위원장 1명, 부위원장 약간 명과 위원 약간 명으로 구성한다.

③ 중국국제상업회의소는 섭외중재위원회의 위원장, 부위원장과 위원을 초빙할 수 있다.

제67조   섭외중재위원회는 법률, 경제무역, 과학기술 등의 전문지식을 가진 외국인 중에서 중재인을 초빙할 수 있다.

제68조   섭외중재 당사자가 증거보전을 신청하는 경우 섭외중재위원회는 그 당사자의 신청을 증거 소재지 중급인민법원에 제출하여야 한다.

제69조   섭외중재의 중재판정부는 심리정황을 기록부에 기재하거나 기록요약서를 작성할 수도 있다. 기록요약서에는 당사자와 그 밖의 중재참여자가 서명 또는 날인할 수 있다.

제70조   당사자가 섭외중재판정에 「민사소송법」 제260조 제1항 각 호의 어느 하나에 해당하는 사실이 있음을 입증하는 증거를 제시한 경우 인민법원은 합의부를 구성하여 심사 확인을 한 후 중재판정 취소를 결정한다.

제71조   피신청인이 섭외중재판정에서 「민사소송법」 제260조 제1항 각 호의 어느 하나에 해당하는 사실이 있음을 입증하는 증거를 제시한 경우 인민법원은 합의부를 구성하여 심사

第七十二条　涉外仲裁委员会作出的发生法律效力的仲裁裁决，当事人请求执行的，如果被执行人或者其财产不在中华人民共和国领域内，应当由当事人直接向有管辖权的外国法院申请承认和执行。

第七十三条　涉外仲裁规则可以由中国国际商会依照本法和民事诉讼法的有关规定制定。

第八章　附 则

第七十四条　法律对仲裁时效有规定的，适用该规定。法律对仲裁时效没有规定的，适用诉讼时效的规定。

第七十五条　中国仲裁协会制定仲裁规则前，仲裁委员会依照本法和民事诉讼法的有关规定可以制定仲裁暂行规则。

第七十六条　当事人应当按照规定交纳仲裁费用。

收取仲裁费用的办法，应当报物价管理部门核准。

第七十七条　劳动争议和农业集体经济组织内部的农业承包合同纠纷的仲裁，另行规定。

第七十八条　本法施行前制定的有关仲裁的规定与本法规定相抵触的，以本法为准。

第七十九条　本法施行前在直辖市、省、自治区人民政府所在地的市和其他设区的市设立仲裁机构，应当依照本法的有关规定重新组建；未重新组建的，自本法施行之日起届满一年时终止。

本法施行前设立的不符合本法规定的其他仲裁机构，自本法施行之日起终止。

第八十条　本法自1995年9月1日起施行。

확인을 한 후 집행거부를 결정한다.

제72조 섭외중재위원회가 내린 법적효력이 발생한 중재판정에 대하여 당사자가 집행을 청구하는 경우에 만약 피집행인 또는 그 재산이 중화인민공화국 국경 내에 있지 아니한 경우 당사자가 직접 관할권이 있는 외국법원에 승인과 집행을 신청하여야 한다.

제73조 섭외중재규칙은 중국국제상업회의소가 이 법률과 「민사소송법」의 관련 규정에 따라 제정할 수 있다.

제8장 부 칙

제74조 법률에 중재시효에 대하여 규정이 있는 경우에는 해당 규정을 적용한다. 법률에 중재시효에 대하여 규정이 없는 경우 소송시효의 규정을 적용한다.

제75조 중국중재협회가 중재규칙을 제정하기 전까지 중재위원회는 이 법률과 「민사소송법」의 관련 규정에 따라 중재잠정규칙을 제정할 수 있다.

제76조 ① 당사자는 규정에 따라 중재비용을 납부하여야 한다.

② 중재비용의 수납방식은 물가관리부서에 보고하여 인가를 받아야 한다.

제77조 노동쟁의와 농업집단경제조직 내부의 농업도급계약 분쟁의 중재는 별도로 규정한다.

제78조 이 법률 시행 전에 제정된 중재 관련 규정이 이 법률의 규정과 서로 저촉되는 경우에는 이 법률을 기준으로 한다.

제79조 ① 이 법률 시행 전에 직할시, 성, 자치구 인민정부 소재지의 시(市)에 설립된 중재기구와 구(區)를 둔 시에 설립된 중재기구는 이 법률의 관련 규정에 따라 다시 설립되어야 한다. 다시 설립되지 않는 경우에는 이 법률 시행일부터 만 1년이 되는 때에 폐지된다.

② 이 법 시행 전에 설립된 그 밖의 중재기구가 이 법률의 규정에 부합되지 아니하는 경우는 이 법 시행일부터 폐지된다.

제80조 이 법률은 1995년 9월 1일부터 시행한다.

附：民事诉讼法有关条款

中华人民共和国民事诉讼法

(1991年4月9日第七届全国人民代表大会第四次会议通过，根据2007年10月28日第十届全国人民代表大会常务委员会第三十次会议《关于修改〈中华人民共和国民事诉讼法〉的决定》第一次修正，根据2012年8月31日第十一届全国人民代表大会常务委员会第二十八次会议《关于修改〈中华人民共和国民事诉讼法〉的决定》第二次修正)

第二百三十七条 对依法设立的仲裁机构的裁决，一方当事人不履行的，对方当事人可以向有管辖权的人民法院申请执行。受申请的人民法院应当执行。

被申请人提出证据证明仲裁裁决有下列情形之一的，经人民法院组成合议庭审查核实，裁定不予执行：

（一）当事人在合同中没有订有仲裁条款或者事后没有达成书面仲裁协议的；

（二）裁决的事项不属于仲裁协议的范围或者仲裁机构无权仲裁的；

（三）仲裁庭的组成或者仲裁的程序违反法定程序的；

（四）裁决所根据的证据是伪造的；

（五）对方当事人向仲裁机构隐瞒了足以影响公正裁决的证据的。

（六）仲裁员在仲裁该案时有贪污受贿，徇私舞弊，枉法裁决行为的。

人民法院认定执行该裁决违背社会公共利益的，裁定不予执行。

裁定书应当送达双方当事人和仲裁机构。

仲裁裁决被人民法院裁定不予执行的，当事人可以根据双方达成的书面仲裁协议重新申请仲裁，也可以向人民法院起诉。

第二百七十四条 对中华人民共和国涉外仲裁机构作出的裁决，被申请人提出证据证明仲裁裁决有下列情形之一的，经人民法院组成合议庭审查核实，裁定不予执行：

부록 : 「민사소송법」 관련 조항[1]

중화인민공화국 민사소송법

(1991년 4월 9일 제7차 전국인민대표대회 제4차 회의통과, 2007년 10월 28일 제10차 전국인민대표대회 상무위원회 제30차 회의 제1차 개정, 2012년 8월 31일 제11차 전국인민대표대회 상무위원회 제28차 회의 제2차 개정)

제237조　① 법률에 의하여 설립된 중재기구의 판정에 대하여 어느 일방 당사자가 불이행하는 경우 상대방 당사자는 관할권이 있는 인민법원에 집행을 신청할 수 있다. 신청을 접수한 인민법원은 이를 집행하여야 한다.

② 피신청인이 중재판정에 다음 각 호의 어느 하나에 해당하는 정황이 있음을 입증하는 증거를 제시한 경우, 인민법원은 합의부를 구성하여 심사 확인을 한 후 집행거부를 결정한다.

1. 당사자가 계약 내용에 중재조항을 포함하지 않았거나 사후에 서면의 중재합의를 체결하지 아니한 경우

2. 중재판정 사항이 중재합의의 범위에 속하지 아니하거나 중재기구가 중재권한이 없는 경우

3. 중재판정부의 구성 또는 중재절차가 법정 절차를 위반한 경우

4. 중재판정이 근거로 한 증거가 위조된 경우

5. 상대방 당사자가 공정한 중재판정에 영향을 미칠만 한 증거를 은폐한 경우

6. 중재인이 당해 사건을 중재하는 도중에 횡령 또는 수뢰, 사적이익을 위한 부정행위, 법을 위반한 판정행위를 한 경우

③ 인민법원은 해당 중재판정의 집행이 사회공공이익에 위배된다고 인정하는 경우 집행거부를 결정한다.

④ 결정서는 양쪽 당사자와 중재기구에 송부하여야 한다.

⑤ 인민법원이 중재판정의 집행 거부를 결정한 경우 당사자는 양쪽 당사자가 체결한 서면 중재합의를 근거로 다시 중재신청을 하거나 인민법원에 소를 제기할 수 있다.

제274조　① 중화인민공화국 섭외중재기구가 내린 중재판정에 대하여 피신청인이 다음 각호의 어느 하나에 해당하는 정황이 있음을 입증하는 증거를 제시한 경우 인민법원은 합의부를 구성하여 심사 확인을 한 후 집행거부를 결정한다.

---

1 1994년 「중재법」 제정 당시에 인용한 「민사소송법」 규정(1991년도 제정)은 그 후 두 차례 개정(2007년 10월, 2012년 8월)되었고, 조항의 수 뿐만 아니라 제217조 제2항의 경우 규정 내용도 일부 변경되었다. 따라서 현행 「중재법」에서 인용한 「민사소송법」 제217조 제2항은 제237조 제2항으로, 제264조 제1항은 제274조 제1항으로 보아야 한다.

（一） 当事人在合同中没有订有仲裁条款或者事后没有达成书面仲裁协议的；

（二） 被申请人没有得到指定仲裁员或者进行仲裁程序的通知，或者由于其他不属于被申请人负责的原因未能陈述意见的；

（三） 仲裁庭的组成或者仲裁的程序与仲裁规则不符的；

（四） 裁决的事项不属于仲裁协议的范围或者仲裁机构无权仲裁的。

人民法院认定执行该裁决违背社会公共利益的，裁定不予执行。

1. 당사자가 계약 내용에 중재조항을 포함하지 않았거나 사후에 서면의 중재합의를 체결하지 아니한 경우
2. 피신청인이 중재인 선정 또는 중재절차 진행에 대하여 통지를 받지 못하였거나 그 밖에 피신청인의 귀책사유가 아닌 이유로 의견을 진술하지 못한 경우
3. 중재판정부의 구성 또는 중재절차가 중재규칙에 부합하지 아니하는 경우
4. 중재판정 사항이 중재합의의 범위에 속하지 아니하거나 중재기구가 중재권한이 없는 경우

② 인민법원은 해당 중재판정의 집행이 사회공공이익에 위배된다고 인정하는 경우 집행거부를 결정한다.

HONG KONG

05

Chapter 609　ARBITRATION ORDINANCE

홍콩 중재조례

ARBITRATION ORDINANCE

(Chapter 609)

An Ordinance to reform the law relating to arbitration, and to provide for related and consequential matters.

Part 1 PRELIMINARY

Section 1 Short title

(1) This Ordinance may be cited as the Arbitration Ordinance.

(2) (Omitted as spent—E.R. 2 of 2014)

(Amended E.R. 2 of 2014)

Section 2 Interpretation

(1) In this Ordinance—

"arbitral tribunal" (仲裁庭) means a sole arbitrator or a panel of arbitrators, and includes an umpire;

"arbitration" (仲裁) means any arbitration, whether or not administered by a permanent arbitral institution;

"arbitration agreement" (仲裁協議) has the same meaning as in section 19;

"arbitrator" (仲裁員), except in sections 23, 24, 30, 31, 32 and 65 and section 1 of Schedule 2, includes an umpire;

"claimant" (申索人) means a person who makes a claim or a counter-claim in an arbitration;

"Commission" (貿法委) means the United Nations Commission on International Trade Law;

"Convention award" (公約裁決) means an arbitral award made in a State or the territory of a State, other than China or any part of China, which is a party to the New York Convention;

"Court" (原訟法庭) means the Court of First Instance of the High Court;

"dispute" (爭議) includes a difference;

"function" (職能) includes a power and a duty;

홍콩 중재법

(제609장 중재조례)

이 조례는 중재 관련 법률 그리고 그 관련 및 상응하는 사안에 관한 규정의 개정을 취지로 한다.

제1편　모두규정

제1조　약칭

(1) 이 조례는 "중재조례"라고 한다.

(2) (실효로 삭제 – E.R. 2 of 2014)

(개정 E.R. 2 of 2014)

제2조　해석

(1) 이 조례에서

"중재판정부"(arbitral tribunal)란 1명의 단독중재인 또는 1명의 중재심판관을 포함한 한 팀의 중재인을 말한다.

"중재"(arbitration)란 상설중재기관에서 진행한 것인지를 불문하고 모든 중재를 말한다.

"중재합의"(arbitration agreement)의 정의는 제19조의 해당 용어의 정의와 동일하다.

"중재인"(arbitrator)은 제23조, 제24조, 제30조, 제31조, 제32조와 제65조 및 부속서 2의 제1조의 경우 외에 1명의 중재심판관(umpire)을 포함한다.

"신청인"(claimant)이란 중재 중에서 신청 또는 반대신청을 제기한 자를 말한다.

"위원회"(Commission)란 국제연합의 국제거래법위원회를 말한다.

"협약판정"(Convention award)이란 뉴욕협약의 체약국가에서 또는 국가 영토에서 내려진 중재판정을 말한다. 단 중국 또는 중국의 구성부분은 제외한다.

"법원"(Court)이란 고등법원의 원소법원(Court of First Instance of the High Court)을 말한다.

"분쟁"(dispute)은 불일치를 포함한다.

"역할"(function)은 권한과 책임을 포함한다.

"HKIAC" (香港國際仲裁中心) means the Hong Kong International Arbitration Centre, a company incorporated in Hong Kong under the Companies Ordinance (Cap 32) as in force at the time of the incorporation and limited by guarantee; (Amended 28 of 2012 ss. 912 & 920)

"interim measure" (臨時措施)—

(a) if it is granted by an arbitral tribunal, has the same meaning as in section 35(1) and (2); or

(b) if it is granted by a court, has the same meaning as in section 45(9), and "interim measure of protection" (臨時保全措施) is to be construed accordingly;

Macao (澳門) means the Macao Special Administrative Region; (Added 7 of 2013 s. 3)

Macao award (澳門裁決) means an arbitral award made in Macao in accordance with the arbitration law of Macao; (Added 7 of 2013 s. 3)

"the Mainland" (內地) means any part of China other than Hong Kong, Macao and Taiwan;

"Mainland award" (內地裁決) means an arbitral award made in the Mainland by a recognized Mainland arbitral authority in accordance with the Arbitration Law of the People's Republic of China;

"mediation" (調解) includes conciliation;

"New York Convention" (《紐約公約》) means the Convention on the Recognition and Enforcement of Foreign Arbitral Awards done at New York on 10 June 1958;

"party" (一方、方)—

(a) means a party to an arbitration agreement; or

(b) in relation to any arbitral or court proceedings, means a party to the proceedings;

"recognized Mainland arbitral authority" (認可內地仲裁當局) means an arbitral authority that is specified in the list of recognized Mainland arbitral authorities published by the Secretary for Justice under section 97;

"repealed Ordinance" (《舊有條例》) means the Arbitration Ordinance (Cap 341) repealed by section 109;

"respondent" (被申請人) means a person against whom a claim or a counterclaim is made in an arbitration;

"UNCITRAL Model Law"(《貿法委示範法》) means the UNCITRAL Model Law on International Commercial Arbitration as adopted by the Commission on 21 June 1985 and as amended by the Commission on 7 July 2006, the full text of which is set out in Schedule 1.

(2) If—

(a) a provision of this Ordinance refers to the fact that the parties have agreed, or in any other way refers to an agreement of the parties, the agreement includes any arbitration rules referred to in that agreement; or

"홍콩국제중재센터"(HKIAC)는 홍콩의 국제중재센터를 말한다. 이 센터는 "회사조례"(Cap. 32)에 의하여 홍콩에서 성립된, 보증책임유한회사(company limited by guarantee)이다. (개정 28 of 2012 ss.912 & 920)

"임시적 처분"은

(a) 만일 중재판정부가 인정하는 경우, 제35조 제1항과 제2항의 해당 용어의 정의와 동일하다. 또는

(b) 만일 법원이 인정하는 경우, 제45조 제9항의 해당 용어의 정의와 동일하다. 그리고 "임시적 보전조치"는 이에 따라 해석하여야 한다.

"Macao"는 마카오 특별행정구역을 의미한다. (추가 7 of 2013 s. 3)

"마카오 판정"은 마카오 중재법에 따라 마카오에서 내려진 중재판정을 의미한다. (추가 7 of 2013 s. 3)

"중국본토"(the Mainland)란 중국의 모든 구성부분을 말한다. 다만 홍콩, 마카오, 타이완은 제외한다.

"중국본토 중재판정"(Mainland award)이란 홍콩에서 승인된 중국본토 중재기관이 "중화인민공화국중재법"에 따라 중국본토에서 내린 중재판정을 말한다.

"조정"(mediation)은 알선(conciliation)을 포함한다.

"뉴욕협약"(New York Convention)이란 1958년 6월 10일 뉴욕에서 체결한 「외국중재판단의 승인 및 집행에 관한 협약」을 말한다.

"당사자"(party)라 함은

(a) 중재합의의 당사자 또는

(b) 중재절차 또는 법원절차에서는 해당 절차의 당사자를 말한다.

"승인된 중국본토 중재기관"(recognized Mainland arbitral authority)은 법무부 장관이 제97조에 의하여 승인한 중국본토 중재기관을 공포한 리스트 중에 명시된 중재기관을 말한다.

"구조례"(repealed Ordinance)는 제109조에 의하여 폐지된 "중재조례"(Cap. 341)를 말한다.

"피신청인"(respondent)이란 중재에서 제기한 신청 또는 반대신청 중의 상대방이다.

"국제거래법위원회 모델중재법"(UNCITRAL Model Law)이란 1985년 6월 21일 국제거래법위원회에서 통과되고 2006년 7월 7일 국제거래법위원회에서 수정된 「국제상사중재에 관한 국제거래법위원회 모델중재법」을 말한다. 이 모델법 전문은 부속서 1에 첨부되어 있다.

(2) 만일

(a) 이 조례의 규정 중 당사자 간에 합의를 달성한 사실, 또는 기타 모든 사안에서 당사

(b) a provision of this Ordinance provides that the parties may agree, the agreement, if any, may include any arbitration rules by referring to those rules in that agreement.

(3) If—

(a) a provision of this Ordinance (other than sections 53 and 68) refers to a claim, that provision also applies to a counter-claim; or

(b) a provision of this Ordinance (other than section 53) refers to a defence, that provision also applies to a defence to a counter-claim.

(4) A note located in the text of this Ordinance, a section heading of any provision of this Ordinance or a heading of any provision of the UNCITRAL Model Law is for reference only and has no legislative effect.

(5) If the Chinese equivalent of an English expression used in any provision of this Ordinance is different from the Chinese equivalent of the same English expression used in any provision of the UNCITRAL Model Law, those Chinese equivalents are to be treated as being identical in effect.

Section 3   Object and principles of this Ordinance

(1) The object of this Ordinance is to facilitate the fair and speedy resolution of disputes by arbitration without unnecessary expense.

(2) This Ordinance is based on the principles—

(a) that, subject to the observance of the safeguards that are necessary in the public interest, the parties to a dispute should be free to agree on how the dispute should be resolved; and

(b) that the court should interfere in the arbitration of a dispute only as expressly provided for in this Ordinance.

Section 4   UNCITRAL Model Law to have force of law in Hong Kong

The provisions of the UNCITRAL Model Law that are expressly stated in this Ordinance as having effect have the force of law in Hong Kong subject to the modifications and supplements as expressly provided for in this Ordinance.

Section 5   Arbitrations to which this Ordinance applies

(1) Subject to subsection (2), this Ordinance applies to an arbitration under an arbitration agreement, whether or not the agreement is entered into in Hong Kong, if the place of arbitration is in Hong Kong.

(2) If the place of arbitration is outside Hong Kong, only this Part, sections 20 and 21, Part 3A, sections 45, 60 and 61 and Part 10 apply to the arbitration. (Amended 7 of 2013 s. 4)

(3) If any other Ordinance provides that this Ordinance applies to an arbitration under that other Ordinance, this Ordinance (other than sections 20(2), (3) and (4), 22(1), 58 and 74(8) and (9))

자 간의 합의를 언급한 경우, 해당 합의는 중재규칙에 관한 합의도 포함한다. 또는

(b) 이 조례의 규정 중 당사자 간에 합의할 수 있다고 한 경우, 그 합의가 존재하면 해당 합의 중에 중재규칙을 언급함으로써 해당 중재규칙을 포함할 수 있다.

(3) 만일

(a) 이 조례의 규정에서 신청에 관한 규정은 (단, 제53조와 제68조를 제외한다) 반대신청에도 적용된다. 또는

(b) 이 조례의 규정 중 항변에 관한 규정은 (단, 제53조는 제외한다) 반대신청의 항변에도 적용된다.

(4) 이 조례 중 부가된 해석, 규정의 제목 또는 국제거래법위원회 모델중재법의 규정 제목은 참조적인 역할에 머물고 법적 효력을 가지지 않는다.

(5) 만일 이 조례의 어느 규정 중에서 사용한 영어용어와 대칭되는 중문용어가 국제거래법위원회 모델중재법의 중문번역본 중의 해당 중문용어와 일치하지 않은 경우, 해당 중문용어는 동등한 효력을 가지는 것으로 간주된다.

제3조　이 조례의 목적과 원칙

(1) 이 조례는 중재로 불필요한 지출없이 분쟁의 공정하고 신속한 해결을 촉진하는 것을 목적으로 한다.

(2) 이 조례는 다음의 원칙을 따른다.

(a) 공공이익에 따른 필요한 보장조치를 제외하고 분쟁 당사자는 분쟁의 해결에 관하여 합의할 자유를 보장받는다. 그리고

(b) 법원은 이 조례에서 명시적으로 규정한 경우에 한하여 분쟁 관련 중재에 관여한다.

제4조　홍콩에서 국제거래법위원회 모델중재법의 법적 효력

이 조례 중에서 유효하다고 명시한 국제거래법위원회 모델중재법의 관련 규정은 이이 조례에서 변칙적 또는 보충적 명시규정을 조건으로 홍콩에서 법적 효력을 가진다.

제5조　이 조례의 적용을 받는 중재

(1) 제2항의 제한 하에서, 중재합의가 홍콩에서 이루어졌는지는 불문하고, 중재합의에 근거하여 진행하는 중재는 만약 중재지가 홍콩인 경우에는 이 조례의 적용을 받는다.

(2) 만약 중재지가 홍콩이 아니라면, 이 편, 제20조와 제21조, 제3편의 A, 제45조, 제60조와 제61조, 제10편 만이 관련 중재에 적용된다. (수정 7 of 2013 s. 4)

(3) 만일 다른 조례에서 관련 중재가 이 조례의 적용을 받는다고 규정한 경우, 다음의 규정 제한 하에서 다른 조례에서 정한 관련 중재는 이 조례의 적용을 받는다. (단 제20조의 제2항과 제3항 및 제4항, 제22항 제1호, 제58조와 제74조 제8항과 제9항은 제외한다)

applies to an arbitration under that other Ordinance, subject to the following—

(a) a reference in article 16(1) of the UNCITRAL Model Law, given effect to by section 34, to any objections with respect to the existence or validity of the arbitration agreement is to be construed as any objections with respect to the application of that other Ordinance to the dispute in question;

(b) that other Ordinance is deemed to have expressly provided that, subject to paragraph (c), all the provisions in Schedule 2 apply; and

(c) section 2 of Schedule 2 (if applicable) only applies so as to authorize 2 or more arbitral proceedings under the same Ordinance to be consolidated or to be heard at the same time or one immediately after another.

(4) Subsection (3) has effect, in relation to an arbitration under any other Ordinance, only in so far as this Ordinance is consistent with—

(a) that other Ordinance; and

(b) any rules or procedures authorized or recognized by that other Ordinance.

Section 6   Application

This Ordinance applies to the Government and the Offices set up by the Central People's Government in the Hong Kong Special Administrative Region.

Part 2   GENERAL PROVISIONS

Section 7   Article 1 of UNCITRAL Model Law (Scope of application)

Section 5 has effect in substitution for article 1 of the UNCITRAL Model Law.

Section 8   Article 2 of UNCITRAL Model Law (Definitions and rules of interpretation)

(1) Section 2 has effect in substitution for article 2 of the UNCITRAL Model Law.

(2) For the purposes of subsection (1), a reference to this Ordinance in section 2 (other than section 2(5)) is to be construed as including the UNCITRAL Model Law.

(3) In the provisions of the UNCITRAL Model Law—

(a) a reference to this State is to be construed as Hong Kong;

(b) a reference to a State is to be construed as including Hong Kong;

(c) a reference to different States is to be construed as including Hong Kong and any other place;

(d) a reference to an article is to be construed as an article of the UNCITRAL Model Law; and

(e) (other than in article 2A of the UNCITRAL Model Law, given effect to by section 9) a

(a) 제34조에 의하여 효력을 가지게 된 국제거래법위원회 모델중재법 제16조 제1항에서 규정한, 중재합의의 존재 또는 효력에 관한 이의는 해당 다른 조례가 관련 분쟁에 적용되는 것에 반대하는 것으로 해석되어야 한다.

(b) 해당 다른 조례는 제c호의 전제하에서 부속서 2의 모든 규정을 적용한다고 명시적으로 규정하고 있는 것으로 간주한다. 그리고

(c) 부속서 2의 제2조는 (적용 가능한 경우) 동일한 조례에서 정한 2개 혹은 그 이상의 중재절차를 합병하거나 또는 동시에 신문하는 경우 및 앞 절차 종료 시 곧바로 다음 절차가 잇따르는 경우에 한하여 적용한다.

(4) 모든 기타 조례에서 규정한 중재에 관하여서는 이 조례가 다음에 부합하는 범위 내에서만 제3항이 효력을 가진다.

(a) 해당 기타 조례 그리고

(b) 해당 기타 조례가 수권 또는 인정한 모든 규칙 또는 절차.

제6조 적용범위

이 조례는 정부와 중앙인민정부가 홍콩특별행정구역에 설립한 기관에 적용된다.

제2편   일반규정

제7조   국제거래법위원회 모델중재법 제1조(적용범위)

제5조는 국제거래법위원회 모델중재법 제1조에 해당하는 경우 효력을 가진다.

제8조   국제거래법위원회 모델중재법 제2조(정의와 해석)

(1) 제2조는 국제거래법위원회 모델중재법 제2조에 해당하는 경우 효력을 가진다.

(2) 제1항에서 정한 목적을 위하여, 제2조(제2조의 제5항은 제외)에서 언급한 이 조례는 국제거래법위원회 모델중재법을 포함하는 것으로 해석된다.

(3) 국제거래법위원회 모델중재법의 규정에서

(a) "당해 국가"(this State)라는 용어는 홍콩으로 해석된다.

(b) "국가"(a State)라는 용어는 홍콩을 포함하는 것으로 해석된다.

(c) "다른 국가"(different States)라는 용어는 홍콩과 그 밖의 지역을 포함하는 것으로 해석된다.

(d) "조항"(article)이라는 용어는 국제거래법위원회 모델중재법의 규정으로 해석된다.

(e) (제9조에 따라 효력이 발생하는 국제거래법위원회 모델중재법 제2A조를 제외하고) "이 법"(this Law)이라는 용어는 이 조례(this Ordinance)로 해석된다.

reference to this Law is to be construed as this Ordinance.

Section 9   Article 2A of UNCITRAL Model Law (International origin and general principles)

Article 2A of the UNCITRAL Model Law, the text of which is set out below, has effect—

"Article 2A. International origin and general principles

(1) In the interpretation of this Law, regard is to be had to its international origin and to the need to promote uniformity in its application and the observance of good faith.

(2) Questions concerning matters governed by this Law which are not expressly settled in it are to be settled in conformity with the general principles on which this Law is based.".

Section 10   Article 3 of UNCITRAL Model Law (Receipt of written communications)

(1) Article 3 of the UNCITRAL Model Law, the text of which is set out below, has effect—

"Article 3. Receipt of written communications

(1) Unless otherwise agreed by the parties:

(a) any written communication is deemed to have been received if it is delivered to the addressee personally or if it is delivered at his place of business, habitual residence or mailing address; if none of these can be found after making a reasonable inquiry, a written communication is deemed to have been received if it is sent to the addressee's last-known place of business, habitual residence or mailing address by registered letter or any other means which provides a record of the attempt to deliver it;

(b) the communication is deemed to have been received on the day it is so delivered.

(2) The provisions of this article do not apply to communications in court proceedings.".

(2) Without affecting subsection (1), if a written communication (other than communications in court proceedings) is sent by any means by which information can be recorded and transmitted to the addressee, the communication is deemed to have been received on the day it is so sent.

(3) Subsection (2) applies only if there is a record of receipt of the communication by the addressee.

Section 11   Article 4 of UNCITRAL Model Law (Waiver of right to object)

Article 4 of the UNCITRAL Model Law, the text of which is set out below, has effect—

"Article 4. Waiver of right to object

A party who knows that any provision of this Law from which the parties may derogate or any requirement under the arbitration agreement has not been complied with and yet proceeds with the arbitration without stating his objection to such non-compliance without undue delay or, if a time-limit is provided therefor, within such period of time, shall be

제9조 국제거래법위원회 모델중재법 제2A조 (국제성 및 일반원칙)

국제거래법위원회 모델중재법 제2A조는 다음의 규정된 내용으로 효력을 가진다.

"제2A조 국제성 및 일반원칙

(1) 이 법을 해석할 때에는 이 법의 국제적 성격, 그리고 법 적용의 통일성과 신의칙 준수를 증진할 필요성을 함께 고려하여야 한다.

(2) 이 법이 규율하는 사안으로서 이 법의 규정으로 명확히 해결할 수 없는 문제는 이 법이 기초하는 일반원칙에 따라 해결하여야 한다."

제10조 국제거래법위원회 모델중재법 제3조 (서면통지의 수령)

(1) 국제거래법위원회 모델중재법 제3조는 다음의 규정된 내용으로 효력을 가진다.

"제3조 서면통지의 수령

(1) 당사자 간에 달리 합의가 없는 한

(a) 모든 서면통지는 수신인에게 직접 교부되거나 수신인의 영업소, 상거소 또는 우편 주소지에 전달된 경우에는 수령된 것으로 간주한다. 또한 그러한 주소들이 합리적인 조회의 결과로써도 발견될 수 없는 경우에는 등기우편 또는 전달하려고 한 기록을 제공할 수 있는 그 밖의 다른 수단에 의하여 수신인의 최후 영업소, 상거소, 또는 우편주소지에 발송된 경우에는 서면통지가 수령된 것으로 간주한다.

(b) 서면통지는 제a호의 방법으로 전달된 일자에 수령된 것으로 간주한다.

(2) 제1항의 규정은 소송절차의 송달에는 적용되지 아니한다."

(2) 제1항에 영향을 끼침이 없이, (소송절차에서의 송달을 제외하고) 서면통지는 정보가 기록될 수 있는 수단으로 전달되고 수신인에게 송부된 경우에 전달된 일자에 수령된 것으로 간주한다.

(3) 제2항은 수신인에 의한 서면통지 수령사실의 기록이 있는 경우에만 적용된다.

제11조 국제거래법위원회 모델중재법 제4조 (이의신청권의 포기)

국제거래법위원회 모델중재법 제4조는 다음의 규정된 내용으로 효력을 가진다.

"제4조 이의신청권의 포기

이 법의 규정에 의하여 당사자가 그 효력을 배제할 수 있다는 규정이나 중재합의의 요건이 준수되지 아니한 사실을 알았거나 알 수 있으면서 당사자가 지체 없이 또는 기한이 정해져 있는 경우에는 그 기한 내에 그러한 불이행에 대해 이의를 제기하지 아니하고 중재절차를 속행한 경우에는 당사자의 이의신청권을 포기한 것으로 간주되어야 한다."

deemed to have waived his right to object.".

Section 12   Article 5 of UNCITRAL Model Law (Extent of court intervention)

Article 5 of the UNCITRAL Model Law, the text of which is set out below, has effect—

"Article 5. Extent of court intervention

In matters governed by this Law, no court shall intervene except where so provided in this Law.".

Section 13   Article 6 of UNCITRAL Model Law (Court or other authority for certain functions of arbitration assistance and supervision)

(1) Subsections (2) to (6) have effect in substitution for article 6 of the UNCITRAL Model Law.

(2) The functions of the court or other authority referred to in article 11(3) or (4) of the UNCITRAL Model Law, given effect to by section 24, are to be performed by the HKIAC.

(3) The HKIAC may, with the approval of the Chief Justice, make rules to facilitate the performance of its functions under section 23(3), 24 or 32(1).

(4) The functions of the court or other authority referred to in—

(a) article 13(3) of the UNCITRAL Model Law, given effect to by section 26; or

(b) article 14(1) of the UNCITRAL Model Law, given effect to by section 27, are to be performed by the Court.

(5) The functions of the court referred to in—

(a) article 16(3) of the UNCITRAL Model Law, given effect to by section 34; or

(b) article 34(2) of the UNCITRAL Model Law, given effect to by section 81, are to be performed by the Court.

(6) The functions of the competent court referred to in article 27 of the UNCITRAL Model Law, given effect to by section 55, are to be performed by the Court.

Section 14   Application of Limitation Ordinance and other limitation enactments to arbitrations

(1) The Limitation Ordinance (Cap 347) and any other Ordinance relating to the limitation of actions("limitation enactments") apply to arbitrations as they apply to actions in the court.

(2) For the purposes of subsection (1), a reference in a limitation enactment to bringing an action is to be construed as, in relation to an arbitration, commencing the arbitral proceedings.

(3) Despite any term in an arbitration agreement to the effect that no cause of action may accrue in respect of any matter required by the agreement to be submitted to arbitration until an award is made under the agreement, the cause of action is, for the purposes of the limitation enactments (whether in their application to arbitrations or to other proceedings), deemed to accrue in respect of that matter at the time when it would have accrued but for that term.

제12조　국제거래법위원회 모델중재법 제5조 (법원의 관여)

국제거래법위원회 모델중재법 제5조는 다음의 규정된 내용으로 효력을 가진다.
　"제5조 법원의 관여
　이 법이 적용되는 사항에 대해서 법원은 이 법이 규정한 경우를 제외하고는 관여하여서
　는 아니 된다."

제13조　국제거래법위원회 모델중재법 제6조 (법원 또는 중재 지원 및 감독 역할을 수행하는 기타 기관)

(1) 제2항에서 제6항까지의 규정은 국제거래법위원회 모델중재법 제6조에 해당하는 경우
　에 효력을 가진다.

(2) 제24조에 의하여 효력을 가진 국제거래법위원회 모델중재법 제11조 제3항 또는 제4항
　에서 규정한 법원 또는 기타 기관의 역할은 홍콩국제중재센터가 실행한다.

(3) 홍콩국제중재센터는 제23조 제3항, 제24조 또는 제32조 제1항에서 정한 해당 센터의
　역할을 실행하기 위하여 대법원장의 인가를 받은 후 관련 규칙을 정할 수 있다.

(4) 법원이 다음을 실행한다.
　(a) 제26조에 의하여 효력이 부여된 국제거래법위원회 모델중재법 제13조 제3항에서
　　정한 법원 또는 기타 기관의 역할 또는
　(b) 제27조에 의하여 효력이 부여된 국제거래법위원회 모델중재법 제14조 제1항에서
　　정한 법원 또는 기타 기관의 역할.

(5) 법원이 다음을 실행한다.
　(a) 제34조에 의하여 효력이 부여된 국제거래법위원회 모델중재법 제16조 제3항에서
　　정한 법원의 역할 또는
　(b) 제81조에 의하여 효력이 부여된 국제거래법위원회 모델중재법 제34조 제2항에서
　　정한 법원의 역할.

(6) 제55조에 의하여 효력이 부여된 국제거래법위원회 모델중재법 제27조에서 정한 관할
　법원의 역할은 법원에서 실행한다.

제14조　"시효조례"와 기타 시효에 관한 법령의 중재에서의 적용

(1) "시효조례"(Cap. 347)와 기타 모든 소송시효와 관련되는 조례("시효법령")는 그것이 법
　원의 소송에서 적용되듯이 모두 중재에 적용된다.

(2) 제1항의 시행을 위하여 시효법령에서 정한 모든 제소는 중재에서는 중재절차의 개시로
　해석하여야 한다.

(3) 만약 중재판정이 내려지기 전에는 중재합의에 포함된 모든 사안에 관하여 소송을 제기
　하여서는 아니 된다고 중재합의 중에 약정하였더라도 시효법령의 시행을 위하여서는

(4) If a court orders that an award is to be set aside, the period between—

(a) the commencement of the arbitral proceedings; and

(b) the date of the order of the court setting aside the award, must be excluded in computing the time prescribed by a limitation enactment for the commencement of proceedings (including arbitral proceedings) with respect to the matter submitted to arbitration.

Section 15 Reference of interpleader issue to arbitration by court

(1) If—

(a) relief by way of interpleader is granted by a court; and

(b) there is an arbitration agreement between the claimants in the interpleader proceedings in respect of any issue between those claimants, the court granting the relief must, subject to subsection (2), direct that the issue is to be determined in accordance with the agreement.

(2) The court may refuse to make a direction under subsection (1) if the circumstances are such that legal proceedings brought by a claimant in respect of the issue would not be stayed.

(3) If the court refuses to make a direction under subsection (1), any provision of the arbitration agreement that an award is a condition precedent to the bringing of legal proceedings in respect of the issue does not affect the determination of the issue by the court.

(4) A direction of the court under subsection (1) is not subject to appeal.

(5) The leave of the court making a decision under subsection (2) is required for any appeal from that decision.

Section 16 Proceedings to be heard otherwise than in open court

(1) Subject to subsection (2), proceedings under this Ordinance in the court are to be heard otherwise than in open court.

(2) The court may order those proceedings to be heard in open court—

(a) on the application of any party; or

(b) if, in any particular case, the court is satisfied that those proceedings ought to be heard in open court.

(3) An order of the court under subsection (2) is not subject to appeal.

Section 17 Restrictions on reporting of proceedings heard otherwise than in open court

(1) This section applies to proceedings under this Ordinance in the court heard otherwise than in open court ("closed court proceedings").

(그것이 중재에 적용되거나 또는 기타 법적 절차에 적용되는 것과는 관계없이) 해당 소송사유가 관련 약정이 없을 경우 발생하는 시기에 발생한 것으로 간주한다.

(4) 만일 법원이 중재판정의 취소를 명령한 경우, 시효법령에서 규정한, 중재부탁 사안에 관하여 법적절차를 위하여(중재절차를 포함하여) 개시한 기한을 계산함에 있어서

(a) 중재절차의 개시 및

(b) 법원이 중재판정의 취소를 명령한 일자

그 사이는 기간의 계산에서 공제되어야 한다.

제15조 법원의 경합권리자 확인 절차 중의 쟁점을 중재에 회부

(1) 만일

(a) 법원이 경합권리자 확인의 방식으로 구제하는 경우와

(b) 경합권리자 확인 절차 중의 신청인 사이에 그들 상호 간의 모든 쟁점에 관하여 중재합의가 존재하는 경우, 제2항에 별도의 규정이 있는 경우를 제외하고, 구제를 인정하는 법원은 해당 쟁점을 중재합의에 따라 결정할 것을 지시해야 한다.

(2) 만일 신청인이 해당 쟁점에 관하여 제기한 법적절차가 중단되지 않을 경우, 법원은 제1항에 의한 지시를 내리는 것을 거절할 수 있다.

(3) 만일 법원이 제1항에 의하여 지시를 내리는 것을 거절할 경우, 중재합의 중 분쟁에 관한 중재판정이 법적 절차개시의 선결조건이라는 어떠한 합의도 법원이 해당 분쟁을 판정함에 영향을 미치지 않는다.

(4) 모든 당사자는 제1항의 법원의 지시에 상소를 제기하여서는 아니 된다.

(5) 법원이 제2항에 근거하여 내린 결정에 대해서는 해당 법원의 허가를 받아야 상소를 제기할 수 있다.

제16조 비공개신문방식의 법적절차

(1) 제2항에 별도의 규정이 있는 경우를 제외하고, 법원이 이 조례에서 정한 법적절차에 따라 신문을 진행하는 경우, 비공개의 방식으로 진행한다.

(2) 만일 다음의 경우, 법원은 공개법정에서 신문절차를 진행할 것을 명령할 수 있다.

(a) 일방 당사자가 신청한 경우 또는

(b) 어느 개별사건 중에서, 법원이 공개법정에서 위의 법적절차를 진행하여야 한다고 판단한 경우.

(3) 제2항의 법원명령에 대하여 상소를 제기하여서는 아니 된다.

제17조 비공개신문방식 법적절차에 대한 보도의 제한

(1) 이 조는 공개법정 이외의("비공개법원절차") 법정 신문에서 이 조례에 따른 법적절차에 적용한다.

(2) A court in which closed court proceedings are being heard must, on the application of any party, make a direction as to what information, if any, relating to the proceedings may be published.

(3) A court must not make a direction permitting information to be published unless—

(a) all parties agree that the information may be published; or

(b) the court is satisfied that the information, if published, would not reveal any matter (including the identity of any party) that any party reasonably wishes to remain confidential.

(4) Despite subsection (3), if—

(a) a court gives a judgment in respect of closed court proceedings; and

(b) the court considers that judgment to be of major legal interest, the court must direct that reports of the judgment may be published in law reports and professional publications.

(5) If a court directs under subsection (4) that reports of a judgment may be published, but any party reasonably wishes to conceal any matter in those reports (including the fact that the party was such a party), the court must, on the application of the party—

(a) make a direction as to the action to be taken to conceal that matter in those reports; and

(b) if the court considers that a report published in accordance with the direction made under paragraph (a) would still be likely to reveal that matter, direct that the report may not be published until after the end of a period, not exceeding 10 years, that the court may direct.

(6) A direction of the court under this section is not subject to appeal.

Section 18   Disclosure of information relating to arbitral proceedings and awards prohibited

(1) Unless otherwise agreed by the parties, no party may publish, disclose or communicate any information relating to—

(a) the arbitral proceedings under the arbitration agreement; or

(b) an award made in those arbitral proceedings.

(2) Nothing in subsection (1) prevents the publication, disclosure or communication of information referred to in that subsection by a party—

(a) if the publication, disclosure or communication is made—

(i) to protect or pursue a legal right or interest of the party; or

(ii) to enforce or challenge the award referred to in that subsection, in legal proceedings before a court or other judicial authority in or outside Hong Kong;

(2) 법원은 비공개법원절차로 신문이 이루어지는 법원은, 일방 당사자의 신청에 의하여, 만일 존재한다면 해당 절차 중 어떠한 정보를 공개할 것인지에 대하여 지시를 내려야 한다.

(3) 다음의 조건에 부합되는 경우를 제외하고, 법원은 관련 정보의 공개를 지시하여서는 아니 된다.

  (a) 모든 당사자가 해당 정보의 공개에 동의하는 경우 또는

  (b) 정보의 공개가 합리적인 비밀유지를 기대하는 당사자의 비밀유지관련 모든 사안 (당사자의 신원을 포함하여)의 정보를 유출할 우려가 없다고 판단하는 경우.

(4) 제3항의 규정에도 불구하고, 만약

  (a) 비공개법원절차에 의한 판결과

  (b) 해당 판결이 중요한 법적 의미를 가진다고 판단한 경우

  법원은 해당 판결의 보고를 법률회보와 전문적인 간행물에 게재 가능하다고 지시하여야 한다.

(5) 만일 법원이 제4항에 의하여 판결 관련 보고를 공개하도록 지시하였지만 일방 당사자가 해당 보고 중의 어떠한 사안에 대하여(그가 해당 당사자인 사실을 포함하여) 합리적으로 비밀유지를 요청하면 법원은 해당 신청에 대하여

  (a) 어떠한 방식으로 해당 보고 중의 관련 사안에 대하여 비밀유지를 할 것인가를 지시하여야 한다. 또한

  (b) 만일 법원의 제a호에 의한 지시에 따라 보고를 공개할 경우, 여전히 해당 사안 관련 정보를 유출할 가능성이 높다고 판단할 경우, 일정한 기간 내에 해당 보고의 공개금지를 지시하여야 한다. 해당 기간은 법원이 지시로 정하며 10년을 초과하여서는 아니 된다.

(6) 모든 당사자는 이 조에서 규정한 법원의 지시에 대하여 상소를 제기하여서는 아니 된다.

제18조 중재절차와 중재판정 정보의 공개금지

(1) 당사자 간에 달리 합의가 있는 경우를 제외하고, 일방 당사자는 다음에 관한 모든 정보를 발표, 공개, 전달을 하여서는 아니 된다.

  (a) 중재합의에서 정한 모든 중재절차 또는

  (b) 해당 중재절차 중에서 내려진 중재판정.

(2) 다음의 경우에는, 일방 당사자의 제1항에서 규정된 정보의 발표, 공개 또는 전달이 금지되지 아니한다.

  (a) 해당 발표, 공개 또는 전달이

    (i) 일방 당사자의 법적 권리 또는 이익의 보장 또는 구현을 위한 것이거나

    (ii) 해당 조항에서 규정한 중재판정의 집행 또는 이의제기를 위하여

    홍콩 또는 홍콩 이외의 지역의 법원이나 기타 사법기관에서 법적절차에 의하여 진

(b) if the publication, disclosure or communication is made to any government body, regulatory body, court or tribunal and the party is obliged by law to make the publication, disclosure or communication; or

(c) if the publication, disclosure or communication is made to a professional or any other adviser of any of the parties.

Part 3   ARBITRATION AGREEMENT

Section 19   Article 7 of UNCITRAL Model Law (Definition and form of arbitration agreement)

(1) Option I of Article 7 of the UNCITRAL Model Law, the text of which is set out below, has effect—

"Option I   Article 7. Definition and form of arbitration agreement

(1) "Arbitration agreement" is an agreement by the parties to submit to arbitration all or certain disputes which have arisen or which may arise between them in respect of a defined legal relationship, whether contractual or not. An arbitration agreement may be in the form of an arbitration clause in a contract or in the form of a separate agreement.

(2) The arbitration agreement shall be in writing.

(3) An arbitration agreement is in writing if its content is recorded in any form, whether or not the arbitration agreement or contract has been concluded orally, by conduct, or by other means.

(4) The requirement that an arbitration agreement be in writing is met by an electronic communication if the information contained therein is accessible so as to be useable for subsequent reference; "electronic communication" means any communication that the parties make by means of data messages; "data message" means information generated, sent, received or stored by electronic, magnetic, optical or similar means, including, but not limited to, electronic data interchange (EDI), electronic mail, telegram, telex or telecopy.

(5) Furthermore, an arbitration agreement is in writing if it is contained in an exchange of statements of claim and defence in which the existence of an agreement is alleged by one party and not denied by the other.

(6) The reference in a contract to any document containing an arbitration clause constitutes an arbitration agreement in writing, provided that the reference is such as to make that clause part of the contract.".

(2) Without affecting subsection (1), an arbitration agreement is in writing if—

행된 경우.

(b) 해당 발표, 공개 또는 전달은 모든 정부단체, 규제기관, 법원 또는 중재판정부에서 이루어진 것이며 법률상 일방 당사자는 해당 발표, 공개 또는 전달의 의무가 있거나 또는

(c) 해당 발표, 공개 또는 전달은 일방 당사자의 전문적인 고문 혹은 기타 고문에게 한 것인 경우.

제3편 · 중재합의

제19조 국제거래법위원회 모델중재법 제7조 (중재합의의 정의와 방식)

(1) 국제거래법위원회 모델중재법 제7조 Ⅰ안은 다음의 규정된 내용으로 효력을 가진다.

"Ⅰ안 제7조 중재합의의 정의 및 형식

(1) "중재합의"란 계약상 분쟁인지의 여부에 관계없이 일정한 법률관계에 관하여 당사자 간에 이미 발생하였거나 장래 발생할 수 있는 분쟁 전부 또는 일부를 중재에 회부하기로 하는 당사자 간의 합의를 말한다. 중재합의는 계약에 포함된 중재조항 또는 별개의 합의 형식으로 할 수 있다.

(2) 중재합의는 서면으로 하여야 한다.

(3) 중재합의 또는 계약이 구두, 일정한 행위 또는 그 밖의 방법에 의하여 체결되었는지 여부와 상관없이, 어떠한 형식으로든 중재합의의 내용이 기록이 된 경우에는 서면 중재합의에 해당한다.

(4) 전자적 통신에 포함된 정보가 차후에 조회할 수 있는 형태로 이용 가능한 경우에는 중재합의의 서면 요건을 충족한다. "전자적 통신"이란 당사자들이 데이터 메시지 방법으로 행하는 모든 통신을 가리키며, "데이터 메시지"란 전자문서교환, 전자우편, 전보, 전신 또는 팩스를 포함한 전자적, 자기적, 광학적 또는 이와 유사한 수단으로 생성되거나 송달, 수령, 또는 보관된 정보를 말한다.

(5) 또한 중재합의가 중재신청서와 답변서의 교환과정에서 포함되어 있고, 일방 당사자가 중재합의의 존재를 주장하고 상대방이 이에 대해 다투지 않는 경우에는 서면 중재합의에 해당한다.

(6) 계약이 중재조항을 포함한 문서를 인용하고 있는 경우에는 서면 중재합의가 있는 것으로 본다. 다만, 중재조항을 그 계약의 일부로 하고 있는 경우에 한한다."

(2) 제1항에 영향을 끼침이 없이, 중재합의는 다음의 경우에는 서면으로 한 것으로 한다.

(a) the agreement is in a document, whether or not the document is signed by the parties to the agreement; or

(b) the agreement, although made otherwise than in writing, is recorded by one of the parties to the agreement, or by a third party, with the authority of each of the parties to the agreement.

(3) A reference in an agreement to a written form of arbitration clause constitutes an arbitration agreement if the reference is such as to make that clause part of the agreement.

Section 20   Article 8 of UNCITRAL Model Law (Arbitration agreement and substantive claim before court)

(1) Article 8 of the UNCITRAL Model Law, the text of which is set out below, has effect—

"Article 8. Arbitration agreement and substantive claim before court

(1) A court before which an action is brought in a matter which is the subject of an arbitration agreement shall, if a party so requests not later than when submitting his first statement on the substance of the dispute, refer the parties to arbitration unless it finds that the agreement is null and void, inoperative or incapable of being performed.

(2) Where an action referred to in paragraph (1) of this article has been brought, arbitral proceedings may nevertheless be commenced or continued, and an award may be made, while the issue is pending before the court.".

(2) If a dispute in the matter which is the subject of an arbitration agreement involves a claim or other dispute that is within the jurisdiction of the Labour Tribunal established by section 3 (Establishment of tribunal) of the Labour Tribunal Ordinance (Cap 25), the court before which an action has been brought may, if a party so requests, refer the parties to arbitration if it is satisfied that—

(a) there is no sufficient reason why the parties should not be referred to arbitration in accordance with the arbitration agreement; and

(b) the party requesting arbitration was ready and willing at the time the action was brought to do all things necessary for the proper conduct of the arbitration, and remains so.

(3) Subsection (1) has effect subject to section 15 (Arbitration agreements) of the Control of Exemption Clauses Ordinance (Cap 71).

(4) If the court refuses to refer the parties to arbitration, any provision of the arbitration agreement that an award is a condition precedent to the bringing of legal proceedings in respect of any matter is of no effect in relation to those proceedings.

(5) If the court refers the parties in an action to arbitration, it must make an order staying the legal proceedings in that action.

(6) In the case of Admiralty proceedings—

(a) the reference of the parties to arbitration and an order for the stay of those proceedings

(a) 중재합의의 문서가 합의 당사자의 서명 여부와 관계없이, 중재합의가 문서에 존재하는 경우 또는

(b) 비록 서면으로 체결된 것이 아니라도, 중재합의가 모든 합의 당사자의 수권으로 그 합의의 일방 당사자 또는 제3자가 기록한 것인 경우.

(3) 만약 참조가 합의의 일부를 이루고 있다면, 서면형식의 중재조항이 있는 참조는 중재합의에 해당한다.

제20조　국제거래법위원회 모델중재법 제8조 (중재합의와 법원에 제소)

(1) 국제거래법위원회 모델중재법 제8조는 다음의 규정된 내용으로 효력을 가진다.

"제8조 중재합의와 법원에 제소

(1) 중재합의의 대상이 된 사건이 법원에 제소되었을 경우로서, 일방당사자가 그 분쟁의 본안에 관한 제1차 진술서를 제출하기 이전에 이에 관한 항변을 제기하면, 법원은 그 중재합의가 무효이거나, 실효하였거나, 또는 이행불능의 상태에 있는 것으로 판단되지 아니하는 한 당사자들을 중재에 회부하여야 한다.

(2) 제1항에서 언급한 소송이 제기된 경우에도 중재절차는 개시되거나 속행될 수 있으며 사건이 법원에 계류 중인 경우에도 중재판정이 행해질 수 있다."

(2) 만약 중재합의 대상사안 중의 분쟁이 "노동재판소조례"(Cap. 25) 제3조에(노동재판소의 설립) 근거하여 설립한 노동재판소의 사법관할권 내의 신청이거나 또는 기타 분쟁에 관련된 것이며, 이미 법원에 소송이 제기된 상태이면 일방 당사자의 신청으로 해당 법원은 다음을 판단한 후 당사자들을 중재에 회부시킬 수 있다.

(a) 중재합의에 의하여 당사자들을 중재에 회부시키지 말아야 한다는 충분한 근거가 없으며

(b) 중재를 요구한 일방 당사자가 소송을 제기할 때 이미 중재를 적절하게 진행하기 위하여 필요한 행동을 원하고 준비하였으며 또한 그러한 행동을 계속하여 원하고 준비한 경우.

(3) 제1항은 "관제면책조항조례"(Cap. 71) 제15조(중재합의)에 부합되는 경우 효력을 가진다.

(4) 만약 법원이 당사자들을 중재에 회부할 것을 거절하는 경우, 중재합의 중 중재판정이 어느 사안에 관한 법적 절차의 선결조건이라는 규정은 해당 법적 절차에서는 무효로 된다.

(5) 만약 법원이 소송의 당사자들을 중재에 회부시킨 경우, 법원은 해당 소송에 관한 법적 절차의 중지명령을 내려야 한다.

(6) 만일 해사법의 법적 절차인 경우에는

(a) 비록 제1항과 제5항의 규정이 존재하더라도 당사자들을 중재에 회부함과 해당 법적 절차의 중지명령에 모든 중재 중에서 내려진 중재판정의 이행에 대하여 담보를

may, despite subsections (1) and (5), be made conditional on the giving of security for the satisfaction of any award made in the arbitration; or

(b) if the court makes an order under subsection (5) staying those proceedings, the court may (where property has been arrested, or bail or other security has been given to prevent or obtain release from arrest, in those proceedings) order that the property arrested, or the bail or security given, be retained as security for the satisfaction of any award made in the arbitration.

(7) Subject to any provision made by rules of court and to any necessary modifications, the same law and practice apply to the property, bail or security retained in pursuance of an order under subsection (6) as would apply if the property, bail or security retained were held for the purposes of proceedings in the court making the order.

(8) A decision of the court to refer the parties to arbitration under—

(a) article 8 of the UNCITRAL Model Law, given effect to by subsection (1); or

(b) subsection (2),

is not subject to appeal.

(9) The leave of the court making a decision to refuse to refer the parties to arbitration under—

(a) article 8 of the UNCITRAL Model Law, given effect to by subsection (1); or

(b) subsection (2),

is required for any appeal from that decision.

(10) A decision or order of the court under subsection (6) is not subject to appeal.

Section 21   Article 9 of UNCITRAL Model Law (Arbitration agreement and interim measures by court)

Article 9 of the UNCITRAL Model Law, the text of which is set out below, has effect—

"Article 9. Arbitration agreement and interim measures by court

It is not incompatible with an arbitration agreement for a party to request, before or during arbitral proceedings, from a court an interim measure of protection and for a court to grant such measure.".

Section 22   Whether agreement discharged by death of a party

(1) Unless otherwise agreed by the parties, an arbitration agreement is not discharged by the death of a party and may be enforced by or against the personal representatives of that party.

(2) Subsection (1) does not affect the operation of any enactment or rule of law by virtue of which a substantive right or obligation is extinguished by death.

제공하라는 조건을 첨부할 수 있다.

(b) 만일 법원이 제5항에 근거하여 법적 절차의 중지를 명령한다면, (해당 법적 절차 중에서 재산이 이미 압류당하거나 혹은 재산의 압류를 면하기 위하여, 또는 압류당한 재산의 반환을 위하여 공탁금이나 기타 담보를 제공한 경우) 당해 법원은 중재 중에서 내린 모든 중재판정의 이행보장으로 압류한 재산이나 공탁금 또는 담보를 유보하는 명령을 내릴 수 있다.

(7) 법원규칙 중에 별도의 규정이 있고 동시에 필요한 변경을 거친 경우를 제외하고, 제6항에서 언급한 재산, 공탁금 혹은 담보의 유보에 관한 명령에서 적용된 법률과 관습은 법원이 법적 절차에서의 목적을 위하여 유보에 관한 명령에서 적용된 법률과 관습과 동일하다.

(8) 만일 법원이

(a) 제1항에 의하여 효력을 가진 국제거래법위원회 모델중재법 제8조 또는

(b) 제2항에,

따라 당사자들을 중재에 회부키로 결정한 경우, 모든 당사자는 이에 대하여 상소를 제기할 수 없다.

(9) 법원이

(a) 제1항에 의하여 효력을 가진 국제거래법위원회 모델중재법 제8조 또는

(b) 제2항에,

따라 당사자들의 중재의 회부에 대하여 거절을 결정한 경우, 그 결정에 대하여는 해당 법원의 허가를 받아야 상소를 제기할 수 있다.

(10)모든 당사자는 제6항에서 언급한 법원의 결정 혹은 명령에 대하여 상소를 제기할 수 없다.

제21조　국제거래법위원회 모델중재법 제9조 (중재합의와 법원의 보전처분)

국제거래법위원회 모델중재법 제9조는 다음의 규정된 내용으로 효력을 가진다.

"제9조 중재합의와 법원의 보전처분

일방 당사자가 중재절차 전이나 진행 중에 법원에 보전처분을 신청하거나 법원이 이러한 조치를 허용하는 것은 중재합의에 반하지 아니한다."

제22조　일방 당사자의 사망으로 중재합의의 해제여부

(1) 당사자들이 달리 합의가 없다면, 중재합의는 일방 당사자의 사망으로 해제되지 않으며 해당 당사자의 유산대리인에 의하여 집행될 수 있거나 혹은 해당 유산대리인에 대하여 집행할 수 있다.

(2) 제1항은 당사자의 사망으로 실체적 권리 혹은 의무가 종료함에 따라 성문법 또는 법규칙의 실시에 영향을 끼치지 않는다.

Part 3A   Enforcement of Emergency Relief

(Part 3A added 7 of 2013 s. 5)

Section 22A   Interpretation

In this Part—

emergency arbitrator (緊急仲裁員) means an emergency arbitrator appointed under the arbitration rules (including the arbitration rules of a permanent arbitral institution) agreed to or adopted by the parties to deal with the parties' applications for emergency relief before an arbitral tribunal is constituted.

Section 22B   Enforcement of emergency relief granted by emergencyarbitrator

(1) Any emergency relief granted, whether in or outside Hong Kong, by an emergency arbitrator under the relevant arbitration rules is enforceable in the same manner as an order or direction of the Court that has the same effect, but only with the leave of the Court.

(2) The Court may not grant leave to enforce any emergency relief granted outside Hong Kong unless the party seeking to enforce it can demonstrate that it consists only of one or more temporary measures (including an injunction) by which the emergency arbitrator orders a party to do one or more of the following—

    (a) maintain or restore the status quo pending the determination of the dispute concerned;

    (b) take action that would prevent, or refrain from taking action that is likely to cause, current or imminent harm or prejudice to the arbitral process itself;

    (c) provide a means of preserving assets out of which a subsequent award made by an arbitral tribunal may be satisfied;

    (d) preserve evidence that may be relevant and material to resolving the dispute;

    (e) give security in connection with anything to be done under paragraph (a), (b), (c) or (d);

    (f) give security for the costs of the arbitration.

(3) If leave is granted under subsection (1), the Court may enter judgment in terms of the emergency relief.

(4) A decision of the Court to grant or refuse to grant leave under subsection (1) is not subject to appeal.

제3편의 A 긴급구제의 집행

(추가 7 of 2013 s. 5)

제22A조 해석

이 편에서 긴급중재인(emergency arbitrator)이란 당사자가 중재판정부의 성립 전에 제출한 긴급구제신청을 처리하기 위하여 당사자의 합의 또는 채택한 중재규칙(상설중재기관의 중재규칙도 포함하여)에 근거하여 선정한 긴급중재인을 말한다.

제22B조 긴급중재인이 비준한 긴급구제의 집행

(1) 긴급중재인이 관련 중재규칙에 근거하여 비준한 모든 긴급구제는, 그 비준 지점이 홍콩이든 홍콩 이외이든 관계없이, 관련 중재규칙에 따라 긴급중재인에 의해 법원의 허가를 받은 경우에만 법원의 동등한 효력의 명령 혹은 지시와 같이 동일한 방식으로 집행할 수 있다.

(2) 만약, 홍콩 이외의 지역에서 비준 받은 모든 긴급구제에 대하여 집행을 원하는 당사자가 해당 구제가 단지 1개 또는 그 이상의 임시적인 조치(금지명령을 포함하여)이며 긴급중재인은 해당 1개 또는 그 이상의 조치에 근거하여 상대방에게 다음을 명령한 것임을 증명하는 경우가 아니라면, 법원은 홍콩 이외의 지역에서 비준 받은 모든 긴급구제의 집행을 허가하지 않을 수 있다.

   (a) 관련된 분쟁에 관한 결정이 내려지기 전에 현상유지 또는 원상복귀

   (b) 중재절차에 대하여 현재 또는 곧 초래할 위험 혹은 손해를 방지하기 위한 행동을 하거나 또는 이러한 위험 혹은 손해를 초래할 행동을 자제할 것

   (c) 중재판정부가 향후에 내릴 중재판정의 이행을 위하여 보존 가능한 자산을 제공할 것

   (d) 분쟁의 해결에 관련 가능한, 동시에 분쟁의 해결에 핵심적 역할이 가능한 증거를 보존할 것

   (e) 제a호, 제b호, 제c호, 제d호에 따라 행한 행동에 대하여 관련 담보를 제공할 것

   (f) 중재비용에 관하여 담보를 제공할 것.

(3) 만일 법원이 제1항에 근거하여 허가한다면, 긴급구제에 관한 조항에 따라 판결로 내릴 수 있다.

(4) 법원이 제1항에 따라 허가를 하거나 혹은 허가를 하지 않기로 결정한 경우, 당사자는 해당 결정에 대하여 상소를 제기할 수 없다.

Part 4 COMPOSITION OF ARBITRAL TRIBUNAL

Division 1 Arbitrators

Section 23 Article 10 of UNCITRAL Model Law (Number of arbitrators)

(1) Article 10(1) of the UNCITRAL Model Law, the text of which is set out below, has effect—

"Article 10. Number of arbitrators

(1) The parties are free to determine the number of arbitrators.

(2) [Not applicable]".

(2) For the purposes of subsection (1), the freedom of the parties to determine the number of arbitrators includes the right of the parties to authorize a third party, including an institution, to make that determination.

(3) Subject to section 1 of Schedule 2 (if applicable), if the parties fail to agree on the number of arbitrators, the number of arbitrators is to be either 1 or 3 as decided by the HKIAC in the particular case.

Section 24 Article 11 of UNCITRAL Model Law (Appointment of arbitrators)

(1) Article 11 of the UNCITRAL Model Law, the text of which is set out below, has effect subject to section 13(2) and (3)—

"Article 11. Appointment of arbitrators

(1) No person shall be precluded by reason of his nationality from acting as an arbitrator, unless otherwise agreed by the parties.

(2) The parties are free to agree on a procedure of appointing the arbitrator or arbitrators, subject to the provisions of paragraphs (4) and (5) of this article.

(3) Failing such agreement,

   (a) in an arbitration with three arbitrators, each party shall appoint one arbitrator, and the two arbitrators thus appointed shall appoint the third arbitrator; if a party fails to appoint the arbitrator within thirty days of receipt of a request to do so from the other party, or if the two arbitrators fail to agree on the third arbitrator within thirty days of their appointment, the appointment shall be made, upon request of a party, by the court or other authority specified in article 6;

   (b) in an arbitration with a sole arbitrator, if the parties are unable to agree on the arbitrator, he shall be appointed, upon request of a party, by the court or other authority specified in article 6.

(4) Where, under an appointment procedure agreed upon by the parties,

   (a) a party fails to act as required under such procedure, or

제4편 중재판정부의 구성

제1절 중재인

제23조 국제거래법위원회 모델중재법 제10조 (중재인의 수)

(1) 국제거래법위원회 모델중재법 제10조 제1항은 다음의 규정된 내용으로 효력을 가진다.
"제10조 중재인의 수
(1) 당사자는 중재인의 수를 자유로이 정할 수 있다.
(2) [적용하지 아니한다]"

(2) 제1항을 시행하기 위하여 당사자가 중재인의 수를 정하는 자유에는 당사자로부터 수권을 받은 기관을 포함하여 제3자가 중재인의 수를 정하는 권한도 포함한다.

(3) 부속서 2의 제1조(만일 적용되는 경우라면) 중에 별도의 규정이 없는 한, 중재인의 수에 관하여 당사자 간에 합의가 없으면, 중재인의 수는 1인 혹은 3인으로 하며, 홍콩국제중재센터가 개별 사건에서 결정한다.

제24조 국제거래법위원회 모델중재법 제11조 (중재인의 선정)

(1) 국제거래법위원회 모델중재법 제11조는 제13조 제2항 및 제3항의 제한 하에, 다음의 규정된 내용으로 효력을 가진다.
"제11조 중재인의 선정
(1) 당사자가 달리 합의하지 않는 한, 누구라도 자신의 국적을 이유로 중재인으로서 활동하는데 배제되지 아니한다.
(2) 이 조 제4항과 제5항의 제한 하에, 당사자는 중재인의 선정절차를 자유로이 합의할 수 있다.
(3) 그러한 합의가 없는 경우,
　　(a) 3인 중재에서, 각 당사자는 1인의 중재인을 선정하고, 이에 따라 선정된 2인의 중재인이 제3의 중재인을 선정한다. 일방 당사자가 상대방으로부터 중재인 선정을 요구받은 후 30일 이내에 중재인을 선정하지 않거나 2인의 중재인이 그 선정된 후 30일 이내에 제3의 중재인을 선정하지 못하였을 경우에는, 일방 당사자의 요청에 따라 제6조에 규정된 법원이나 기타 기관이 중재인을 선정한다.
　　(b) 단독중재의 경우에, 당사자가 중재인 선정을 합의하지 못한 때에는 일방 당사자의 요청이 있으면 제6조에 규정된 법원이나 기타 기관이 중재인을 선정한다.
(4) 당사자가 합의한 중재인 선정절차에 따라
　　(a) 일방 당사자가 그 절차에서 요구하는 대로 이행하지 아니하거나,

(b) the parties, or two arbitrators, are unable to reach an agreement expected of them under such procedure, or

(c) a third party, including an institution, fails to perform any function entrusted to it under such procedure, any party may request the court or other authority specified in article 6 to take the necessary measure, unless the agreement on the appointment procedure provides other means for securing the appointment.

(5) A decision on a matter entrusted by paragraph (3) or (4) of this article to the court or other authority specified in article 6 shall be subject to no appeal. The court or other authority, in appointing an arbitrator, shall have due regard to any qualifications required of the arbitrator by the agreement of the parties and to such considerations as are likely to secure the appointment of an independent and impartial arbitrator and, in the case of a sole or third arbitrator, shall take into account as well the advisability of appointing an arbitrator of a nationality other than those of the parties.".

(2) In an arbitration with an even number of arbitrators—

(a) if the parties have not agreed on a procedure for appointing the arbitrators under article 11(2) of the UNCITRAL Model Law, given effect to by subsection (1), each party is to appoint the same number of arbitrators; or

(b) if—

(i) a party fails to act as required under an appointment procedure agreed upon by the parties; or

(ii) in the case of paragraph (a), a party fails to appoint the appropriate number of arbitrators under that paragraph within 30 days of receipt of a request to do so from the other party,

the HKIAC must make the necessary appointment upon a request to do so from any party.

(3) In an arbitration with an uneven number of arbitrators greater than 3—

(a) if the parties have not agreed on a procedure for appointing the arbitrators under article 11(2) of the UNCITRAL Model Law, given effect to by subsection (1)—

(i) each party is to appoint the same number of arbitrators; and

(ii) unless otherwise agreed by the parties, the HKIAC must appoint the remaining arbitrator or arbitrators; or

(b) if—

(i) a party fails to act as required under an appointment procedure agreed upon by the parties; or

(ii) in the case of paragraph (a), a party fails to appoint the appropriate number of arbitrators under that paragraph within 30 days of receipt of a request to do so from the other party,

the HKIAC must make the necessary appointment upon a request to do so from any party.

(b) 양당사자나 2인의 중재인이 그 절차에서 기대되는 합의에 이를 수 없거나,

(c) 기관을 포함하여 제3자가 그 절차에서 위임된 역할을 수행할 수 없는 때에, 당사자는 선정절차 합의 내용 속에 그 선정을 담보하는 그 밖의 다른 조치가 없는 한, 제6조에 규정된 법원이나 기타 기관에 필요한 처분을 취할 것을 요청할 수 있다.

(5) 이 조 제3항과 제4항에 따라, 제6조에 규정된 법원이나 기타 기관에 위임된 사항에 관한 결정에 대하여는 상소할 수 없다. 중재인을 선정할 때 법원이나 기타 기관은 당사자들의 합의에서 요구하는 중재인의 자격을 고려하여야 하며 또한 독립적이며 공정한 중재인의 선정을 보장하는데 적절한지도 고려하여야 한다. 단독중재인이나 제3의 중재인의 경우에는 당사자들의 국적 이외의 국적을 가진 중재인을 선정하는 것이 바람직한 지도 고려하여야 한다."

(2) 중재인의 수가 짝수인 중재에서

(a) 만일 당사자들이 제1항에 의하여 효력을 가진 국제거래법위원회 모델중재법 제11조 제2항에 의하여 중재인의 선정절차에 관하여 합의에 이르지 못한 경우, 각 당사자는 동일한 수의 중재인을 선정하거나 또는

(b) 만일

(i) 일방 당사자가 당사자들이 합의한 선정절차에 따라 행동하지 않았거나

(ii) 만약 제a호의 경우에, 일방 당사자가 상대방당사자가 중재인의 선정에 관한 요청을 받은 지 30일 내에 해당 호에 따라 적당한 수의 중재인을 선정하지 않은 경우

홍콩국제중재센터는 일방 당사자의 요청에 의하여 필요한 선정을 하여야 한다.

(3) 중재인의 수가 홀수이며 3인 이상인 중재에서

(a) 만일 당사자들이 제1항에 의하여 효력을 가진 국제거래법위원회 모델중재법 제11조 제2항에 의하여 중재인의 선정절차에 관하여 합의에 이르지 못한 경우

(i) 각 당사자는 동일한 수의 중재인을 선정하여야 하며

(ii) 당사자들 간에 달리 합의가 없는 한, 홍콩국제중재센터는 부족한 1인 또는 1인 이상의 중재인을 선정하여야 한다. 또는

(b) 만약

(i) 일방 당사자가 당사자들이 합의한 선정절차에 따라 행동하지 않았거나

(ii) 만약 제a호의 경우에, 일방 당사자가 상대방으로부터 중재인의 선정에 관한 요청을 받은 지 30일 내에 해당 호에 따라 적당한 수의 중재인을 선정하지 않은 경우

홍콩국제중재센터는 일방 당사자의 요청에 의하여 필요한 선정을 하여야 한다.

(4) In any other case (in particular, if there are more than 2 parties) article 11(4) of the UNCITRAL Model Law, given effect to by subsection (1), applies as in the case of a failure to agree on an appointment procedure.

(5) If any appointment of an arbitrator is made by the HKIAC by virtue of this Ordinance, the appointment—

(a) has effect as if it were made with the agreement of all parties; and

(b) is subject to article 11(5) of the UNCITRAL Model Law, given effect to by subsection (1).

Section 25   Article 12 of UNCITRAL Model Law (Grounds for challenge)

Article 12 of the UNCITRAL Model Law, the text of which is set out below, has effect—

"Article 12. Grounds for challenge

(1) When a person is approached in connection with his possible appointment as an arbitrator, he shall disclose any circumstances likely to give rise to justifiable doubts as to his impartiality or independence. An arbitrator, from the time of his appointment and throughout the arbitral proceedings, shall without delay disclose any such circumstances to the parties unless they have already been informed of them by him.

(2) An arbitrator may be challenged only if circumstances exist that give rise to justifiable doubts as to his impartiality or independence, or if he does not possess qualifications agreed to by the parties. A party may challenge an arbitrator appointed by him, or in whose appointment he has participated, only for reasons of which he becomes aware after the appointment has been made.".

Section 26 Article 13 of UNCITRAL Model Law (Challenge procedure)

(1) Article 13 of the UNCITRAL Model Law, the text of which is set out below, has effect subject to section 13(4)—

"Article 13. Challenge procedure

(1) The parties are free to agree on a procedure for challenging an arbitrator, subject to the provisions of paragraph (3) of this article.

(2) Failing such agreement, a party who intends to challenge an arbitrator shall, within fifteen days after becoming aware of the constitution of the arbitral tribunal or after becoming aware of any circumstance referred to in article 12(2), send a written statement of the reasons for the challenge to the arbitral tribunal. Unless the challenged arbitrator withdraws from his office or the other party agrees to the challenge, the arbitral tribunal shall decide on the challenge.

(3) If a challenge under any procedure agreed upon by the parties or under the procedure of paragraph (2) of this article is not successful, the challenging party may request, within thirty days after having received notice of the decision rejecting the challenge, the court

(4) 만약 기타의 경우(특히 당사자가 2 이상인 경우) 제1항에 의하여 효력을 가진 국제거래 법위원회 모델중재법 제11조 제4항은 선정절차에 관하여 합의에 이르지 못한 경우에서 와 동일하게 적용한다.

(5) 홍콩국제중재센터가 이 조례에 의하여 행한 모든 중재인에 관하여 선정한 경우에

  (a) 그것은 모든 당사자들이 합의하여 선정한 것과 동일한 효력을 가지며

  (b) 그것은 제1항에 의하여 효력을 가지게 된 국제거래법위원회 모델중재법 제11조 제 5항의 규정에 부합하여야 한다.

제25조　국제거래법위원회 모델중재법 제12조 (중재인 기피의 사유)

국제거래법위원회 모델중재법 제12조는 다음의 규정된 내용으로 효력을 가진다.

"제12조 중재인 기피의 사유

(1) 중재인으로 직무수행의 요청을 받은 자는 그 자신의 공정성이나 독립성에 관하여 당연시되는 의심을 야기할 수 있는 모든 사정을 고지하여야 한다. 중재인은 중재인 으로 선정된 때로부터 그리고 중재절차의 종료 시까지 그러한 사정을 당사자에게 지체 없이 고지하여야 한다. 다만, 중재인이 그러한 사정을 이미 통지한 당사자에게 대하여는 그러하지 아니하다.

(2) 중재인은 그 자신의 공정성이나 독립성에 관하여 당연시되는 의심을 야기할 수 있 는 사정이 존재하거나 또는 당사자가 합의한 자격을 갖추지 못한 때에 한해 기피될 수 있다. 당사자는 자신이 선정하였거나 그 선정절차에 참여한 중재인에 대하여 선 정 후에 비로소 알게 된 사유에 의해서만 기피할 수 있다."

제26조　국제거래법위원회 모델중재법 제13조 (중재인의 기피절차)

(1) 국제거래법위원회 모델중재법 제13조의 전문은 다음과 같으며, 이는 이 법 제13조 제4 항의 제한을 받는다.

"제13조 중재인의 기피절차

(1) 본조 제3항의 제한 하에, 당사자들은 중재인 기피절차를 자유로이 합의할 수 있다.

(2) 제1항의 합의가 없는 경우에 중재인을 기피하고자 하는 당사자는 중재판정부가 구 성된 후 또는 제12조 제2항의 사정을 알게 된 후 15일 이내에 중재인기피사유를 진 술한 서면을 중재판정부에 송부하여야 한다. 기피당한 중재인이 그 직무로부터 사 퇴하지 아니하거나, 상대방 당사자가 그 기피신청에 동의하지 아니하는 한 중재판 정부는 그 기피신청에 관하여 결정하여야 한다.

(3) 당사자가 합의한 절차나 본조 제2항의 절차에 따라 기피신청이 받아들여지지 아니 하면, 기피신청한 당사자는 그 기피거절 결정의 통지를 받은 후 30일 이내에 제6조 에서 정한 법원이나 기타 기관에 기피에 대한 결정을 신청할 수 있다. 그 결정에 대

or other authority specified in article 6 to decide on the challenge, which decision shall be subject to no appeal; while such a request is pending, the arbitral tribunal, including the challenged arbitrator, may continue the arbitral proceedings and make an award.".

(2) During the period that a request for the Court to decide on a challenge is pending, the Court may refuse to grant leave under section 84 for the enforcement of any award made during that period by the arbitral tribunal that includes the challenged arbitrator.

(3) An arbitrator who is challenged under article 13(2) of the UNCITRAL Model Law, given effect to by subsection (1), is entitled, if the arbitrator considers it appropriate in the circumstances of the challenge, to withdraw from office as an arbitrator.

(4) The mandate of a challenged arbitrator terminates under article 13 of the UNCITRAL Model Law, given effect to by subsection (1), if—

(a) the arbitrator withdraws from office;

(b) the parties agree to the challenge;

(c) the arbitral tribunal upholds the challenge and no request is made for the Court to decide on the challenge; or

(d) the Court, upon request to decide on the challenge, upholds the challenge.

(5) If the Court upholds the challenge, the Court may set aside the award referred to in subsection (2).

Section 27 Article 14 of UNCITRAL Model Law (Failure or impossibility to act)

Article 14 of the UNCITRAL Model Law, the text of which is set out below, has effect subject to section 13(4)

"Article 14. Failure or impossibility to act

(1) If an arbitrator becomes de jure or de facto unable to perform his functions or for other reasons fails to act without undue delay, his mandate terminates if he withdraws from his office or if the parties agree on the termination. Otherwise, if a controversy remains concerning any of these grounds, any party may request the court or other authority specified in article 6 to decide on the termination of the mandate, which decision shall be subject to no appeal.

(2) If, under this article or article 13(2), an arbitrator withdraws from his office or a party agrees to the termination of the mandate of an arbitrator, this does not imply acceptance of the validity of any ground referred to in this article or article 12(2).".

Section 28 Article 15 of UNCITRAL Model Law (Appointment of substitute arbitrator)

Article 15 of the UNCITRAL Model Law, the text of which is set out below, has effect—

"Article 15. Appointment of substitute arbitrator

Where the mandate of an arbitrator terminates under article 13 or 14 or because of his

하여는 상소할 수 없으며 그러한 신청이 계속 중인 경우에도 기피신청의 대상이 된 중재인을 포함한 중재판정부는 중재절차를 속행하여 중재판정을 내릴 수 있다."

(2) 법원이 중재인에 대한 기피신청이 계류 중에, 법원은 제84조에 따라 해당 중재인이 포함된 중재판정부가 해당 기간에 내린 모든 중재판정에 대하여 집행을 거절할 수 있다.

(3) 제1항에 의하여 효력을 가지게 된 국제거래법위원회 모델중재법 제13조 제2항에서 언급한 기피신청 관련 중재인은 그 기피 상황에 적정하다고 판단되는 경우 중재자로서 중재판정부에서 탈퇴할 수 있다.

(4) 다음에 해당하는 경우, 기피신청 관련 중재인직은, 제1항에 의하여 효력이 부여된 국제거래법위원회 모델중재법 제13조에 의하여 종료된다.

   (a) 해당 중재인이 중재판정부에서 탈퇴하는 경우

   (b) 당사자들이 기피에 합의하는 경우

   (c) 중재판정부가 기피신청을 인정하고 동시에 법원에 기피신청에 대한 결정을 요청하는 당사자가 없는 경우

   (d) 법원이 해당 기피신청을 받아들이는 판결을 내린 경우.

(5) 법원이 기피신청을 받아들이는 판결을 내린 경우, 제2항에 근거한 중재판정을 취소할 수 있다.

제27조 국제거래법위원회 모델중재법 제14조 (중재인의 불이행 또는 이행불능)

국제거래법위원회 모델중재법 제14조의 전문은 다음과 같으며, 이는 이 법 제13조 제4항의 제한을 받는다.

"제14조 중재인의 불이행 또는 이행불능

(1) 중재인이 법률상 또는 사실상 자신의 직무를 이행할 수 없거나, 다른 사유로 인하여 적정기간에 직무를 수행하지 아니하는 경우에 그가 자진하여 사임하거나 당사자의 합의로써 중재인의 직무권한은 종료된다. 이러한 사유에 관하여 다툼이 있는 경우에 각 당사자는 제6조에 기재된 법원이나 기타 기관에 대하여 중재인의 권한종료에 관하여 결정할 것을 요청할 수 있으며 그 결정에 대하여는 상소할 수 없다.

(2) 이 조나 제13조 제2항에 따라 중재인이 자진하여 사임하거나 당사자가 중재인의 권한종료에 합의하였다 하더라도 이러한 사실이 이 조나 제12조 제2항에서 언급하고 있는 기피사유의 유효성을 인정하는 것을 의미하지는 아니한다."

제28조 국제거래법위원회 모델중재법 제15조 (보궐중재인의 선정)

국제거래법위원회 모델중재법 제15조는 다음의 규정된 내용으로 효력을 가진다.

"제15조 보궐중재인의 선정

제13조나 제14조에 따라 또는 기타 사유로 인하여 중재인이 자진하여 사임하거나 또는

withdrawal from office for any other reason or because of the revocation of his mandate by agreement of the parties or in any other case of termination of his mandate, a substitute arbitrator shall be appointed according to the rules that were applicable to the appointment of the arbitrator being replaced.".

Section 29   Death of arbitrator or person appointing arbitrator

(1) The authority of an arbitrator is personal and the mandate of the arbitrator terminates on the arbitrator's death.

(2) Unless otherwise agreed by the parties, the death of the person by whom an arbitrator was appointed does not revoke the arbitrator's authority.

Section 30   Appointment of umpire

In an arbitration with an even number of arbitrators, the arbitrators may, unless otherwise agreed by the parties, appoint an umpire at any time after they are themselves appointed.

Section 31   Functions of umpire in arbitral proceedings

(1) The parties are free to agree what the functions of an umpire are to be and, in particular—

(a) whether the umpire is to attend the arbitral proceedings; and

(b) when, and the extent to which, the umpire is to replace the arbitrators as the arbitral tribunal with the power to make orders, directions and awards.

(2) If or to the extent that there is no such agreement of the parties, the arbitrators are free to agree on the functions of the umpire.

(3) Subsections (4) to (11) apply subject to any agreement of the parties or the arbitrators.

(4) After an umpire is appointed, the umpire must attend the arbitral proceedings.

(5) The umpire must be supplied with the same documents and other materials as are supplied to the arbitrators.

(6) Orders, directions and awards are to be made by the arbitrators unless, subject to subsection (9), the arbitrators cannot agree on a matter relating to the dispute submitted to arbitration.

(7) If the arbitrators cannot agree on a matter relating to the dispute submitted to arbitration, they must forthwith give notice of that fact in writing to the parties and the umpire, in which case the umpire is to replace the arbitrators as the arbitral tribunal with the power to make orders, directions and awards, in respect of that matter only, subject to subsection (9)(b), as if the umpire were the sole arbitrator.

(8) If the arbitrators cannot agree on a matter relating to the dispute submitted to arbitration but—

(a) they fail to give notice of that fact; or

당사자의 합의로 중재인의 권한이 취소되었거나 기타 사유로 인하여 중재인직이 종료되는 경우에 보궐중재인은 대체되는 중재인의 선정에 적용되었던 규칙에 따라 선정되어야 한다."

제29조 중재인 혹은 선정중재인의 사망

(1) 중재인의 권한이 개인적이며 중재인직은 중재인의 사망시 종료된다.

(2) 당사자들 간에 별도의 합의가 없는 한, 중재인의 권한은 그 사망으로 인하여 소멸되지 않는다.

제30조 중재심판관(umpire)의 선정

당사자들 간에 별도의 합의가 있는 경우를 제외하고, 중재인이 짝수인 중재에서 선정된 중재인들은 언제든지 1인의 중재심판관을 선정할 수 있다.

제31조 중재절차 중에서 중재심판관의 역할

(1) 당사자들은 중재심판관의 역할에 관하여 합의할 자유가 있다. 특히

　　(a) 중재심판관의 중재절차에 참석여부 그리고

　　(b) 중재심판관이 언제, 그리고 어떠한 범위 내에서 중재인을 대신하여 중재판정부로서, 명령, 지시와 중재판정을 내릴 권한.

(2) 만약 당사자들 간에 이 같은 합의가 없거나 혹은 그 범위에 관한 합의가 없는 경우, 중재인들은 중재심판관의 역할에 관하여 자유롭게 합의할 수 있다.

(3) 당사자들 사이 또는 중재인들 사이의 다른 합의의 제한하에 제4항부터 제11항까지의 규정을 적용한다.

(4) 중재심판관이 선정된 후, 중재심판관은 중재절차에 참석하여야 한다.

(5) 만일 중재인이 문서와 기타 자료들을 제공받으면 중재심판관도 동일한 문서와 자료들을 제공받아야 한다.

(6) 제9항의 제한하에, 중재인들이 중재에 회부한 분쟁사안에 관하여 일치한 의견을 취득하지 못한 경우가 아니라면, 모든 명령이나 지시와 중재판정은 중재인들이 내려야 한다.

(7) 만약 중재인들이 중재에 회부한 분쟁사안에 관하여 일치한 의견을 취득하지 못한 경우, 반드시 서면으로 이러한 사실을 당사자들과 중재심판관에게 신속히 통지하여야 한다. 이러한 상황에서 중재심판관은 오직 해당 사안에 관하여서만 중재인을 대신하여 중재판정부로서 명령, 지시와 중재판정을 내릴 권한이 있다. 이러한 경우, 중재심판관은 단독중재인과 같다.

(8) 만약 중재인들이 중재에 회부한 분쟁사안에 관하여 일치한 의견을 취득하지 못하였지만

　　(a) 그들이 해당 사실을 통지하지 않았거나 또는

(b) any of them fails to join in the giving of notice, any party may apply to the Court which may decide that the umpire is to replace the arbitrators as the arbitral tribunal with the power to make orders, directions and awards, in respect of that matter only, as if the umpire were the sole arbitrator.

(9) Despite the replacement by the umpire as the arbitral tribunal in respect of a matter, on which the arbitrators cannot agree, relating to the dispute submitted to arbitration, the arbitrators may—

(a) still make orders, directions and awards in respect of the other matters relating to the dispute if they consider that it would save costs by doing so; or

(b) refer the entirety of the dispute to the umpire for arbitration.

(10) For the purposes of this section, the arbitrators cannot agree on a matter relating to the dispute submitted to arbitration if any one of the arbitrators, in that arbitrator's view, disagrees with the other arbitrator or any of the other arbitrators over that matter.

(11) A decision of the Court under subsection (8) is not subject to appeal.

Division 2 Mediators

Section 32   Appointment of mediator L.N. 38 of 2011 01/06/2011

(1) If—

(a) any arbitration agreement provides for the appointment of a mediator by a person who is not one of the parties; and

(b) that person—

    (i)   refuses to make the appointment; or

    (ii) does not make the appointment within the time specified in the arbitration agreement or, if no time is so specified, within a reasonable time after being requested by any party to make the appointment,

the HKIAC may, on the application of any party, appoint a mediator.

(2) An appointment made by the HKIAC under subsection (1) is not subject to appeal.

(3) If any arbitration agreement provides for the appointment of a mediator and further provides that the person so appointed is to act as an arbitrator in the event that no settlement acceptable to the parties can be reached in the mediation proceedings—

(a) no objection may be made against the person's acting as an arbitrator, or against the person's conduct of the arbitral proceedings, solely on the ground that the person had acted previously as a mediator in connection with some or all of the matters relating to the dispute submitted to arbitration; or

(b) if the person declines to act as an arbitrator, any other person appointed as an arbitrator is not required first to act as a mediator unless it is otherwise expressed in the arbitration agreement.

(b) 그들 중 어느 중재인이 통지에 관하여 참석하지 않는 경우

어느 당사자이든지 법원에 신청을 제출할 수 있으며, 법원은 다음의 결정을 내릴 수 있다. 즉, 중재심판관은 마치 단독중재인과 같이 오직 해당 사안에 관하여 중재인을 대신하여 중재판정부로서 명령, 지시와 중재판정을 내릴 권한이 있다.

(9) 중재인들이 중재에 회부한 분쟁사안에 관하여 합의에 이르지 못한 경우, 비록 중재심판관이 중재판정부를 대신하더라도, 중재인들은

(a) 만약 중재인들이 분쟁에 관한 기타 사안에 관하여 명령, 지시와 중재판정을 내리는 것이 비용을 절감할 것이라고 판단하면, 그러한 명령, 지시와 중재판정을 내리거나 또는

(b) 전체 분쟁을 중재심판관에게 회부하여 중재하도록 할 수 있다.

(10) 이 조의 시행을 위하여, 만약 어느 중재인이 그 중재인의 관점에서 다른 중재인과 동의하지 않는 경우 중재인들은 중재에 제기된 분쟁에 관련한 문제에 대하여 합의할 수 없다.

(11) 제8항 따른 법원의 결정에 대하여 상소를 제기할 수 없다.

제2절 　 조정인

제32조 　 조정인의 선정

(1) 만일

(a) 중재합의 중에서 합의의 당사자 일방이 아닌 자가 조정인을 선정할 것이라 정한 경우

(b) 해당 일방 당사자는

(i) 그러한 선정을 할 것을 거절하거나, 또는

(ii) 중재합의에서 정한 기간 내에 그러한 선정을 하지 않았거나 또는 만약 합의 중에 기간을 약정하지 않은 경우, 일방이 관련 선정을 요청한 후 합리적인 기간 내에 그러한 선정을 하지 않았을 경우

홍콩국제중재센터는 어느 일방의 신청에 따라 조정인을 선정할 수 있다.

(2) 누구든지 홍콩국제중재센터가 제1항에 근거한 선정에 대하여 상소를 제기할 수 없다.

(3) 만일 어느 중재합의 중에서 조정인의 선임을 약정하였고 나아가 조정절차 중에서 당사자들이 받아들일 수 있는 화해에 이르지 못한 경우에는 선임된 조정인이 중재인으로서 행위한다고 합의한 경우

(a) 단지 해당 조정인이 중재에 회부한 분쟁의 일부 혹은 전부의 사안에 관하여 전에 조정인이었다는 이유로 그가 중재인으로 선정되거나 중재절차를 진행하는 것에 반대하여서는 아니 된다. 또는

(b) 만일 그가 중재인으로 선정된 것을 거절하면 중재합의에 다른 의사가 없는 한, 기타 선정된 중재인은 사전에 조정인으로 될 필요는 없다.

Section 33   Power of arbitrator to act as mediator

(1) If all parties consent in writing, and for so long as no party withdraws the party's consent in writing, an arbitrator may act as a mediator after the arbitral proceedings have commenced.

(2) If an arbitrator acts as a mediator, the arbitral proceedings must be stayed to facilitate the conduct of the mediation proceedings.

(3) An arbitrator who is acting as a mediator—

    (a) may communicate with the parties collectively or separately; and

    (b) must treat the information obtained by the arbitrator from a party as confidential, unless otherwise agreed by that party or unless subsection (4) applies.

(4) If—

    (a) confidential information is obtained by an arbitrator from a party during the mediation proceedings conducted by the arbitrator as a mediator; and

    (b) those mediation proceedings terminate without reaching a settlement acceptable to the parties, the arbitrator must, before resuming the arbitral proceedings, disclose to all other parties as much of that information as the arbitrator considers is material to the arbitral proceedings.

(5) No objection may be made against the conduct of the arbitral proceedings by an arbitrator solely on the ground that the arbitrator had acted previously as a mediator in accordance with this section.

Part 5   JURISDICTION OF ARBITRAL TRIBUNAL

Section 34   Article 16 of UNCITRAL Model Law (Competence of arbitral tribunal to rule on its jurisdiction)

(1) Article 16 of the UNCITRAL Model Law, the text of which is set out below, has effect subject to section 13(5)—

"Article 16. Competence of arbitral tribunal to rule on its jurisdiction

(1) The arbitral tribunal may rule on its own jurisdiction, including any objections with respect to the existence or validity of the arbitration agreement. For that purpose, an arbitration clause which forms part of a contract shall be treated as an agreement independent of the other terms of the contract. A decision by the arbitral tribunal that the contract is null and void shall not entail ipso jure the invalidity of the arbitration clause.

(2) A plea that the arbitral tribunal does not have jurisdiction shall be raised not later than the submission of the statement of defence. A party is not precluded from raising such a plea by the fact that he has appointed, or participated in the appointment of, an arbitrator.

제33조 중재인이 조정인으로서의 권한

(1) 만일 당사자들이 서면으로 동의하면 중재인은 중재절차 개시 후 당사자 중 일방이 서면으로 해당 동의를 철회할 때까지 조정인으로 행위할 수 있다.

(2) 만일 중재인이 조정인으로 전환하면 조정절차의 진행을 위하여 중재절차는 중지되어야 한다.

(3) 조정인으로 행위하는 중재인은

    (a) 당사자들과 단체로 혹은 개별적으로 연락을 취할 수도 있다. 그리고

    (b) 그가 어느 일방으로부터 취득한 정보를 비밀로 취급하여야 한다. 다만 해당 정보 관련 당사자가 동의하거나 제4항을 적용하는 경우는 예외로 한다.

(4) 만일

    (a) 중재인이 조정인의 신분으로 조정절차 진행 중 일방 당사자로부터 취득한 비밀정보와

    (b) 해당 조정절차가 당사자들의 화해를 달성하지 못하고 종료된 경우

    해당 중재인은 중재절차를 회복하기 전에 모든 당사자들에게 관련 정보 중 중재절차에서 핵심적 역할을 할 것이라고 판단되는 정보를 공개해야 한다.

(5) 단지 중재인이 이 조의 규정에 따라 전에 조정인으로 행위하였었다는 이유로 해당 중재인이 중재절차를 진행하는 것에 반대하여서는 아니 된다.

제5편 중재판정부의 관할권

제34조 국제거래법위원회 모델중재법 제16조 (자신의 관할에 관한 중재판정부의 결정권한)

(1) 제13조 제5항의 제한 하에, 국제거래법위원회 모델중재법 제16조는 다음의 규정된 내용으로 효력을 가진다.

"제16조 자신의 관할에 관한 중재판정부의 결정권한

    (1) 중재판정부는 중재합의의 존부 또는 유효성에 관한 이의를 포함하여 자신의 관할을 결정할 권한을 가진다. 그러한 규정의 적용상 계약의 일부를 이루는 중재조항은 그 계약의 다른 조항과는 독립된 합의로 취급하여야 한다. 중재판정부에 의한 계약무효의 결정은 법률상 당연히 중재조항의 부존재 내지 무효를 의미하는 것은 아니다.

    (2) 중재판정부가 관할권을 가지고 있지 않다는 항변은 늦어도 답변서를 제출할 때까지 제기되어야 한다. 당사자의 이러한 항변은 자신이 중재인을 선정하였거나 또는 중재인의 선정에 참여하였다는 사실 때문에 배제되지 아니한다. 중재판정부가 그

A plea that the arbitral tribunal is exceeding the scope of its authority shall be raised as soon as the matter alleged to be beyond the scope of its authority is raised during the arbitral proceedings. The arbitral tribunal may, in either case, admit a later plea if it considers the delay justified.

(3) The arbitral tribunal may rule on a plea referred to in paragraph (2) of this article either as a preliminary question or in an award on the merits. If the arbitral tribunal rules as a preliminary question that it has jurisdiction, any party may request, within thirty days after having received notice of that ruling, the court specified in article 6 to decide the matter, which decision shall be subject to no appeal; while such a request is pending, the arbitral tribunal may continue the arbitral proceedings and make an award.".

(2) The power of the arbitral tribunal to rule on its own jurisdiction under subsection (1) includes the power to decide as to—

(a) whether the tribunal is properly constituted; or

(b) what matters have been submitted to arbitration in accordance with the arbitration agreement.

(3) If a dispute is submitted to arbitration in accordance with an arbitration agreement and a party—

(a) makes a counter-claim arising out of the same dispute; or

(b) relies on a claim arising out of that dispute for the purposes of a set-off, the arbitral tribunal has jurisdiction to decide on the counter-claim or the claim so relied on only to the extent that the subject matter of that counter-claim or that claim falls within the scope of the same arbitration agreement.

(4) A ruling of the arbitral tribunal that it does not have jurisdiction to decide a dispute is not subject to appeal.

(5) Despite section 20, if the arbitral tribunal rules that it does not have jurisdiction to decide a dispute, the court must, if it has jurisdiction, decide that dispute.

Part 6 INTERIM MEASURES AND PRELIMINARY ORDERS

Division 1   Interim measures

Section 35   Article 17 of UNCITRAL Model Law (Power of arbitral tribunal to order interim measures)

(1) Article 17 of the UNCITRAL Model Law, the text of which is set out below, has effect—
"Article 17. Power of arbitral tribunal to order interim measures

직무권한의 범위를 벗어났다는 항변은 그러한 권한유월이 주장되는 사항이 중재절차 진행 중에 제출된 즉시 제기되어야 한다. 중재판정부는 시기에 늦게 제출된 항변에 대해서도 그 지연이 정당하다고 인정하는 경우에는 이를 허용할 수 있다.

(3) 중재판정부는 이 조 제2항의 항변에 관하여 선결문제로서 또는 본안에 관한 중재판정에서 결정할 수 있다. 중재판정부가 선결문제로서 자신의 관할권이 있음을 결정하는 경우에 당사자는 당해 결정의 통지를 받은 후 30일 이내에 제6조에 명시된 법원에 대하여 당해 사항을 결정해 줄 것을 신청할 수 있으며 그 결정에 대하여는 불복할 수 없다. 이러한 신청이 계류 중인 경우에도 중재판정부는 중재절차를 속행하여 중재판정을 내릴 수 있다."

(2) 중재판정부가 제1항에 따라 자신의 관할권에 대하여 결정을 내리는 권한은 다음을 포함한다.

(a) 중재판정부가 적절하게 구성되었는지를 판단하는 권한이나, 또는

(b) 중재합의에 따라 어떠한 사안을 중재에 회부하는 권한.

(3) 만약 중재합의에 따라 분쟁을 중재에 회부하였으며 일방 당사자가

(a) 동일한 분쟁에서 발생한 반대신청을 제기하거나, 또는

(b) 상계의 목적으로 해당 분쟁에서 발생한 신청을 필요로 하는 경우

중재판정부는 반대신청 또는 신청에 대하여 결정권이 있다. 다만 해당 권한은 반대신청 또는 신청의 목적물이 동일 중재합의 범위 내에서만 행사할 수 있다.

(4) 중재판정부가 분쟁에 대하여 관할권이 없다고 결정을 내린 경우, 그 결정에 대하여 불복할 수 없다.

(5) 제20조의 규정에도 불구하고, 만약 중재판정부가 관련 분쟁에 대하여 관할권이 없다는 결정을 내리면, 법원은 관할권이 있는 경우 해당 분쟁에 관하여 결정을 내려야 한다.

제6편　임시적 처분과 예비적 명령

제1절　임시적 처분

제35조　국제거래법위원회 모델중재법 제17조 (중재판정부의 임시적 처분권)

(1) 국제거래법위원회 모델중재법 제17조는 다음의 규정된 내용으로 효력을 가진다.

"제17조 중재판정부의 임시적 처분권

(1) Unless otherwise agreed by the parties, the arbitral tribunal may, at the request of a party, grant interim measures.

(2) An interim measure is any temporary measure, whether in the form of an award or in another form, by which, at any time prior to the issuance of the award by which the dispute is finally decided, the arbitral tribunal orders a party to:

    (a) Maintain or restore the status quo pending determination of the dispute;

    (b) Take action that would prevent, or refrain from taking action that is likely to cause, current or imminent harm or prejudice to the arbitral process itself;

    (c) Provide a means of preserving assets out of which a subsequent award may be satisfied; or

    (d) Preserve evidence that may be relevant and material to the resolution of the dispute.".

(2) An interim measure referred to in article 17 of the UNCITRAL Model Law, given effect to by subsection (1), is to be construed as including an injunction but not including an order under section 56.

(3) If an arbitral tribunal has granted an interim measure, the tribunal may, on the application of any party, make an award to the same effect as the interim measure.

Section 36   Article 17A of UNCITRAL Model Law (Conditions for granting interim measures)

Article 17A of the UNCITRAL Model Law, the text of which is set out below, has effect—

"Article 17A. Conditions for granting interim measures

(1) The party requesting an interim measure under article 17(2)(a), (b) and (c) shall satisfy the arbitral tribunal that:

    (a) Harm not adequately reparable by an award of damages is likely to result if the measure is not ordered, and such harm substantially outweighs the harm that is likely to result to the party against whom the measure is directed if the measure is granted; and

    (b) There is a reasonable possibility that the requesting party will succeed on the merits of the claim. The determination on this possibility shall not affect the discretion of the arbitral tribunal in making any subsequent determination.

(2) With regard to a request for an interim measure under article 17(2)(d), the requirements in paragraphs (1)(a) and (b) of this article shall apply only to the extent the arbitral tribunal considers appropriate.".

(1) 당사자 간에 다른 합의가 없는 경우에, 중재판정부는 어느 한쪽 당사자의 신청에 따라 임시적 처분을 내릴 수 있다.

(2) 임시적 처분이란 중재판정부가 중재판정의 형식 또는 기타의 방식으로 중재판정이 내려지기 전 어느 한쪽 당사자에게 다음의 내용을 이행하도록 명하는 잠정적 조치를 말한다.

(a) 분쟁이 종결되기 전까지 현상의 유지 또는 복원

(b) 중재절차를 훼손하는 행위를 방지하거나 금지토록 하는 조치

(c) 중재판정의 이행에 필요한 자산을 보전할 수 있는 수단의 제공

(d) 분쟁의 해결과 밀접한 관련이 있는 증거의 보전."

(2) 국제거래법위원회 모델중재법 제17조는 제1항에 기하여 효력을 가지며 그 중 임시적 처분이란 강제명령을 포함하지만 제56조에서 언급한 명령은 포함하지 않는다고 해석해야 한다.

(3) 만약 중재판정부에서 임시적 처분을 승인한 경우, 해당 중재판정부는 일방 당사자의 요청에 따라 임시적 처분으로서 동등한 효력을 가진 중재판정을 내릴 수 있다.

제36조　국제거래법위원회 모델중재법 제17A조 (임시적 처분의 허용조건)

국제거래법위원회 모델중재법 제17A조는 다음의 규정된 내용으로 효력을 가진다.

"제17A조 임시적 처분의 허용조건

(1) 제17조 제2항 제a호, 제b호, 제c호에 따른 임시적 처분을 신청하는 당사자는 중재판정부에 다음을 입증하여야 한다.

(a) 임시적 처분이 거부될 경우 손해배상을 명하는 중재판정만으로는 회복할 수 없는 손해가 발생할 가능성이 있고 그러한 손해는 임시적 처분이 내려짐으로써 상대방 당사자가 입을 손해보다 크다는 점

(b) 임시적 처분을 신청하는 당사자가 본안에서 승소할 가능성이 높다는 점. 다만, 그러한 가능성에 대한 판단은, 중재판정부가 추후 다른 판단을 할 수 있는 재량에 영향을 미치지 아니한다.

(2) 제17조 제2항 제d호에 따른 임시적 처분의 신청과 관련하여, 동 조 제1항 제a호 및 제b호의 요건은 중재판정부가 적절하다고 판단하는 범위 내에서만 적용된다."

Division 2   Preliminary orders

Section 37   Article 17B of UNCITRAL Model Law (Applications for preliminary orders and conditions for granting preliminary orders)

Article 17B of the UNCITRAL Model Law, the text of which is set out below, has effect—

"Article 17B. Applications for preliminary orders and conditions for granting preliminary orders

(1) Unless otherwise agreed by the parties, a party may, without notice to any other party, make a request for an interim measure together with an application for a preliminary order directing a party not to frustrate the purpose of the interim measure requested.

(2) The arbitral tribunal may grant a preliminary order provided it considers that prior disclosure of the request for the interim measure to the party against whom it is directed risks frustrating the purpose of the measure.

(3) The conditions defined under article 17A apply to any preliminary order, provided that the harm to be assessed under article 17A(1)(a), is the harm likely to result from the order being granted or not.".

Section 38   Article 17C of UNCITRAL Model Law (Specific regime for preliminary orders)

Article 17C of the UNCITRAL Model Law, the text of which is set out below, has effect—

"Article 17C. Specific regime for preliminary orders

(1) Immediately after the arbitral tribunal has made a determination in respect of an application for a preliminary order, the arbitral tribunal shall give notice to all parties of the request for the interim measure, the application for the preliminary order, the preliminary order, if any, and all other communications, including by indicating the content of any oral communication, between any party and the arbitral tribunal in relation thereto.

(2) At the same time, the arbitral tribunal shall give an opportunity to any party against whom a preliminary order is directed to present its case at the earliest practicable time.

(3) The arbitral tribunal shall decide promptly on any objection to the preliminary order.

(4) A preliminary order shall expire after twenty days from the date on which it was issued by the arbitral tribunal. However, the arbitral tribunal may issue an interim measure adopting or modifying the preliminary order, after the party against whom the preliminary order is directed has been given notice and an opportunity to present its case.

(5) A preliminary order shall be binding on the parties but shall not be subject to enforcement by a court. Such a preliminary order does not constitute an award.".

제2절 예비적 명령

제37조 국제거래법위원회 모델중재법 제17B조 (예비적 명령의 신청 및 허용 조건)

국제거래법위원회 모델중재법 제17B조는 다음의 규정된 내용으로 효력을 가진다.

"제17B조 예비적 명령의 신청 및 허용 조건

(1) 당사자 간에 다른 합의가 없는 경우에, 어느 한쪽 당사자는 상대방 당사자에 대한 통지 없이 임시적 처분의 신청과 함께, 당사자가 그러한 임시적 처분의 목적을 훼손시키지 못하도록 하는 예비적 명령을 신청할 수 있다.

(2) 임시적 처분 신청의 사실을 처분의 상대방 당사자에게 사전에 공개하면 그 목적이 훼손될 것이라 판단하는 경우 중재판정부는 예비적 명령을 내릴 수 있다.

(3) 제17A조 제1항 제a호의 손해가 예비적 명령의 허용 여부에 따라 발생하는 손해인 경우, 제17A조에 규정된 조건은 모든 예비적 명령에 적용된다."

제38조 국제거래법위원회 모델중재법 제17C조 (예비적 명령에 관한 특별규정)

국제거래법위원회 모델중재법 제17C조는 다음의 규정된 내용으로 효력을 가진다.

"제17C조 예비적 명령에 관한 특별규정

(1) 중재판정부는 예비적 명령 신청에 관한 결정을 내린 후 즉시, 모든 당사자에게 임시적 처분 또는 예비적 명령의 신청 사실, 예비적 명령을 허용하는 경우 그 내용 그리고 이와 관련하여 당사자와 중재판정부 간에 있었던 구두대화 내용을 포함한 모든 통신 내용을 고지하여야 한다.

(2) 동시에 중재판정부는 예비적 명령의 상대방 당사자에게 가능한 조속한 시일 내에 자신의 입장을 진술할 기회를 부여하여야 한다.

(3) 중재판정부는 예비적 명령에 대한 이의에 관하여 즉시 결정하여야 한다.

(4) 예비적 명령은 중재판정부가 명령을 내린 날로부터 20일이 경과하면 효력이 상실한다. 그러나 중재판정부는 예비적 명령의 상대방 당사자가 통지를 수령하고 자신의 입장을 진술할 기회를 부여 받은 뒤에는 예비적 명령을 인용하거나 또는 수정하는 임시적 처분을 내릴 수 있다.

(5) 예비적 명령은 당사자들을 구속하나, 법원에 의한 집행의 대상이 되지 아니한다. 이러한 예비적 명령은 중재판정에 해당하지 아니한다."

Division 3   Provisions applicable to interim measures and preliminary orders

Section 39   Article 17D of UNCITRAL Model Law (Modification, suspension, termination)

Article 17D of the UNCITRAL Model Law, the text of which is set out below, has effect—
"Article 17D. Modification, suspension, termination
The arbitral tribunal may modify, suspend or terminate an interim measure or a preliminary order it has granted, upon application of any party or, in exceptional circumstances and upon prior notice to the parties, on the arbitral tribunal's own initiative.".

Section 40   Article 17E of UNCITRAL Model Law (Provision of security)

Article 17E of the UNCITRAL Model Law, the text of which is set out below, has effect—
"Article 17E. Provision of security
(1) The arbitral tribunal may require the party requesting an interim measure to provide appropriate security in connection with the measure.
(2) The arbitral tribunal shall require the party applying for a preliminary order to provide security in connection with the order unless the arbitral tribunal considers it inappropriate or unnecessary to do so.".

Section 41   Article 17F of UNCITRAL Model Law (Disclosure)

Article 17F of the UNCITRAL Model Law, the text of which is set out below, has effect—
"Article 17F. Disclosure
(1) The arbitral tribunal may require any party promptly to disclose any material change in the circumstances on the basis of which the measure was requested or granted.
(2) The party applying for a preliminary order shall disclose to the arbitral tribunal all circumstances that are likely to be relevant to the arbitral tribunal's determination whether to grant or maintain the order, and such obligation shall continue until the party against whom the order has been requested has had an opportunity to present its case. Thereafter, paragraph (1) of this article shall apply.".

Section 42   Article 17G of UNCITRAL Model Law (Costs and damages)

Article 17G of the UNCITRAL Model Law, the text of which is set out below, has effect—
"Article 17G. Costs and damages
The party requesting an interim measure or applying for a preliminary order shall be liable for any costs and damages caused by the measure or the order to any party if the arbitral tribunal later determines that, in the circumstances, the measure or the order should not have been granted. The arbitral tribunal may award such costs and damages at any point during the proceedings.".

제3절 임시적 처분 및 예비적 명령에 적용할 규정

제39조 국제거래법위원회 모델중재법 제17D조 (수정, 중지, 종료)

국제거래법위원회 모델중재법 제17D조는 다음의 규정된 내용으로 효력을 가진다.

"제17D조 수정, 중지, 종료

중재판정부는 일방당사자의 신청에 따라 또는 예외적인 경우 당사자들에게 사전 고지한 후 이미 내린 임시적 처분 또는 예비적 명령을 직권으로 수정, 중지 또는 종료할 수 있다."

제40조 국제거래법위원회 모델중재법 제17E조 (담보의 제공)

국제거래법위원회 모델중재법 제17E조는 다음의 규정된 내용으로 효력을 가진다.

"제17E조 담보의 제공

(1) 중재판정부는 임시적 처분을 신청하는 당사자에게 적절한 담보를 제공하도록 요구할 수 있다.

(2) 중재판정부는 예비적 명령의 신청인에게 당해 명령과 관련하여 담보를 제공하도록 요구할 수 있다. 다만, 중재판정부가 적절하지 않다거나 필요하지 않다고 판단하는 경우에는 그러하지 아니하다."

제41조 국제거래법위원회 모델중재법 제17F조 (공개)

국제거래법위원회 모델중재법 제17F조는 다음의 규정된 내용으로 효력을 가진다.

"제17F조 공개

(1) 중재판정부는 당사자에게 임시적 처분의 신청 및 허용의 기초가 된 사정에 중대한 변경이 발생한 경우, 즉시 이를 공개하도록 요구할 수 있다.

(2) 예비적 명령의 신청인은 중재판정부가 이를 허용 또는 유지할지 여부를 판단하는 데 관련되는 모든 사정을 중재판정부에게 공개하여야 하며 이러한 공개 의무는 예비적 명령의 상대방 당사자가 자신의 입장을 진술할 기회를 부여 받을 때까지 지속된다. 그 이후에는 이 조 제1항이 적용된다."

제42조 국제거래법위원회 모델중재법 제17G조 (비용 및 손해배상)

국제거래법위원회 모델중재법 제17G조는 다음의 규정된 내용으로 효력을 가진다.

"제17G조 비용 및 손해배상

중재판정부가 추후에 해당 임시적 처분과 예비적 명령을 같은 상황이라면 내려지지 않았어야 할 것이라고 판단하는 경우에는 임시적 처분 또는 예비적 명령을 신청한 당사자는 다른 당사자들이 그러한 임시적 처분 또는 예비적 명령으로 인하여 입은 제반 비용과 손해를 배상하여야 한다. 중재판정부는 그러한 비용 및 손해에 대하여 중재절차의 어느 단계에서든 판정을 내릴 수 있다."

Division 4   Recognition and enforcement of interim measures

Section 43   Article 17H of UNCITRAL Model Law (Recognition and enforcement)

Section 61 has effect in substitution for article 17H of the UNCITRAL Model Law.

Section 44   Article 17I of UNCITRAL Model Law (Grounds for refusing recognition or enforcement)

Article 17I of the UNCITRAL Model Law does not have effect.

Division 5   Court-ordered interim measures

Section 45   Article 17J of UNCITRAL Model Law (Court-ordered interim measures)

(1) Article 17J of the UNCITRAL Model Law does not have effect.

(2) On the application of any party, the Court may, in relation to any arbitral proceedings which have been or are to be commenced in or outside Hong Kong, grant an interim measure.

(3) The powers conferred by this section may be exercised by the Court irrespective of whether or not similar powers may be exercised by an arbitral tribunal under section 35 in relation to the same dispute.

(4) The Court may decline to grant an interim measure under subsection (2) on the ground that—

(a) the interim measure sought is currently the subject of arbitral proceedings; and

(b) the Court considers it more appropriate for the interim measure sought to be dealt with by the arbitral tribunal.

(5) In relation to arbitral proceedings which have been or are to be commenced outside Hong Kong, the Court may grant an interim measure under subsection (2) only if—

(a) the arbitral proceedings are capable of giving rise to an arbitral award (whether interim or final) that may be enforced in Hong Kong under this Ordinance or any other Ordinance; and

(b) the interim measure sought belongs to a type or description of interim measure that may be granted in Hong Kong in relation to arbitral proceedings by the Court.

(6) Subsection (5) applies even if—

(a) the subject matter of the arbitral proceedings would not, apart from that subsection, give rise to a cause of action over which the Court would have jurisdiction; or

(b) the order sought is not ancillary or incidental to any arbitral proceedings in Hong Kong.

(7) In exercising the power under subsection (2) in relation to arbitral proceedings outside Hong Kong, the Court must have regard to the fact that the power is—

(a) ancillary to the arbitral proceedings outside Hong Kong; and

제4절   임시적 처분의 승인 및 집행

제43조   국제거래법위원회 모델중재법 제17H조 (승인 및 집행)

제61조는 국제거래법위원회 모델중재법 제17H조를 대신하여 효력을 가진다.

제44조   국제거래법위원회 모델중재법 제17I조 (승인 또는 집행의 거부사유)

국제거래법위원회 모델중재법 제17I조는 효력을 갖지 아니한다.

제5절   법원이 내린 임시적 처분

제45조   국제거래법위원회 모델중재법 제17J조 (법원이 내린 임시적 처분)

(1) 국제거래법위원회 모델중재법 제17J조는 효력을 갖지 아니한다.

(2) 법원은 일방 당사자의 신청에 의하여 홍콩 혹은 홍콩 이외의 지역에서 이미 진행하고 있는 또는 진행할 중재절차에 관하여 임시적 처분을 내릴 수 있다.

(3) 중재판정부가 제35조에 근거하여 동일한 분쟁에 대하여 유사한 권한을 행사할 수 있는 지와 관계없이 법원은 이 조에서 수여한 권한을 행사할 수 있다.

(4) 법원은 다음을 이유로 제2항에 규정한 임시적 처분을 거절할 수 있다.

    (a) 임시적 처분이 청구 시 중재절차의 목적물인 경우, 그리고

    (b) 법원이 임시적 처분을 중재판정부에서 결정하는 것이 더욱 적절하다고 판단한 경우.

(5) 법원은 오직 다음에 해당하는 경우에만 제2항에 근거하여 홍콩 이외의 지역에서 이미 진행하고 있는 또는 진행할 중재절차에 관하여 임시적 처분을 내릴 수 있다.

    (a) 해당 중재절차가 이 조례 또는 기타 조례에 의하여 홍콩에서 집행될 수 있는 (임시적 중재판정이건 최종중재판정이건 관계없이) 중재판정을 내릴 수 있으며 그리고

    (b) 청구한 임시적 처분은 법원이 홍콩에서 진행하는 중재에 있어서 내릴 수 있는 임시적 처분의 유형과 종류에 속하는 경우.

(6) 다음의 경우가 존재하더라도 제5항은 적용된다.

    (a) 중재절차의 목적물인 사안이 그 조항과 별개로 법원의 사법관할권 내의 소송사유를 야기하지 않는 경우, 또는

    (b) 청구한 명령은 홍콩에서 진행하는 중재절차에 부속 혹은 부가된 것이 아닌 경우.

(7) 제2항에 근거하여 홍콩 이외의 지역에서 진행하는 중재에 대하여 권한을 행사하는 경우, 법원은 다음의 사실을 고려하여야 한다.

    (a) 해당 권한은 홍콩 이외의 지역에서 진행하는 중재절차에 부속되어 있다. 그리고

(b) for the purposes of facilitating the process of a court or arbitral tribunal outside Hong Kong that has primary jurisdiction over the arbitral proceedings.

(8) The Court has the same power to make any incidental order or direction for the purposes of ensuring the effectiveness of an interim measure granted in relation to arbitral proceedings outside Hong Kong as if the interim measure were granted in relation to arbitral proceedings in Hong Kong.

(9) An interim measure referred to in subsection (2) means an interim measure referred to in article 17(2) of the UNCITRAL Model Law, given effect to by section 35(1), as if—

(a) a reference to the arbitral tribunal in that article were the court; and

(b) a reference to arbitral proceedings in that article were court proceedings,

and is to be construed as including an injunction but not including an order under section 60.

(10) A decision, order or direction of the Court under this section is not subject to appeal.

Part 7 CONDUCT OF ARBITRAL PROCEEDINGS

Section 46   Article 18 of UNCITRAL Model Law (Equal treatment of parties)

(1) Subsections (2) and (3) have effect in substitution for article 18 of the UNCITRAL Model Law.

(2) The parties must be treated with equality.

(3) When conducting arbitral proceedings or exercising any of the powers conferred on an arbitral tribunal by this Ordinance or by the parties to any of those arbitral proceedings, the arbitral tribunal is required—

(a) to be independent;

(b) to act fairly and impartially as between the parties, giving them a reasonable opportunity to present their cases and to deal with the cases of their opponents; and

(c) to use procedures that are appropriate to the particular case, avoiding unnecessary delay or expense, so as to provide a fair means for resolving the dispute to which the arbitral proceedings relate.

Section 47   Article 19 of UNCITRAL Model Law (Determination of rules of procedure)

(1) Article 19(1) of the UNCITRAL Model Law, the text of which is set out below, has effect—

"Article 19. Determination of rules of procedure

(1) Subject to the provisions of this Law, the parties are free to agree on the procedure to

(b) 해당 권한의 목적은 홍콩 이외의 지역에서, 그리고 해당 중재절차에 대하여 사법관할권이 있는 법원의 절차 혹은 기본관할권이 있는 중재판정부의 절차의 진행편의를 위한 것이다.

(8) 홍콩 이외의 지역에서 진행하는 중재절차를 위하여 내린 임시적 처분의 유효성을 보장하기 위하여, 법원은 해당 임시적 처분이 홍콩에서 진행하는 중재절차에서 내려지는 것과 같이 모든 부가적인 명령 혹은 지시를 내릴 수 있다.

(9) 제2항에서 규정한 임시적 처분이란 제35조 제1항의 규정으로 효력이 부여된 국제거래법위원회 모델중재법 제17조 제2항에서 규정한 임시적 처분을 의미한다.

(a) 해당 제17조 제2항에서 규정한 중재판정부는 법원을 가리키며 그리고

(b) 해당 제17조 제2항에서 규정한 중재절차는 법원절차를 가리킨다.

그리고 강제명령은 포함하지만 제60조에서 규정한 명령은 포함하지 않는 것으로 해석하여야 한다.

(10)누구든지 이 조에서 규정한 법원의 결정, 명령 혹은 지시에 대하여 상소를 제기할 수 없다.

제7편 중재절차의 진행

제46조 국제거래법위원회 모델중재법 제18조 (당사자의 동등한 대우)

(1) 제2항과 제3항은 국제거래법위원회 모델중재법 제18조를 대신하여 효력을 갖는다.

(2) 당사자들은 동등하게 대우받아야 한다.

(3) 중재판정부는 중재절차 진행할 때 혹은 이 조례에 의하여 또는 당사자가 수여한 권한을 행사할 때

(a) 독립적이어야 하고

(b) 당사자들 사이에서 공평, 공정하게 행동하고 각 당사자에게 자신의 이유의 설명과 상대방의 이유에 대처할 합리적인 기회를 부여하며 그리고

(c) 개별 사안에 적합한 절차를 채택하여 불필요한 지연과 지출을 줄이며 공평한 방법으로 중재 관련 분쟁을 해결한다.

제47조 국제거래법위원회 모델중재법 제19조 (중재절차규칙의 결정)

(1) 국제거래법위원회 모델중재법 제19조 제1항은 다음의 규정된 내용으로 효력을 가진다.
"제19조 중재절차규칙의 결정

(1) 이 법의 규정에 따라 당사자는 중재판정부가 중재절차를 진행할 때 지켜야할 절차규칙에 관하여 자유로이 합의할 수 있다.

befollowed by the arbitral tribunal in conducting the proceedings.

(2) [Not applicable]".

(2) If or to the extent that there is no such agreement of the parties, the arbitral tribunal may, subject to the provisions of this Ordinance, conduct the arbitration in the manner that it considers appropriate.

(3) When conducting arbitral proceedings, an arbitral tribunal is not bound by the rules of evidence and may receive any evidence that it considers relevant to the arbitral proceedings, but it must give the weight that it considers appropriate to the evidence adduced in the arbitral proceedings.

Section 48   Article 20 of UNCITRAL Model Law (Place of arbitration)

Article 20 of the UNCITRAL Model Law, the text of which is set out below, has effect—

"Article 20. Place of arbitration

(1) The parties are free to agree on the place of arbitration. Failing such agreement, the place of arbitration shall be determined by the arbitral tribunal having regard to the circumstances of the case, including the convenience of the parties.

(2) Notwithstanding the provisions of paragraph (1) of this article, the arbitral tribunal may, unless otherwise agreed by the parties, meet at any place it considers appropriate for consultation among its members, for hearing witnesses, experts or the parties, or for inspection of goods, other property or documents.".

Section 49   Article 21 of UNCITRAL Model Law (Commencement of arbitral proceedings)

(1) Article 21 of the UNCITRAL Model Law, the text of which is set out below, has effect—

"Article 21. Commencement of arbitral proceedings

Unless otherwise agreed by the parties, the arbitral proceedings in respect of a particular dispute commence on the date on which a request for that dispute to be referred to arbitration is received by the respondent.".

(2) A request referred to in article 21 of the UNCITRAL Model Law, given effect to by subsection (1), has to be made by way of a written communication as referred to in section 10.

Section 50   Article 22 of UNCITRAL Model Law (Language)

Article 22 of the UNCITRAL Model Law, the text of which is set out below, has effect—

"Article 22. Language

(1) The parties are free to agree on the language or languages to be used in the arbitral proceedings. Failing such agreement, the arbitral tribunal shall determine the language or languages to be used in the proceedings. This agreement or determination, unless otherwise specified therein, shall apply to any written statement by a party, any hearing

(2) [적용하지 아니한다.]"

(2) 이 조에 별도의 규정이 없는 한, 당사자들 간에 이 같은 합의가 없거나 혹은 이 합의의 범위에 속하지 않는 경우, 중재판정부는 자신이 적절하다고 판단한 방식으로 중재를 진행할 수 있다.

(3) 중재판정부는 중재절차 진행 시 증거규칙에 구속받지 않고 해당 중재절차와 관련된다고 판단한 모든 증거를 수집하지만 해당 중재절차에서 인용한 증거에 대하여서는 그 중요성을 적절하다고 판단되는 한도에서 고려하여야 한다.

제48조   국제거래법위원회 모델중재법 제20조 (중재지)

국제거래법위원회 모델중재법 제20조는 다음의 규정된 내용으로 효력을 가진다.

"제20조 중재지

(1) 당사자는 중재지에 관하여 자유로이 합의할 수 있다. 그러한 합의가 없는 경우는, 중재지는 중재판정부가 당사자들의 편의를 포함하여 당해 사건의 사정을 고려하여 결정한다.

(2) 본조 제1항의 규정에도 불구하고, 당사자의 별도 합의가 없는 한, 중재판정부는 그 구성원 간의 협의를 위해서나 증인, 감정인 또는 당사자의 심문을 위하여 또는 물품, 기타 재산 또는 문서의 조사를 위하여 중재판정부가 적당하다고 여기는 장소에서 회합 할 수 있다."

제49조   국제거래법위원회 모델중재법 제21조 (중재절차의 개시)

(1) 국제거래법위원회 모델중재법 제21조는 다음의 규정된 내용으로 효력을 가진다.

"제21조 중재절차의 개시

당사자 간에 달리 합의하지 않는 한, 특정한 분쟁에 관한 중재절차의 진행은 당해 분쟁을 중재에 회부할 것을 신청한 서면이 피신청인에 의하여 수령된 일자에 개시된다."

(2) 제1항에 따라 효력이 부여된 국제거래법위원회 모델중재법 제21조에서 규정한 그 신청은 제10조에서 규정한 서면통지의 방식으로 행해져야 한다.

제50조   국제거래법위원회 모델중재법 제22조 (언어)

국제거래법위원회 모델중재법 제22조는 다음의 규정된 내용으로 효력을 가진다.

"제22조 언어

(1) 당사자는 중재절차의 진행에 사용되는 하나 또는 다수 언어에 관하여 자유로이 합의할 수 있다. 그러한 합의가 없는 경우에는 중재판정부는 중재절차에 사용되는 하나 또는 다수 언어를 결정하여야 한다. 그러한 합의 또는 결정은 그 속에 별도의 의사가 명시되어 있지 않는 한 당사자의 서면진술, 중재판정부의 심문 및 판정, 결정 또는 기타 통지에도 적용된다.

and any award, decision or other communication by the arbitral tribunal.

(2) The arbitral tribunal may order that any documentary evidence shall be accompanied by a translation into the language or languages agreed upon by the parties or determined by the arbitral tribunal.".

Section 51   Article 23 of UNCITRAL Model Law (Statements of claim and defence)

Article 23 of the UNCITRAL Model Law, the text of which is set out below, has effect—

"Article 23. Statements of claim and defence

(1) Within the period of time agreed by the parties or determined by the arbitral tribunal, the claimant shall state the facts supporting his claim, the points at issue and the relief or remedy sought, and the respondent shall state his defence in respect of these particulars, unless the parties have otherwise agreed as to the required elements of such statements. The parties may submit with their statements all documents they consider to be relevant or may add a reference to the documents or other evidence they will submit.

(2) Unless otherwise agreed by the parties, either party may amend or supplement his claim or defence during the course of the arbitral proceedings, unless the arbitral tribunal considers it inappropriate to allow such amendment having regard to the delay in making it.".

Section 52   Article 24 of UNCITRAL Model Law (Hearings and written proceedings)

Article 24 of the UNCITRAL Model Law, the text of which is set out below, has effect—

"Article 24. Hearings and written proceedings

(1) Subject to any contrary agreement by the parties, the arbitral tribunal shall decide whether to hold oral hearings for the presentation of evidence or for oral argument, or whether the proceedings shall be conducted on the basis of documents and other materials. However, unless the parties have agreed that no hearings shall be held, the arbitral tribunal shall hold such hearings at an appropriate stage of the proceedings, if so requested by a party.

(2) The parties shall be given sufficient advance notice of any hearing and of any meeting of the arbitral tribunal for the purposes of inspection of goods, other property or documents.

(3) All statements, documents or other information supplied to the arbitral tribunal by one party shall be communicated to the other party. Also any expert report or evidentiary document on which the arbitral tribunal may rely in making its decision shall be communicated to the parties.".

Section 53   Article 25 of UNCITRAL Model Law (Default of a party)

(1) Article 25 of the UNCITRAL Model Law, the text of which is set out below, has effect—

"Article 25. Default of a party

Unless otherwise agreed by the parties, if, without showing sufficient cause,

(2) 중재판정부는 어떤 서증에 대하여서도 당사자에 의하여 합의하거나 중재판정부가 결정한 하나 또는 다수 언어로 번역한 문서를 첨부하도록 명할 수 있다."

제51조 국제거래법위원회 모델중재법 제23조 (중재신청서와 답변서)

국제거래법위원회 모델중재법 제23조는 다음의 규정된 내용으로 효력을 가진다.

"제23조 중재신청서와 답변서

(1) 당사자가 합의하였거나 또는 중재판정부가 결정한 기간 내에, 신청인은 청구의 원인사실, 쟁점사항과 신청취지를 진술하여야 하고, 피신청인은 그러한 세부사항에 대한 답변내용을 진술하여야 한다. 그러나 당사자가 그러한 진술의 필요한 사항을 달리 합의하는 경우에는 그러하지 아니하다. 당사자는 직접 관계가 있다고 보는 모든 서류를 상기 진술서에 첨부하여 제출할 수 있으며 자신이 제출하고자 하는 기타 증거에 참고자료로 추가할 수 있다.

(2) 당사자 간에 달리 합의하지 않는 한, 어느 일방 당사자든지 중재절차 진행 중에 자신의 청구내용이나 답변을 수정하거나 보충할 수 있다. 다만 중재판정부가 이를 인정함으로써 야기되는 지연을 고려하여 그러한 수정을 허용하는 것이 부적절하다고 여기는 경우에는 그러하지 아니하다."

제52조 국제거래법위원회 모델중재법 제24조 (구술신문 및 서면절차)

국제거래법위원회 모델중재법 제24조는 다음의 규정된 내용으로 효력을 가진다.

"제24조 구술신문 및 서면절차

(1) 당사자 간에 반대의 합의를 하지 않는 한, 중재판정부는 증거의 제출이나 구술변론을 위하여 구술신문을 할 것인지 아니면 서면 및 기타 자료에 근거하여 중재절차를 진행시킬 것인지를 결정하여야 한다. 그러나 당사자 간에 구술신문을 개최하지 아니한다는 별단의 합의가 없는 한, 중재판정부는 당사자 일방의 요청이 있으면 중재절차 진행 중의 적절한 단계에서 그러한 구술신문을 개최하여야 한다.

(2) 모든 신문에 관한 통지 및 물품, 또는 기타 재산 및 문서의 조사를 위한 중재판정부의 회합의 통지는 충분한 시간적 여유를 두고 사전에 당사자들에게 발송되어야 한다.

(3) 당사자의 일방에 의하여 중재판정부에 제출된 모든 진술서, 문서, 또는 기타 정보는 타방 당사자에게도 통지되어야 한다. 중재판정부가 그 결정에서 원용할 수 있는 감정인의 모든 보고서 또는 서증도 당사자들에게 통지되어야 한다."

제53조 국제거래법위원회 모델중재법 제25조 (당사자의 해태)

(1) 국제거래법위원회 모델중재법 제25조는 다음의 규정된 내용으로 효력을 가진다.

"제25조 당사자의 해태

당사자가 달리 합의하지 않는 한 충분한 이유를 제시하지 아니하고

(a) the claimant fails to communicate his statement of claim in accordance with article 23(1), the arbitral tribunal shall terminate the proceedings;

(b) the respondent fails to communicate his statement of defence in accordance with article 23(1), the arbitral tribunal shall continue the proceedings without treating such failure in itself as an admission of the claimant's allegations;

(c) any party fails to appear at a hearing or to produce documentary evidence, the arbitral tribunal may continue the proceedings and make the award on the evidence before it.".

(2) Unless otherwise agreed by the parties, subsections (3) and (4) apply except in relation to an application for security for costs.

(3) If, without showing sufficient cause, a party fails to comply with any order or direction of the arbitral tribunal, the tribunal may make a peremptory order to the same effect, prescribing the time for compliance with it that the arbitral tribunal considers appropriate.

(4) If a party fails to comply with a peremptory order, then without affecting section 61, the arbitral tribunal may—

(a) direct that the party is not entitled to rely on any allegation or material which was the subject matter of the peremptory order;

(b) draw any adverse inferences that the circumstances may justify from the non-compliance;

(c) make an award on the basis of any materials which have been properly provided to the arbitral tribunal; or

(d) make any order that the arbitral tribunal thinks fit as to the payment of the costs of the arbitration incurred in consequence of the non-compliance.

Section 54   Article 26 of UNCITRAL Model Law (Expert appointed by arbitral tribunal)

(1) Article 26 of the UNCITRAL Model Law, the text of which is set out below, has effect—
"Article 26. Expert appointed by arbitral tribunal
(1) Unless otherwise agreed by the parties, the arbitral tribunal

(a) may appoint one or more experts to report to it on specific issues to be determined by the arbitral tribunal;

(b) may require a party to give the expert any relevant information or to produce, or to provide access to, any relevant documents, goods or other property for his inspection.

(a) 신청인이 제23조 제1항에 의하여 청구에 관한 진술서를 제출하지 않는 경우에는 중재판정부는 중재절차를 종료하여야 한다.

(b) 피신청인이 제23조 제1항에 의하여 방어에 대한 진술서를 제출하지 아니하는 경우에는 중재판정부는 그러한 해태의 사실자체가 피신청인이 신청인의 주장을 그대로 인정하는 것으로 취급함이 없이 중재절차를 속행하여야 한다.

(c) 당사자의 어느 일방이 심문에 출석하지 아니하거나, 서증을 제출하지 아니하는 경우에는 중재판정부는 중재절차를 속행하고 중재판정부에 제출된 증거에 근거하여 중재판정을 내릴 수 있다."

(2) 당사자들 간에 별도의 합의가 있는 경우를 제외하고, 제3항과 제4항은 소송비용 보증에 관한 신청을 제외하고 적용된다.

(3) 만약 일방 당사자가 충분한 이유 없이 중재판정부의 명령 혹은 지시에 따르지 않으면 해당 중재판정부는 동등한 효력을 가지는 최후독촉명령을 내릴 수 있다. 최후독촉명령 중에는 중재판정부가 적당하다고 판단한, 해당 명령 혹은 지시를 이행하는 합리적인 기간을 규정할 수 있다.

(4) 만약 일방 당사자가 최후독촉명령을 이행하지 않은 경우, 제61조에 영향을 끼침이 없이 중재판정부는

(a) 해당 당사자는 최후독촉명령의 목적물인 사안 중의 모든 주장 혹은 자료를 이용할 수 없다는 지시를 내릴 수 있다.

(b) 명령에 따르지 않는 해당 행위에 대하여, 관련 상황에서 충분한 이유가 있는 불리한 추정을 할 수 있다.

(c) 중재판정부는 이미 적절한 절차로 제공받은 모든 자료에 근거하여 중재판정을 내릴 수 있다.

(d) 해당 명령의 불복종으로 지출한 중재비용에 대하여 중재판정부가 적당하다고 판단하는 모든 명령을 내릴 수 있다.

제54조   국제거래법위원회 모델중재법 제26조 (중재판정부가 지정한 감정인)

(1) 국제거래법위원회 모델중재법 제26조는 다음의 규정된 내용으로 효력을 가진다.
"제26조 중재판정부가 지정한 감정인

(1) 당사자들이 달리 합의하지 않는 한, 중재판정부는

(a) 중재판정부에 의하여 결정될 특정한 쟁점에 관하여 보고할 1인 혹은 그 이상의 감정인을 지정할 수 있다.

(b) 일방 당사자로 하여금 감정인에게 관계 정보를 주거나 감정인의 조사를 위해 관련 문서의 제출, 물품 또는 기타의 재산을 조사하거나 또는 감정인이 이용할 수 있도록 명할 수 있다.

(2) Unless otherwise agreed by the parties, if a party so requests or if the arbitral tribunal considers it necessary, the expert shall, after delivery of his written or oral report, participate in a hearing where the parties have the opportunity to put questions to him and to present expert witnesses in order to testify on the points at issue.".

(2) Without affecting article 26 of the UNCITRAL Model Law, given effect to by subsection (1), in assessing the amount of the costs of arbitral proceedings (other than the fees and expenses of the tribunal) under section 74—

(a) the arbitral tribunal may appoint assessors to assist it on technical matters, and may allow any of those assessors to attend the proceedings; and

(b) the parties must be given a reasonable opportunity to comment on any information, opinion or advice offered by any of those assessors.

Section 55   Article 27 of UNCITRAL Model Law (Court assistance in taking evidence)

(1) Article 27 of the UNCITRAL Model Law, the text of which is set out below, has effect—
"Article 27. Court assistance in taking evidence
The arbitral tribunal or a party with the approval of the arbitral tribunal may request from a competent court of this State assistance in taking evidence. The court may execute the request within its competence and according to its rules on taking evidence.".

(2) The Court may order a person to attend proceedings before an arbitral tribunal to give evidence or to produce documents or other evidence.

(3) The powers conferred by this section may be exercised by the Court irrespective of whether or not similar powers may be exercised by an arbitral tribunal under section 56 in relation to the same dispute.

(4) A decision or order of the Court made in the exercise of its power under this section is not subject to appeal.

(5) Section 81 (Warrant or order to bring up prisoner to give evidence) of the Evidence Ordinance (Cap 8) applies as if a reference to any proceedings, either criminal or civil, in that section were any arbitral proceedings.

Section 56   General powers exercisable by arbitral tribunal

Expanded Cross Reference: 39, 40, 41, 42

(1) Unless otherwise agreed by the parties, when conducting arbitral proceedings, an arbitral tribunal may make an order—

(a) requiring a claimant to give security for the costs of the arbitration;

(b) directing the discovery of documents or the delivery of interrogatories;

(c) directing evidence to be given by affidavit; or

(d) in relation to any relevant property—

(2) 당사자들이 달리 합의하지 않는 한, 당사자 일방의 요청이 있거나 중재판정부가 필요하다고 여기는 경우에는 그 감정인은 자신의 서면 또는 구두보고를 제출한 후에도 문제된 쟁점에 관하여 당사자들이 그 감정인에게 질문할 기회 및 감정인들이 그 전문가적 증언을 할 기회를 갖는 신문에 참가하여야 한다."

(2) 제1항에 의하여 효력이 부여된 국제거래법위원회 모델중재법 제26조에 영향을 끼침이 없이, 제74조에 의하여 중재절차의 비용의 액수 평가할 경우

   (a) 중재판정부는 평가인을 선정하여 기술적인 사안 중에서 관련 절차에 참석하여 중재판정부를 협조하도록 할 수 있으며, 그리고

   (b) 각 당사자에게는 모든 평가인들이 제공한 모든 자료, 견해, 의견에 대하여 논평할 합리적인 기회가 부여되어야 한다.

제55조　국제거래법위원회 모델중재법 제27조 (증거조사에서 법원의 협조)

(1) 국제거래법위원회 모델중재법 제27조는 다음의 규정된 내용으로 효력을 가진다.

   "제27조 증거조사에서 법원의 협조

   중재판정부나 중재판정부의 승인을 받은 당사자는 해당 국가의 관할법원에 대해 증거조사에서 협조를 요청할 수 있다. 법원은 그 권한 범위 내에서 증거조사의 규칙에 따라 그러한 요청에 응할 수 있다."

(2) 법원은 증인을 중재판정부 심문절차에 증인으로 출석하여 증명, 문서제출 혹은 기타 증거를 제시하도록 명령을 내릴 수 있다

(3) 본조의 수권에 대하여 중재판정부가 동일한 분쟁에 관하여 제56조에 의하여 유사한 권한을 행사할 수 있는지와 관계없이, 법원은 해당 수권을 행사할 수 있다.

(4) 만약 법원이 이 조의 수권에 기하여 결정이나 명령을 내리는 경우, 모든 당사자는 해당 결정이나 명령에 대하여 상소를 제기할 수 없다.

(5) "증거조례" 제81조(Cap. 8) (증거제공을 위하여 죄수를 법정에 출석시키는 영장 혹은 명령)는 해당 규정 중에서 규정한 모든 형사 혹은 민사법률절차에서와 같이 모든 중재절차에서도 적용된다.

제56조　중재판정부가 행사할 수 있는 권한

(1) 당사자들 간에 달리 합의가 없는 한, 중재판정부는 중재절차 중에서 다음의 명령을 내릴 수 있다.

   (a) 신청인이 중재비용에 관한 담보를 제공하도록 하는 명령

   (b) 문서의 공개와 심문사항의 제공을 지시하는 명령

   (c) 선서 진술서의 제출을 지시하는 명령 또는

   (d) 관련 재산에 대하여

      (i) directing the inspection, photographing, preservation, custody, detention or sale of the relevant property by the arbitral tribunal, a party to the arbitral proceedings or an expert; or

     (ii) directing samples to be taken from, observations to be made of, or experiments to be conducted on the relevant property.

(2) An arbitral tribunal must not make an order under subsection (1)(a) only on the ground that the claimant is —

(a) a natural person who is ordinarily resident outside Hong Kong;

(b) a body corporate—

    (i) incorporated under the law of a place outside Hong Kong; or

   (ii) the central management and control of which is exercised outside Hong Kong; or

(c) an association—

    (i) formed under the law of a place outside Hong Kong; or

   (ii) the central management and control of which is exercised outside Hong Kong.

(3) An arbitral tribunal—

(a) must, when making an order under subsection (1)(a), specify the period within which the order has to be complied with; and

(b) may extend that period or an extended period.

(4) An arbitral tribunal may make an award dismissing a claim or stay a claim if it has made an order under subsection (1)(a) but the order has not been complied with within the period specified under subsection (3)(a) or extended under subsection (3)(b).

(5) Despite section 35(2), sections 39 to 42 apply, if appropriate, to an order under subsection (1)(d) as if a reference to an interim measure in those sections were an order under that subsection. <*Note-Exp. x-Ref: Sections 39, 40, 41, 42 *>

(6) Property is a relevant property for the purposes of subsection (1)(d) if—

(a) the property is owned by or is in the possession of a party to the arbitral proceedings; and

(b) the property is the subject of the arbitral proceedings, or any question relating to the property has arisen in the arbitral proceedings.

(7) Unless otherwise agreed by the parties, an arbitral tribunal may, when conducting arbitral proceedings, decide whether and to what extent it should itself take the initiative in ascertaining the facts and the law relevant to those arbitral proceedings.

(i) 중재판정부, 중재절차 중의 당사자 혹은 전문가가 해당 관련 재산을 검사, 촬영, 보존, 보관, 압류 혹은 매각하도록 지시하는 명령, 또는

(ii) 해당 관련 재산으로부터 샘플을 채취하거나 혹은 해당 관련 재산에 대하여 관찰 또는 실험을 하도록 지시하는 명령.

(2) 중재판정부는 단지 다음의 이유로 제1항 제a호에 근거하여 명령을 내릴 수 없다. 신청 인이

(a) 통상적으로 홍콩 이외의 지역에 거주하는 자연인인 경우

(b) 단체로서

(i) 홍콩 이외의 지역의 법률에 의하여 설립된 법인단체인 경우, 또는

(ii) 하나의 법인단체이지만 그 중앙관리와 통제는 홍콩 이외의 지역에서 이루어지 는 경우, 또는

(c) 조직체로서

(i) 홍콩 이외의 지역의 법률에 의하여 설립된 조직체이거나, 또는

(ii) 하나의 조직체이지만 그 중앙관리와 통제는 홍콩 이외의 지역에서 이루어지는 경우.

(3) 중재판정부는

(a) 제1항 제a호에 근거하여 명령을 내릴 시, 해당 명령의 이행 기간을 명시해야 하며, 또한

(b) 해당 기간을 연장할 수 있고 이미 연장한 기간을 재차 연장할 수 있다.

(4) 만약 중재판정부가 이미 제1항 제a호에 근거하여 명령을 내렸지만 해당 명령이 제3항 제a호에 따른 기간 내에, 또는 제3항 제b호에 따른 연장한 기간 내에 이행되지 않은 경 우, 중재판정부는 관련 신청을 취소하는 판결을 내리거나 관련 신청을 중지할 수 있다.

(5) 제35조 제2항의 규정에도 불구하고, 제39조 내지 제42조는 적당한 경우에, 제1항 제d 호에서 규정된 임시적 처분에 대하여 적용되는 것처럼 해당 조항에서 명령에 적용된다.

(6) 제1항 제d호의 시행에 있어서 어떠한 재산이 이하의 규정에 부합되는 경우, 관련 재산 으로 간주한다.

(a) 해당 재산은 중재의 일방 당사자가 소유 혹은 소지한 것이며

(b) 해당 재산은 중재의 목적물이거나 혹은 중재 중에서 해당 재산에 관하여 문제가 발 생한 경우.

(7) 당사자 간에 달리 합의가 없는 한, 중재판정부는 중재 과정 중에서 해당 중재에 관한 사 실과 법률을 파악하기 위하여 자신이 어떠한, 그리고 어느 정도의 행동을 취하여야 할 것인가를 결정할 수 있다.

(8) Unless otherwise agreed by the parties, an arbitral tribunal may—

    (a) administer oaths to, or take the affirmations of, witnesses and parties;

    (b) examine witnesses and parties on oath or affirmation; or

    (c) direct the attendance before the arbitral tribunal of witnesses in order to give evidence or to produce documents or other evidence.

(9) A person is not required to produce in arbitral proceedings any document or other evidence that the person could not be required to produce in civil proceedings before a court.

Section 57   Arbitral tribunal may limit amount of recoverable costs

(1) Unless otherwise agreed by the parties, an arbitral tribunal may direct that the recoverable costs of arbitral proceedings before it are limited to a specified amount.

(2) Subject to subsection (3), the arbitral tribunal may make or vary a direction either—

    (a) on its own initiative; or

    (b) on the application of any party.

(3) A direction may be made or varied at any stage of the arbitral proceedings but, for the limit of the recoverable costs to be taken into account, this must be done sufficiently in advance of—

    (a) the incurring of the costs to which the direction or the variation relates; or

    (b) the taking of the steps in the arbitral proceedings which may be affected by the direction or the variation.

(4) In this section—

    (a) a reference to costs is to be construed as the parties' own costs; and

    (b) a reference to arbitral proceedings includes any part of those arbitral proceedings.

Section 58   Power to extend time for arbitral proceedings

(1) This section applies to an arbitration agreement that provides for a claim to be barred or for a claimant's right to be extinguished unless the claimant, before the time or within the period specified in the agreement, takes a step—

    (a) to commence arbitral proceedings; or

    (b) to commence any other dispute resolution procedure that must be exhausted before arbitral proceedings may be commenced.

(2) On the application of any party to such an arbitration agreement, an arbitral tribunal may make an order extending the time or period referred to in subsection (1).

(3) An application may be made only after a claim has arisen and after exhausting any available arbitral procedures for obtaining an extension of time.

(4) An arbitral tribunal may make an order under this section extending the time or period referred to in subsection (1) only if it is satisfied—

(8) 당사자 간에 달리 합의가 없는 한, 중재판정부는

   (a) 증인과 당사자들의 선서를 감독할 수 있고

   (b) 증인과 당사자들 선서 후, 신문을 하거나 또는

   (c) 증거의 제시, 문서 또는 기타 증거의 제출을 위하여 증인의 중재절차의 출석을 지시할 수 있다.

(9) 법원이 민사법률절차 중에서 당사자의 문서제출 혹은 기타 증거제시를 강요할 수 없는 경우, 중재절차 중에서도 당사자에게 문서제출 혹은 기타 증거제시를 강요할 수 없다.

제57조 중재판정부의 회수 가능한 비용의 액수 한정

(1) 당사자들 간에 달리 합의가 없는 한, 중재판정부는 그 심리에 앞서 중재절차 관련 회수 가능한 비용을 일정한 액수로 한정할 수 있다.

(2) 제3항에 부합되는 전제 하에서 중재판정부는

   (a) 자발적으로 지시를 내리거나 수정하거나 또는

   (b) 일방 당사자의 신청에 의하여 지시를 내리거나 수정할 수 있다.

(3) 지시는 관련 중재의 모든 절차 중에서 내려지거나 수정될 수 있지만 회수가능한 비용의 액수를 확정하기 위하여 해당 지시 혹은 수정은 다음에 앞서 충분한 시간 여유를 두고 행해져야 한다.

   (a) 해당 지시 또는 수정에 관한 비용이 발생하기 전 또는

   (b) 해당 중재 중에서 해당 지시 혹은 수정의 영향을 받을 수 있는 절차를 진행하기 전.

(4) 이 조 중에서

   (a) 언급한 비용은 각 당사자들의 비용으로 해석되어야 하며 또한

   (b) 언급한 중재는 해당 중재 중의 모든 절차를 포함한다.

제58조 중재기간의 연장권

(1) 이 조는 해당 중재합의에서는 신청인이 해당 합의 중 규정한 시한 전 혹은 기한 내에 다음의 절차를 시작하지 않으면 신청을 제출할 수 없거나 또는 신청인의 권리가 종료된다고 규정하고 있는 중재합의에 적용된다.

   (a) 중재절차의 개시, 또는

   (b) 중재 개시 전에 반드시 거쳐야 하는 모든 분쟁 관련 해결절차의 개시.

(2) 중재판정부는 이 같은 중재합의 중 어느 일방 당사자의 신청에 의하여 제1항에서 언급한 시한 혹은 기한의 연장을 명령할 수 있다.

(3) 이 같은 신청은 반드시 중재신청이 이미 제출되었고 시간의 연장을 얻기 위한 모든 중재절차를 거친 후에만 제기할 수 있다.

(4) 중재판정부는 다음의 경우에서만 이 조에 의하여 제1에서 언급한 시한 전 혹은 기한의

(a) that—

  (i) the circumstances were such as to be outside the reasonable contemplation of the parties when they entered into the arbitration agreement; and

  (ii) it would be just to extend the time or period; or

(b) that the conduct of any party makes it unjust to hold the other party to the strict terms of the agreement.

(5) An arbitral tribunal may extend the time or period referred to in subsection (1), or the time or period extended under subsection (4), for a further period and on the terms that it thinks fit, and the tribunal may do so even though that time or period or the extended time or period has expired.

(6) This section does not affect the operation of section 14 or any other enactment that limits the period for commencing arbitral proceedings.

(7) The power conferred on an arbitral tribunal by this section is exercisable by the Court if at the relevant time there is not in existence an arbitral tribunal that is capable of exercising that power.

(8) An order of the Court made in exercise of its power conferred by subsection (7) is not subject to appeal.

Section 59   Order to be made in case of delay in pursuing claims in arbitral proceedings

(1) Unless otherwise expressed in an arbitration agreement, a party who has a claim under the agreement must, after the commencement of the arbitral proceedings, pursue that claim without unreasonable delay.

(2) Without affecting article 25 of the UNCITRAL Model Law, given effect to by section 53(1), the arbitral tribunal—

(a) may make an award dismissing a party's claim; and

(b) may make an order prohibiting the party from commencing further arbitral proceedings in respect of the claim, if it is satisfied that the party has unreasonably delayed in pursuing the claim in the arbitral proceedings.

(3) The arbitral tribunal may make an award or order either—

(a) on its own initiative; or

(b) on the application of any other party.

(4) For the purposes of subsection (2), delay is unreasonable if—

(a) it gives rise, or is likely to give rise, to a substantial risk that the issues in the claim will not be resolved fairly; or

(b) it has caused, or is likely to cause, serious prejudice to any other party.

연장 명령을 내릴 수 있다.

(a) 해당 중재판정부가 다음과 같이 판단할 경우

　(i) 관련 상황이 당사자들이 중재합의를 체결할 시 예측했던 합리적인 기대를 벗어났으며, 그리고

　(ii) 해당 시한 혹은 기한을 연장하는 것이 공정하거나, 또는

(b) 해당 중재판정부가 어느 일방 당사자의 행위로 해당 합의를 다른 당사자에게 엄격히 적용하면 불공정한 결과가 발생할 것이라고 판단한 경우

(5) 중재판정부는 적절하다고 이해한 조항에 따라 제1항에서 언급한 시한 혹은 기한 또는 제4항에 근거하여 연장한 시한 혹은 기한을 적절한 기간으로 연장할 수 있다. 그리고 해당 시한 혹은 기한이 기간 만료된 후 또는 해당 연장된 시한 혹은 기한이 만료된 후에 중재판정부는 여전히 같은 명령을 내릴 수 있다.

(6) 본조는 제14조 혹은 기타 제정법 중 모든 중재의 기한에 대한 제한적인 규정의 실시를 저해하지 않는다

(7) 본조에서 중재판정부에게 수권한 권한을 행사할 수 있는 중재판정부가 그 시기에 아직 존재하지 않은 경우, 법원이 해당 권한을 행사할 수 있다.

(8) 법원이 제7에서 수권한 권한에 따라 명령을 내린 경우, 모든 당사자는 해당 명령에 대하여 상소할 수 없다.

제59조　중재에서 청구의 속행을 지연시키는 경우의 명령

(1) 중재합의에 달리 약정이 없는 한, 해당 합의에 의하여 청구권이 있는 당사자는 중재절차 개시 후 그 청구를 계속해야 하며 불합리한 지연을 하여서는 아니 된다.

(2) 제53조 제1항에 의하여 효력이 부여된 국제거래법위원회 모델중재법 제25조에 영향을 끼침이 없이, 당사자가 중재절차의 속행을 불합리하게 지연시키고 있다고 판단하는 경우, 중재판정부는

(a) 해당 청구를 취소하는 중재판정을 내릴 수 있다. 그리고

(b) 해당 청구에 관한 해당 당사자의 중재절차의 계속진행을 금지하는 명령을 내릴 수 있다.

(3) 중재판정부는

(a) 주도적으로 중재판정 혹은 명령을 내릴 수 있다. 또는

(b) 어느 일방 당사자의 신청에 의하여 중재판정 혹은 명령을 내릴 수 있다.

(4) 제2항을 적용함에 있어서 다음의 경우는 불합리한 지연에 속한다.

(a) 청구의 쟁점의 해결에 있어서 불공정한 결과를 초래할 수 있는 중대한 위험을 유발하거나 유발할 가능성이 상당히 큰 경우, 또는

(b) 기타 모든 당사자에게 엄중한 손해를 이미 끼쳤거나 혹은 끼칠 가능성이 매우 큰

(5) The power conferred on an arbitral tribunal by this section is exercisable by the Court if there is not in existence an arbitral tribunal that is capable of exercising that power.

(6) An award or order made by the Court in exercise of its power conferred by subsection (5) is not subject to appeal.

Section 60　Special powers of Court in relation to arbitral proceedings

(1) On the application of any party, the Court may, in relation to any arbitral proceedings which have been or are to be commenced in or outside Hong Kong, make an order—

(a) directing the inspection, photographing, preservation, custody, detention or sale of any relevant property by the arbitral tribunal, a party to the arbitral proceedings or an expert; or

(b) directing samples to be taken from, observations to be made of, or experiments to be conducted on any relevant property.

(2) Property is a relevant property for the purposes of subsection (1) if the property is the subject of the arbitral proceedings, or any question relating to the property has arisen in the arbitral proceedings.

(3) The powers conferred by this section may be exercised by the Court irrespective of whether or not similar powers may be exercised by an arbitral tribunal under section 56 in relation to the same dispute.

(4) The Court may decline to make an order under this section in relation to a matter referred to in subsection (1) on the ground that—

(a) the matter is currently the subject of arbitral proceedings; and

(b) the Court considers it more appropriate for the matter to be dealt with by the arbitral tribunal.

(5) An order made by the Court under this section may provide for the cessation of that order, in whole or in part, when the arbitral tribunal makes an order for the cessation.

(6) In relation to arbitral proceedings which have been or are to be commenced outside Hong Kong, the Court may make an order under subsection (1) only if the arbitral proceedings are capable of giving rise to an arbitral award (whether interim or final) that may be enforced in Hong Kong under this Ordinance or any other Ordinance.

(7) Subsection (6) applies even if—

(a) the subject matter of the arbitral proceedings would not, apart from that subsection, give rise to a cause of action over which the Court would have jurisdiction; or

(b) the order sought is not ancillary or incidental to any arbitral proceedings in Hong Kong.

(8) In exercising the power under subsection (1) in relation to arbitral proceedings outside Hong Kong, the Court must have regard to the fact that the power is—

166 >> Chapter 609　ARBITRATION ORDINANCE

경우.

(5) 본조에서 중재판정부에게 수권한 권한을 행사할 수 있는 중재판정부가 그 시기에 아직 존재하지 않은 경우, 법원이 해당 권한을 행사할 수 있다.

(6) 법원이 제5에서 수권한 권한에 따라 중재판정 혹은 명령을 내린 경우, 모든 당사자는 해당 중재판정 혹은 명령에 대하여 상소할 수 없다.

제60조 중재에서 법원의 특별한 권한

(1) 법원은 어느 일방 당사자의 신청에 의하여 홍콩 혹은 홍콩 이외의 지역에서 이미 혹은 향후에 진행될 모든 중재에 대하여 다음의 명령을 내릴 수 있다.

   (a) 중재판정부, 중재 중의 일방 당사자 혹은 전문가가 모든 관련 재산을 검사, 촬영, 보존, 보관, 압류 혹은 매각하도록 지시하는 명령, 또는

   (b) 모든 관련 재산으로부터 샘플을 채취하거나 혹은 모든 관련 재산에 대하여 관찰 또는 실험을 하도록 지시하는 명령.

(2) 제1항을 시행함에 있어서 만약 어느 재산이 중재의 목적물이거나 혹은 중재절차 진행 중에서 해당 재산과 관련하여 어떠한 문제가 제기된 경우, 해당 재산은 관련 재산으로 볼 수 있다.

(3) 법원은 본조에서 수권한 권한을 행사할 수 있다. 해당 권한의 행사는 중재판정부가 제56조에 의하여 동일의 분쟁에 관하여 유사한 권한을 행사할 수 있는지를 불문한다.

(4) 법원은 아래의 이유에 기하여, 제1항에서 규정한 사항에 관하여 이 조에서 규정된 명령을 내리는 것을 거절할 수 있다.

   (a) 그 사항이 그 당시에는 중재의 대상이며 또한

   (b) 법원은 중재판정부에서 그 사항을 처리하는 것이 더욱 적합하다고 판단한 경우.

(5) 법원이 본조에 근거하여 명령을 내리는 경우, 해당 명령은 중재판정부의 명령에 의해 그 효력이 완전 정지되거나 혹은 부분 정지될 수 있다고 규정할 수 있다.

(6) 홍콩 이외의 지역에서 이미 혹은 향후에 진행될 중재에 있어서, 오직 해당 중재절차가 이 조례에 의하여, 또는 기타 조례에 의하여 홍콩에서 집행할 수 있는 (임시적 중재판정 이건 최종판결이건 관계없이) 중재판정을 내리게 할 수 있는 경우에만 법원은 제1항에 근거하여 명령을 내릴 수 있다.

(7) 다음의 경우가 존재하더라도 제6항은 적용된다.

   (a) 이 조항이 아니면 중재절차의 목적물인 사안은 법원이 사법관할권이 있는 소송사유가 되지 않는 경우, 또는

   (b) 청구한 명령이 홍콩에서 진행하는 중재절차에 부속 혹은 부가된 것이 아닌 경우.

(8) 제1항에 근거하여 홍콩 이외의 지역에서 진행하는 중재에 대하여 권한을 행사하는 경우, 법원은 다음의 사실을 고려하여야 한다.

(a) ancillary to the arbitral proceedings outside Hong Kong; and

(b) for the purposes of facilitating the process of a court or arbitral tribunal outside Hong Kong that has primary jurisdiction over the arbitral proceedings.

(9) Subject to subsection (10), an order or decision of the Court under this section is not subject to appeal.

(10) The leave of the Court is required for any appeal from an order of the Court under subsection (1) for the sale of any relevant property.

Section 61   Enforcement of orders and directions of arbitral tribunal

(1) An order or direction made, whether in or outside Hong Kong, in relation to arbitral proceedings by an arbitral tribunal is enforceable in the same manner as an order or direction of the Court that has the same effect, but only with the leave of the Court.

(2) Leave to enforce an order or direction made outside Hong Kong is not to be granted, unless the party seeking to enforce it can demonstrate that it belongs to a type or description of order or direction that may be made in Hong Kong in relation to arbitral proceedings by an arbitral tribunal.

(3) If leave is granted under subsection (1), the Court may enter judgment in terms of the order or direction.

(4) A decision of the Court to grant or refuse to grant leave under subsection (1) is not subject to appeal.

(5) An order or direction referred to in this section includes an interim measure.

Section 62   Power of Court to order recovery of arbitrator's fees

(1) Where an arbitrator's mandate terminates under article 13 of the UNCITRAL Model Law, given effect to by section 26, or under article 14 of the UNCITRAL Model Law, given effect to by section 27, then on the application of any party, the Court, in its discretion and having regard to the conduct of the arbitrator and any other relevant circumstances—

(a) may order that the arbitrator is not entitled to receive the whole or part of the arbitrator's fees or expenses; and

(b) may order that the arbitrator must repay the whole or part of the fees or expenses already paid to the arbitrator.

(2) An order of the Court under subsection (1) is not subject to appeal.

Section 63   Representation and preparation work

Section 44 (Penalty for unlawfully practising as a barrister or notary public), section 45 (Unqualified person not to act as solicitor) and section 47 (Unqualified person not to prepare certain instruments, etc.) of the Legal Practitioners Ordinance (Cap 159) do not apply to—

(a) 해당 권한은 홍콩 이외의 지역에서 진행하는 중재절차에 부속되어 있다. 그리고

(b) 해당 권한의 목적은 홍콩 이외의 지역에서, 그리고 해당 중재절차에 대하여 사법관할권이 있는 법원의 절차 혹은 기본관할권이 있는 중재판정부의 절차의 진행편의를 위한 것이다.

(9) 제10항의 경우를 제외하고, 누구든지 본조에서 규정한 법원의 명령 혹은 결정에 대하여 상소를 제기할 수 없다.

(10) 법원이 제1항에 근거하여 어느 관련 재산에 대하여 매각명령을 내린 경우, 법원의 허락을 받은 후에만 해당 명령에 대하여 상소를 제기할 수 있다.

제61조 중재판정부의 명령과 지시의 집행

(1) 중재판정부가 중재절차에 관하여 내린 명령과 지시는, 그 내린 장소가 홍콩이든 홍콩 이외이든 관계없이, 모두 법원의 동등한 효력의 명령 혹은 지시와 같이 동일한 방식으로 집행된다. 다만 그것은 법원의 허락을 받은 후에만 위와 같이 집행할 수 있다.

(2) 일방 당사자가 홍콩 이외의 지역에서 내려진 명령 혹은 지시에 관하여 집행을 원하는 경우, 해당 당사자는, 해당 명령 혹은 지시는 중재판정부가 홍콩에서 진행하는 중재에 있어서 내릴 수 있는 명령 혹은 지시의 유형과 종류에 속한다는 것을 입증하여야 한다. 입증하지 못하는 경우, 법원은 해당 명령 혹은 지시의 집행을 허락하여서는 아니 된다.

(3) 만일 법원이 제1항에 근거하여 허락한 후, 명령 혹은 지시에 관한 조항에 따라 판결을 등록할 수 있다.

(4) 만일 법원이 제1항에 근거하여 허락을 하거나 혹은 허락을 하지 않기로 결정한 경우, 당사자는 해당 결정에 대하여 상소할 수 없다.

(5) 이 조에 규정된 명령 혹은 지시는 임시적 처분을 포함한다.

제62조 법원의 중재인 비용 반환 명령권

(1) 중재인직이 제26조에 의하여 효력이 부여된 국제거래법위원회 모델중재법 제13조에 근거하여 종료되거나 또는 제27에 의하여 효력이 부여된 국제거래법위원회 모델중재법 제14조에 근거하여 종료되는 경우, 법원은 일방 당사자의 신청에 의하여 중재인의 행위 및 모든 관련 사항을 참조하여 재량결정권을 행사할 수 있다.

(a) 중재인이 전부 또는 일부의 비용 또는 지출을 취득할 권리가 없음을 명령하며 그리고

(b) 중재인이 이미 취득한 비용 또는 지출의 전부 또는 일부를 환불할 것을 명령한다.

(2) 누구든지 제1항의 법원의 명령에 대하여 상소를 제기하여서는 아니 된다.

제63조 대리와 준비작업

"법조인조례"(Cap. 159)의 제44조(불법으로 변호사 혹은 공증인업무에 종사함에 관한 벌

(a) arbitral proceedings;

(b) the giving of advice and the preparation of documents for the purposes of arbitral proceedings; or

(c) any other thing done in relation to arbitral proceedings, except where it is done in connection with court proceedings—

(i) arising out of an arbitration agreement; or

(ii) arising in the course of, or resulting from, arbitral proceedings.

Part 8   MAKING OF AWARD AND TERMINATION OF PROCEEDINGS

Section 64   Article 28 of UNCITRAL Model Law (Rules applicable to substance of dispute)

Article 28 of the UNCITRAL Model Law, the text of which is set out below, has effect—

"Article 28. Rules applicable to substance of dispute

(1) The arbitral tribunal shall decide the dispute in accordance with such rules of law as are chosen by the parties as applicable to the substance of the dispute. Any designation of the law or legal system of a given State shall be construed, unless otherwise expressed, as directly referring to the substantive law of that State and not to its conflict of laws rules.

(2) Failing any designation by the parties, the arbitral tribunal shall apply the law determined by the conflict of laws rules which it considers applicable.

(3) The arbitral tribunal shall decide ex aequo et bono or as amiable compositeur only if the parties have expressly authorized it to do so.

(4) In all cases, the arbitral tribunal shall decide in accordance with the terms of the contract and shall take into account the usages of the trade applicable to the transaction.".

Section 65   Article 29 of UNCITRAL Model Law (Decision-making by panel of arbitrators)

Article 29 of the UNCITRAL Model Law, the text of which is set out below, has effect—

"Article 29. Decision-making by panel of arbitrators

In arbitral proceedings with more than one arbitrator, any decision of the arbitral tribunal shall be made, unless otherwise agreed by the parties, by a majority of all its members. However, questions of procedure may be decided by a presiding arbitrator, if so authorized by the parties or all members of the arbitral tribunal.".

칙), 제45조(무자격자의 변호사 신분으로 업무전개금지), 제47조(무자격자가 일부 문서의 준비작성 등에 종사함에 관한 금지 등)는 다음에 적용되지 아니 한다.

(a) 중재절차

(b) 중재의 목적을 위하여 의견을 제시와 문서의 준비, 또는

(c) 중재절차에 관한 기타 모든 사안의 처리. 다만, 해당 사안이 다음의 법원절차와 관련한 경우는 제외한다.

  (i) 중재합의로 인하여 발생한 법원절차, 또는

  (ii) 중재 과정 중 발생한 법원절차 혹은 중재로 인한 법원절차.

제8편   중재판정문의 작성 및 절차의 종료

제64조   국제거래법위원회 모델중재법 제28조 (분쟁의 실체에 적용할 법규)

국제거래법위원회 모델중재법 제28조는 다음의 규정된 내용으로 효력을 가진다.

  "제28조 분쟁의 실체에 적용할 법규

  (1) 중재판정부는 당사자들이 분쟁의 본안에 적용하려고 선택한 법규에 따라 판정을 하여야 한다. 달리 명시하지 아니하는 한, 일정한 국가의 법 또는 법률체계의 지정이 있을 때는 당해 국가의 실체법을 직접 지칭하는 것으로 해석하며, 그 국가의 국제사법원칙을 지칭하는 것으로 해석하지 아니한다.

  (2) 당사자들에 의한 준거법의 지정이 없는 경우에는 중재판정부는 중재판정부가 적용 가능하다고 보는 국제사법 규정에 따라 결정되는 법을 적용한다.

  (3) 중재판정부는 당사자가 명시적으로 권한을 부여하는 경우에 한하여 형평과 선에 의하여 또는 우의적 중재인으로서 판정을 내려야 한다.

  (4) 모든 경우에 있어서, 중재판정부는 계약조건에 따라 결정하여야 하며, 당해 거래에 적용가능한 상관습을 고려하여야 한다."

제65조   국제거래법위원회 모델중재법 제29조 (중재판정부의 결정)

국제거래법위원회 모델중재법 제29조는 다음의 규정된 내용으로 효력을 가진다.

  "제29조 중재판정부의 결정

  당사자들이 달리 합의하지 않는 한, 2인 이상의 중재인에 의한 중재절차진행에 있어서, 중재판정부의 모든 결정은 전 구성원 중의 과반수 결의에 의한다. 그러나 중재절차의 문제는 당사자나 중재판정부 구성원 전원의 수권이 있으면 의장중재인이 결정할 수 있다."

Section 66   Article 30 of UNCITRAL Model Law (Settlement)

(1) Article 30 of the UNCITRAL Model Law, the text of which is set out below, has effect—
"Article 30. Settlement

(1) If, during arbitral proceedings, the parties settle the dispute, the arbitral tribunal shall terminate the proceedings and, if requested by the parties and not objected to by the arbitral tribunal, record the settlement in the form of an arbitral award on agreed terms.

(2) An award on agreed terms shall be made in accordance with the provisions of article 31 and shall state that it is an award. Such an award has the same status and effect as any other award on the merits of the case.".

(2) If, in a case other than that referred to in article 30 of the UNCITRAL Model Law, given effect to by subsection (1), the parties to an arbitration agreement settle their dispute and enter into an agreement in writing containing the terms of settlement ("settlement agreement"), the settlement agreement is, for the purposes of its enforcement, to be treated as an arbitral award.

Section 67   Article 31 of UNCITRAL Model Law (Form and contents of award)

(1) Article 31 of the UNCITRAL Model Law, the text of which is set out below, has effect—
"Article 31. Form and contents of award

(1) The award shall be made in writing and shall be signed by the arbitrator or arbitrators. In arbitral proceedings with more than one arbitrator, the signatures of the majority of all members of the arbitral tribunal shall suffice, provided that the reason for any omitted signature is stated.

(2) The award shall state the reasons upon which it is based, unless the parties have agreed that no reasons are to be given or the award is an award on agreed terms under article 30.

(3) The award shall state its date and the place of arbitration as determined in accordance with article 20(1). The award shall be deemed to have been made at that place.

(4) After the award is made, a copy signed by the arbitrators in accordance with paragraph (1) of this article shall be delivered to each party.".

(2) Article 31(4) of the UNCITRAL Model Law, given effect to by subsection (1), has effect subject to section 77.

Section 68   Article 32 of UNCITRAL Model Law (Termination of proceedings)

Article 32 of the UNCITRAL Model Law, the text of which is set out below, has effect—
"Article 32. Termination of proceedings

제66조 국제거래법위원회 모델중재법 제30조 (화해)

(1) 국제거래법위원회 모델중재법 제30조는 다음의 규정된 내용으로 효력을 가진다.

"제30조 화해

(1) 중재절차 진행 중에 당사자들 자신이 분쟁을 해결하는 경우에는 중재판정부는 그 절차를 종료하여야 하며, 당사자들의 요구가 있고 중재판정부가 이의를 제기하지 않는 한, 중재판정부는 그 화해를 당사자가 합의한 내용의 중재판정문의 형식으로 기록하여야 한다.

(2) 당사자가 합의한 내용의 중재판정문은 제31조의 규정에 따라 작성되어야 하고 이를 중재판정으로 한다고 기재되어야 한다. 그러한 중재판정문은 당해 사건의 본안에 관한 다른 모든 중재판정과 동일한 지위와 효력을 가진다."

(2) 만약 제1항에 의하여 효력이 부여된 국제거래법위원회 모델중재법 제30조의 규정에 속하지 않는 경우에서 중재합의 당사자가 관련 분쟁에 관하여 화해하고 동시에 서면형식으로 화해조항을 포함한 합의("화해합의")를 달성한 경우, 해당 화해합의의 집행을 위하여 해당 화해합의는 중재판정으로 간주된다.

제67조 국제거래법위원회 모델중재법 제31조 (중재판정의 형식과 내용)

(1) 국제거래법위원회 모델중재법 제31조는 다음의 규정된 내용으로 효력을 가진다.

"제31조 중재판정의 형식과 내용

(1) 중재판정문은 서면으로 작성되어야 하며 중재인 또는 중재인들이 이에 서명하여야 한다. 2인 이상의 중재에 있어서는 서명이 생략된 이유가 기재됨을 조건으로, 중재판정부 구성원 중의 과반수의 서명으로 충분하다.

(2) 중재판정문에는 그 판정의 근거가 되는 이유를 기재하여야 한다. 다만, 당사자 간에 이유의 불기재에 관하여 합의하였거나 또는 그 중재판정문이 제30조에 의하여 합의된 내용의 판정인 경우에는 그러하지 아니하다.

(3) 중재판정문에는 작성일자와 제20조 제1항에 따라 정해진 중재지를 기재하여야 한다. 중재판정문은 당해 장소에서 작성된 것으로 한다.

(4) 중재판정문이 작성된 후, 이 조 제1항에 따라 중재인들이 서명한 사본은 각 당사자에게 송부되어야 한다."

(2) 제1항에 의하여 효력이 부여된 국제거래법위원회 모델중재법 제31조 제4항은 제77조의 제한하에서 효력을 가진다.

제68조 국제거래법위원회 모델중재법 제32조 (중재절차의 종료)

국제거래법위원회 모델중재법 제32조는 다음의 규정된 내용으로 효력을 가진다.

"제32조 중재절차의 종료

(1) The arbitral proceedings are terminated by the final award or by an order of the arbitral tribunal in accordance with paragraph (2) of this article.

(2) The arbitral tribunal shall issue an order for the termination of the arbitral proceedings when:

    (a) the claimant withdraws his claim, unless the respondent objects thereto and the arbitral tribunal recognizes a legitimate interest on his part in obtaining a final settlement of the dispute;

    (b) the parties agree on the termination of the proceedings;

    (c) the arbitral tribunal finds that the continuation of the proceedings has for any other reason become unnecessary or impossible.

(3) The mandate of the arbitral tribunal terminates with the termination of the arbitral proceedings, subject to the provisions of articles 33 and 34(4).".

Section 69   Article 33 of UNCITRAL Model Law (Correction and interpretation of award; additional award)

(1) Article 33 of the UNCITRAL Model Law, the text of which is set out below, has effect—

"Article 33. Correction and interpretation of award; additional award

(1) Within thirty days of receipt of the award, unless another period of time has been agreed upon by the parties:

    (a) a party, with notice to the other party, may request the arbitral tribunal to correct in the award any errors in computation, any clerical or typographical errors or any errors of similar nature;

    (b) if so agreed by the parties, a party, with notice to the other party, may request the arbitral tribunal to give an interpretation of a specific point or part of the award. If the arbitral tribunal considers the request to be justified, it shall make the correction or give the interpretation within thirty days of receipt of the request. The interpretation shall form part of the award.

(2) The arbitral tribunal may correct any error of the type referred to in paragraph (1)(a) of this article on its own initiative within thirty days of the date of the award.

(3) Unless otherwise agreed by the parties, a party, with notice to the other party, may request, within thirty days of receipt of the award, the arbitral tribunal to make an additional award as to claims presented in the arbitral proceedings but omitted from the award. If the arbitral tribunal considers the request to be justified, it shall make the additional award within sixty days.

(4) The arbitral tribunal may extend, if necessary, the period of time within which it shall make a correction, interpretation or an additional award under paragraph (1) or (3) of this article.

(1) 중재절차는 최종판정에 의하거나 이 조 제2항에 따른 중재판정부의 명령에 의하여 종료된다.

(2) 중재판정부는 다음의 경우에 중재절차의 종료를 명하여야 한다.

　(a) 신청인이 그 신청을 철회하는 경우 다만, 피신청인이 이에 대하여 이의를 제기하고 중재판정부가 분쟁의 최종적 해결을 구하는 데에 대하여 피신청인에게 적법한 이익이 있다고 인정하는 때에는 그러하지 아니하다.

　(b) 당사자가 중재절차의 종료를 합의하는 경우

　(c) 중재판정부가 그 밖의 사유로 중재절차를 속행하는 것이 불필요하거나 불가능하다고 인정하는 경우.

(3) 제33조와 제34조 제4항의 제한 하에, 중재판정부의 권한은 중재절차의 종료와 동시에 종결된다."

제69조　국제거래법위원회 모델중재법 제33조 (중재판정문의 정정 및 해석과 추가판정)

(1) 국제거래법위원회 모델중재법 제33조는 다음의 규정된 내용으로 효력을 가진다.

"제33조 중재판정문의 정정 및 해석과 추가판정

(1) 당사자들이 달리 정하지 않는 한 중재판정문을 수령한 날로부터 30일 이내에,

　(a) 일방 당사자는 상대방에게 통지함과 동시에 그 판결문의 계산상 오류, 오기나 오타 또는 이와 유사한 오류를 정정해 줄 것을 중재판정부에 요청할 수 있다.

　(b) 당사자 간에 합의가 있는 경우에 일방 당사자는 상대방 당사자에게 통지함과 동시에 중재판정의 특정 사항이나 판정의 일부에 대한 해석을 중재판정부에 요청할 수 있다. 중재판정부는 그 요청이 이유가 있다고 보는 경우에는 이를 수령한 날로부터 30일 이내에 정정 또는 해석하여야 한다. 그 해석은 중재판정의 일부를 형성하는 것으로 한다.

(2) 중재판정부는 판정일자로부터 30일 이내에 이 조 제1항 제a호에 규정된 유형의 오류도 정정할 수 있다.

(3) 당사자들이 달리 합의하지 않는 한, 일방당사자는 상대방에게 통지함과 동시에 중재판정문을 수령한 날로부터 30일 이내에 중재절차 중에 제출되었으나 중재판정에서 유탈된 청구부분에 관한 추가판정을 중재판정부에 요청할 수 있다. 중재판정부는 그 요청이 정당하다고 보는 경우에 60일 이내에 추가판정을 내려야 한다.

(4) 중재판정부는 필요한 경우 이 조 제1항 또는 제3항에 따라 정정, 해석 또는 추가판정의 기간을 연장할 수 있다.

(5) The provisions of article 31 shall apply to a correction or interpretation of the award or to an additional award.".

(2) The arbitral tribunal has the power to make other changes to an arbitral award which are necessitated by or consequential on—

(a) the correction of any error in the award; or

(b) the interpretation of any point or part of the award,

under article 33 of the UNCITRAL Model Law, given effect to by subsection (1).

(3) The arbitral tribunal may review an award of costs within 30 days of the date of the award if, when making the award, the tribunal was not aware of any information relating to costs (including any offer for settlement) which it should have taken into account.

(4) On a review under subsection (3), the arbitral tribunal may confirm, vary or correct the award of costs.

Section 70   Award of remedy or relief

(1) Subject to subsection (2), an arbitral tribunal may, in deciding a dispute, award any remedy or relief that could have been ordered by the Court if the dispute had been the subject of civil proceedings in the Court.

(2) Unless otherwise agreed by the parties, the arbitral tribunal has the same power as the Court to order specific performance of any contract, other than a contract relating to land or any interest in land.

Section 71   Awards on different aspects of matters

Unless otherwise agreed by the parties, an arbitral tribunal may make more than one award at different times on different aspects of the matters to be determined.

Section 72   Time for making award

(1) Unless otherwise agreed by the parties, an arbitral tribunal has the power to make an award at any time.

(2) The time, if any, limited for making an award, whether under this Ordinance or otherwise, may from time to time be extended by order of the Court on the application of any party, whether that time has expired or not.

(3) An order of the Court under subsection (2) is not subject to appeal.

Section 73   Effect of award

(1) Unless otherwise agreed by the parties, an award made by an arbitral tribunal pursuant to an arbitration agreement is final and binding both on—

(5) 제31조의 규정은 중재판정문의 정정이나 해석 또는 추가판정의 경우에 이를 적용한다.”

(2) 제1항에 의하여 효력이 부여된 국제거래법위원회 모델중재법 제33조에 근거하여 중재판정에 대하여 다음의 조치를 취할 경우, 중재판정부는 해당 중재판정에 관하여 해당 조치에 필요한 혹은 상응한 정정을 할 수 있다.

(a) 해당 중재판정 중의 모든 오류를 수정하는 경우, 또는

(b) 해당 판결 중의 일부분을 해석하는 경우.

(3) 만일 중재판정부가 비용지불의 중재판정을 내릴 시 비용에 관한 모든 자료를 인지하고 있지 않은 경우(화해를 제안하는 경우를 포함하여), 해당 중재판정부는 해당 중재판정의 30일 내에 이를 재심의할 수 있다.

(4) 제3항에서 규정한 재심의할 경우, 중재판정부는 비용지급 관련 중재판정을 유지, 정정 혹은 수정할 수 있다.

제70조 보상 또는 구제의 중재판정

(1) 중재판정부는 분쟁 중재 시, 만일 해당 분쟁이 법원의 민사절차에서 목적물인 경우 법원이 내릴 수 있는 모든 보상 혹은 구제명령을, 제2항의 제한 하에서 동일하게 내릴 수 있다.

(2) 당사자들 간에 달리 합의가 없는 한, 중재판정부는 법원과 동일하게 모든 계약의 강제이행 명령권을 가진다. 다만 토지 혹은 토지권익 관련 계약은 제외한다.

제71조 일부사항에 대한 중재판정

당사자들 간에 달리 합의가 없는 한, 중재판정부는 분쟁사안의 일부분에 대하여 서로 다른 시기에 거쳐 1개 이상의 중재판정을 내릴 수 있다.

제72조 중재판정을 내리는 시기

(1) 당사자 간에 달리 합의가 없는 한, 중재판정부는 임의의 시기에 중재판정을 내릴 권한이 있다.

(2) 법원은 만일 시한이 존재하면 그 시한이 이 조례에 규정된 것이지에 상관없이, 어느 일방 당사자의 신청에 의하여, 해당 시한이 만료되었는지와 관계없이 중재판정의 시한에 대하여 연장명령을 내릴 수 있다.

(3) 누구든지 제2항에서 규정한 법원의 명령에 대하여 상소를 제기할 수 없다.

제73조 중재판정의 효력

(1) 당사자 간에 별도의 합의가 없는 한, 중재판정부가 중재합의에 근거하여 내린 중재판정은 종국적이며 다음의 모든 관계자들을 구속한다.

(a) the parties; and

(b) any person claiming through or under any of the parties.

(2) Subsection (1) does not affect the right of a person to challenge the award—

(a) as provided for in section 26 or 81, section 4 or 5 of Schedule 2, or any other provision of this Ordinance; or

(b) otherwise by any available arbitral process of appeal or review.

Section 74   Arbitral tribunal may award costs of arbitral proceedings

(1) An arbitral tribunal may include in an award directions with respect to the costs of arbitral proceedings (including the fees and expenses of the tribunal).

(2) The arbitral tribunal may, having regard to all relevant circumstances (including the fact, if appropriate, that a written offer of settlement of the dispute concerned has been made), direct in the award under subsection (1) to whom and by whom and in what manner the costs are to be paid

(3) The arbitral tribunal may also, in its discretion, order costs (including the fees and expenses of the tribunal) to be paid by a party in respect of a request made by any of the parties for an order or direction (including an interim measure).

(4) The arbitral tribunal may direct that the costs ordered under subsection (3) are to be paid forthwith or at the time that the tribunal may otherwise specify.

(5) Subject to section 75, the arbitral tribunal must—

(a) assess the amount of costs to be awarded or ordered to be paid under this section (other than the fees and expenses of the tribunal); and

(b) award or order those costs (including the fees and expenses of the tribunal).

(6) Subject to subsection (7), the arbitral tribunal is not obliged to follow the scales and practices adopted by the court on taxation when assessing the amount of costs (other than the fees and expenses of the tribunal) under subsection (5).

(7) The arbitral tribunal—

(a) must only allow costs that are reasonable having regard to all the circumstances; and

(b) unless otherwise agreed by the parties, may allow costs incurred in the preparation of the arbitral proceedings prior to the commencement of the arbitration.

(8) A provision of an arbitration agreement to the effect that the parties, or any of the parties, must pay their own costs in respect of arbitral proceedings arising under the agreement is void.

(a) 당사자들, 그리고

(b) 어느 당사자를 통하여 혹은 의하여 신청을 제기하는 모든 관계자.

(2) 제1항의 규정은 모든 관계자들이 다음의 행위를 하는 권리를 저해하지 않는다.

    (a) 제26조 혹은 제81조, 부속서 2의 제4조 혹은 제5조, 혹은 이 조례의 기타 조항의 규정에 따라 중재판정에 불복하거나, 또는

    (b) 기타 경우에 모든 이용 가능한 상소 혹은 재심의 절차에 의하여 해당 중재판정에 불복을 제기할 수 있다.

제74조   중재판정부의 중재비용 납부 명령

(1) 중재판정부는 중재 관련 비용(중재판정부의 요금과 지출 포함하여)에 대한 지시를 중재판정 중에 포함시킬 수 있다.

(2) 중재판정부는 모든 관련 상황을 참작하여(필요하면 분쟁에 관하여 이미 서면으로 화해를 제안한 사실도 포함하여) 제1항에서 규정한 중재판정 중에서 비용은 누구에게 지불하고 누가 지불하고 어떠한 방식으로 지불할 것인가를 지시할 수 있다.

(3) 어느 일방 당사자가 명령 또는 지시(임시적 처분 포함하여)를 청구하면 중재판정부는 해당 청구에 관하여 재량결정권을 행사하여 일방에게 (중재판정부의 요금과 지출도 포함하여) 비용지불을 명령할 수도 있다.

(4) 중재판정부는 제3항에 기한 비용 지불명령을 즉시 지불 또는 해당 중재판정부가 정한 기타 시간에 지불하도록 지시할 수 있다.

(5) 제75조에 별도의 규정이 있는 경우를 제외하고, 중재판정부는 다음의 조치를 취해야 한다.

    (a) 본조에 의하여 내린 판정 또는 명령에서 지급하도록 한 비용의 액수를 평가한다(단, 중재판정부의 요금과 지출은 제외한다). 그리고

    (b) 해당 제 비용의 지급을 판정 또는 명령한다(중재판정부의 비용 및 지출 포함하여).

(6) 제7항의 규정을 지키는 전제 하에서 중재판정부가 제5항에 의하여 비용을 평가할 시(단, 중재판정부의 요금과 지출은 제외하고), 법원이 소송비용 평가 시 이용하는 소송비용산정표와 법원관행을 따르지 않을 수 있다.

(7) 중재판정부는

    (a) 전반 상황을 고려하여 합리적인 비용만 허용해야 한다. 그리고

    (b) 중재 개시 전 중재절차의 준비를 위하여 지출한 비용은 허용할 수 있다. 다만 당사자들 간에 별도의 합의가 있는 경우는 제외한다.

(8) 만약 중재합의의 규정 중 각 당사자 또는 어느 일방 당사자가 해당 합의에 근거하여 발생한 중재절차에 대하여 스스로의 비용을 지불하여야 한다고 약정하였다면 그 규정은 무효이다.

(9) A provision referred to in subsection (8) is not void if it is part of an agreement to submit to arbitration a dispute that had arisen before the agreement was made.

Section 75   Taxation of costs of arbitral proceedings (other than fees and expenses of arbitral tribunal)

(1) Without affecting section 74(1) and (2), if the parties have agreed that the costs of arbitral proceedings are to be taxed by the court, then unless the arbitral tribunal otherwise directs in an award, the award is deemed to have included the tribunal's directions that the costs (other than the fees and expenses of the tribunal) are to be taxed by the court on the party and party basis in accordance with rule 28(2) of Order 62 of the Rules of the High Court (Cap 4 sub. leg. A). (Amended 7 of 2013 s. 7)

(2) On taxation by the court, the arbitral tribunal must make an additional award of costs reflecting the result of such taxation.

(3) A decision of the court on taxation is not subject to appeal.

(4) This section does not apply to costs ordered to be paid under section 74(3).

Section 76   Costs in respect of unqualified person

Section 50 (No costs for unqualified person) of the Legal Practitioners Ordinance (Cap 159) does not apply to the recovery of costs in an arbitration.

Section 77   Determination of arbitral tribunal's fees and expenses in case of dispute

(1) An arbitral tribunal may refuse to deliver an award to the parties unless full payment of the fees and expenses of the tribunal is made.

(2) If the arbitral tribunal refuses to deliver an award to the parties under subsection (1), a party may apply to the Court, which—

(a) may order the tribunal to deliver the award on the payment into the Court by the applicant of—

(i) the fees and expenses demanded; or

(ii) a lesser amount that the Court may specify;

(b) may order that the amount of the fees and expenses payable to the tribunal is to be determined by the means and on the terms that the Court may direct; and

(c) may order that—

(i) the fees and expenses as determined under paragraph (b) to be payable are to be paid to the tribunal out of the money paid into the Court; and

(ii) the balance of the money paid into the Court, if any, is to be paid out to the applicant.

(3) For the purposes of subsection (2)—

(a) the amount of the fees and expenses payable is the amount which the applicant is liable

(9) 만약 제8항에서 언급한 규정이 합의의 일부이며 그 합의가 이루어지기 전에 이미 발생한 분쟁을 중재에 회부하기로 약정한 것이면 해당 규정은 무효로 되지 않는다.

제75조　중재절차의 비용 산정(중재판정부의 요금 및 지출은 제외)

(1) 제74조 제1항과 제2항에 영향을 끼침이 없이, 만약 당사자들이 중재절차의 비용은 법원의 산정에 따르기로 합의하였으면, 중재판정부가 중재판정에서 별도의 지시가 있는 경우를 제외하고, 그 중재판정은 중재판정부의 이하 지시를 포함하는 것으로 간주한다. 즉, 법원이 "고등법원규칙"(Cap. 4 sub. leg. A) 제62호 명령 제28조 제2항 규칙에 따라 각 소송 당사자들의 대등산정기준에 의하여 중재절차의 비용을 산정한다. (단, 중재판정부의 요금 및 지출은 제외한다) (수정 7 of 2013 s. 7)

(2) 법원의 산정에 관하여, 중재판정부는 해당 산정의 결과를 반영하는 비용에 관한 추가판정을 내려야 한다.

(3) 누구든 법원이 산정 후 내린 결정에 대하여 상소를 제기하여서는 아니 된다.

(4) 이 조는 제74조 제3항의 명령에 근거하여 지급한 비용에 대하여서는 적용되지 않는다.

제76조　부적격자의 비용

"법조인조례"(Cap. 159) 제50조(부적격자에 대한 소송비용 환불 금지)는 중재비용의 환불 청구에 적용되지 않는다.

제77조　중재판정부의 요금과 지출에 대하여 분쟁이 있는 중재판정

(1) 중재판정부의 비용과 지출을 전액 지급한 경우를 제외하고, 중재판정부는 당사자들에게 중재판정 송달을 거부할 수 있다.

(2) 만약 중재판정부가 제1항에 근거하여 당사자들에게 중재판정 송달을 거부하는 경우, 당사자는 법원에 다음과 같은 신청을 할 수 있다.

　(a) 신청인이 이하의 금액을 법원에 납부한 후, 중재판정부에게 중재판정 송달을 명령

　　(i) 요구되는 수수료와 비용, 또는

　　(ii) 법원에서 정한 비교적 적은 금액.

　(b) 해당 중재판정부에게 지급해야 하는 비용과 지출의 금액을 법원이 지시한 방법과 조항에 따라 결정할 것을 명령할 수 있다. 그리고

　(c) 다음의 명령을 내릴 수 있다.

　　(i) 제b호에 근거하여 결정한 지급하여야 하는 비용과 지출을 법원에 납부한 금액으로부터 해당 중재판정부로 이체, 그리고

　　(ii) 잔금이 존재하는 경우, 법원에 납부한 금액의 잔금을 신청인에게 이체.

(3) 제2항의 시행을 위하여

　(a) 지급해야 하는 비용과 지출의 금액은 신청인이 다음에 해당하여 지불책임이 있는

to pay—

    (i) under section 78; or

    (ii) under any agreement relating to the payment of the arbitrators; and

  (b) the fees and expenses of—

    (i) an expert appointed under article 26 of the UNCITRAL Model Law, given effect to by section 54(1); or

    (ii) an assessor appointed under section 54(2), are to be treated as the fees and expenses of the arbitral tribunal.

(4) No application under subsection (2) may be made if—

  (a) there is any available arbitral process for appeal or review of the amount of the fees or expenses demanded; or

  (b) the total amount of the fees and expenses demanded has been fixed by a written agreement between a party and the arbitrators.

(5) Subsections (1) to (4) also apply to any arbitral or other institution or person vested by the parties with powers in relation to the delivery of the arbitral tribunal's award.

(6) If subsections (1) to (4) so apply under subsection (5), the references to the fees and expenses of the arbitral tribunal are to be construed as including the fees and expenses of that institution or person.

(7) If an application is made to the Court under subsection (2), enforcement of the award (when delivered to the parties), but only in so far as it relates to the fees or expenses of the arbitral tribunal, must be stayed until the application has been disposed of under this section.

(8) An arbitrator is entitled to appear and be heard on any determination under this section.

(9) If the amount of the fees and expenses determined under subsection (2)(b) is different from the amount previously awarded by the arbitral tribunal, the tribunal must amend the previous award to reflect the result of the determination.

(10) An order of the Court under this section is not subject to appeal.

Section 78　Liability to pay fees and expenses of arbitral tribunal

(1) The parties to proceedings before an arbitral tribunal are jointly and severally liable to pay to the tribunal reasonable fees and expenses, if any, of the tribunal that are appropriate in the circumstances.

(2) Subsection (1) has effect subject to any order of the Court made under section 62 or any other relevant provision of this Ordinance.

(3) This section does not affect—

  (a) the liability of the parties as among themselves to pay the costs of the arbitral proceedings; or

  (b) any contractual right or obligation relating to payment of the fees and expenses of the

금액이다.

(i) 제78조, 또는

(ii) 중재인의 비용지급에 관련되는 모든 합의, 그리고

(b) 다음 인원의 비용과 지출은 모두 중재판정부의 비용과 지출로 간주해야 한다.

(i) 제54조 제1항에 의하여 효력이 부여된 국제거래법위원회 모델중재법 제26조에 의하여 선정한 전문가, 또는

(ii) 제54조 제2항에 근거하여 선정한 산정인원.

(4) 다음의 상황이 존재하는 경우, 제2항의 신청을 제출할 수 없다.

(a) 상소를 제기할 수 있거나 또는 요구하는 비용 혹은 지출의 금액을 재심의하는 중재 절차가 존재하거나 또는

(b) 요구하는 비용과 지출의 총금액에 관하여 일방이 이미 중재인과 서면합의를 체결 하였을 경우.

(5) 어느 중재 또는 기타 기관 또는 인원이든지 중재판정의 송달에 관하여 당사자들로부터 권한을 부여받으면 제1항부터 제4항까지는 해당 기관 또는 인원에게도 적용된다.

(6) 만일 제5항에 의하여 제1항부터 제4항이 적용되면 중재판정부의 비용과 지출에 관한 규정은 해당 기관 또는 인원의 비용과 지출도 포함하는 것으로 해석하여야 한다.

(7) 만일 일방 당사자가 제2항에 근거하여 법원에 신청을 제출하면 해당 신청이 본조에 의 하여 처리될 때까지 각 당사자에게 송달된 관련 중재판정의 집행은 단지 중재판정부의 비용 또는 지출에 관한 범위에서만 유보된다.

(8) 본조에서 언급한 결정을 내릴 때, 중재인은 출석하고 발언할 권리를 가진다.

(9) 만일 제2항 제b호에 근거하여 내린 결정 중의 비용과 지출의 금액이 중재판정부가 이 전에 내린 판정 중의 금액과 일치하지 않은 경우, 해당 중재판정부는 해당 결정을 반영 하여 이전에 내린 관련 판정을 수정하여야 한다.

(10) 누구든지 본조에서 언급한 법원의 명령에 대하여 상소를 제기하여서는 아니 된다.

제78조   중재판정부의 비용과 지출에 관한 지급의 법적 책임

(1) 중재판정부에게 회부된 중재절차의 당사자들은 해당 중재판정부의 관련 상황에서 적절 하다고 할 수 있는 합리적인 보수와 소요된 경비가 있다면 그 경비에 대하여 중재판정 부에게 연대하여 그리고 개별적으로 지급의 책임이 있다.

(2) 법원이 제62조에 의하여 내린 명령이나 이 조례의 기타 규정에 별도의 규정이 있는 경 우를 제외하고, 제1항은 효력을 가진다.

(3) 본조는 다음에 영향을 미치지 않는다.

(a) 각 당사자들 간에 중재절차의 비용의 지급에 관한 법적 책임, 또는

(b) 중재판정부의 비용과 지출의 지급에 관한 어떠한 계약상의 권리 또는 의무.

arbitral tribunal.

(4) In this section, a reference to an arbitral tribunal includes—

(a) a member of the tribunal who has ceased to act; and

(b) an umpire who has not yet replaced members of the tribunal.

Section 79   Arbitral tribunal may award interest L.N. 38 of 2011 01/06/2011

(1) Unless otherwise agreed by the parties, an arbitral tribunal may, in the arbitral proceedings before it, award simple or compound interest from the dates, at the rates, and with the rests that the tribunal considers appropriate, subject to section 80, for any period ending not later than the date of payment—

(a) on money awarded by the tribunal in the arbitral proceedings;

(b) on money claimed in, and outstanding at the commencement of, the arbitral proceedings but paid before the award is made; or

(c) on costs awarded or ordered by the tribunal in the arbitral proceedings.

(2) Subsection (1) does not affect any other power of an arbitral tribunal to award interest.

(3) A reference in subsection (1)(a) to money awarded by the tribunal includes an amount payable in consequence of a declaratory award by the tribunal.

Section 80   Interest on money or costs awarded or ordered in arbitral proceedings

(1) Interest is payable on money awarded by an arbitral tribunal from the date of the award at the judgment rate, except when the award otherwise provides.

(2) Interest is payable on costs awarded or ordered by an arbitral tribunal from—

(a) the date of the award or order on costs; or

(b) the date on which costs ordered are directed to be paid forthwith,

at the judgment rate, except when the award or order on costs otherwise provides.

(3) In this section, "judgment rate" (判定利率) means the rate of interest determined by the Chief Justice under section 49(1)(b) (Interest on judgments) of the High Court Ordinance (Cap 4).

Part 9   RECOURSE AGAINST AWARD

Section 81   Article 34 of UNCITRAL Model Law (Application for setting aside as exclusive recourse against arbitral award)

(1) Article 34 of the UNCITRAL Model Law, the text of which is set out below, has effect subject to section 13(5)—

(4) 본조에서 중재판정부라 함은 다음을 포함한다.

    (a) 직무수행을 중지한 중재판정부의 구성원, 그리고

    (b) 아직 해당 중재판정부의 구성원을 대체하지 않은 심판관.

제79조　중재판정부의 이자판정권

(1) 당사자들 간에 달리 합의가 없는 한, 제80조를 조건으로 중재판정부는 중재절차 진행 중에서 다음에 정한 금액에 대하여 해당 중재판정부가 적당하다고 판단한 이자율과 기산일로부터 지급일보다 늦지 않은 만료기간에 대하여 계산한 단리 혹은 복리의 이자를 판정할 수 있다.

    (a) 해당 중재판정부가 해당 중재 중에서 판정한 금액

    (b) 해당 중재 진행 시 미지급하였지만 중재판정을 내리기 전에 이미 지급한 해당 중재절차 중에서 신청한 금액, 또는

    (c) 해당 중재판정부가 해당 중재절차 중에서 판정한 혹은 명령한 비용.

(2) 제1항은 중재판정부가 이자를 판정하는 기타 권한을 방해하지 않는다.

(3) 제1항 제a호에서 언급한 중재판정부가 판정한 금액에는 해당 중재판정부가 공표성격의 중재판정을 내림으로 지급해야 하는 금액도 포함한다.

제80조　중재 중 지급을 판정 혹은 명령한 금액 혹은 비용의 이자

(1) 중재판정부가 판정한 금액의 이자를 지급해야 한다. 이자는 판정이율로 중재판정일부터 계산한다. 다만 해당 중재판정에 별도의 규정이 있는 경우는 제외한다.

(2) 중재판정부가 판정 혹은 명령한 비용의 이자는 판정이율로 다음의 경우부터 계산하여 지급해야 한다.

    (a) 비용에 관한 중재판정 혹은 명령 일자 또는

    (b) 비용지급명령에 따라 즉시 지급할 것을 지시한 일자

    다만, 해당 중재판정 혹은 명령 중에 별도의 규정이 있는 경우는 제외한다.

(3) 본조에서 "판정이율"이란 "고등법원조례"(Cap. 609) 제49조 제1항 제b호(판결의 이자)에 근거하여 대법원장이 결정한 이자율을 가리킨다.

제9편　중재판정에 대한 불복

제81조　국제거래법위원회 모델중재법 제34조 (중재판정에 대한 유일한 불복방법으로서 취소신청)

(1) 이 법 제13조 제5항의 제한 하에, 국제거래법위원회 모델중재법 제34조는 다음의 규정

"Article 34. Application for setting aside as exclusive recourse against arbitral award

(1) Recourse to a court against an arbitral award may be made only by an application for setting aside in accordance with paragraphs (2) and (3) of this article.

(2) An arbitral award may be set aside by the court specified in article 6 only if:

    (a) the party making the application furnishes proof that:

        (i) a party to the arbitration agreement referred to in article 7 was under some incapacity; or the said agreement is not valid under the law to which the parties have subjected it or, failing any indication thereon, under the law of this State; or

        (ii) the party making the application was not given proper notice of the appointment of an arbitrator or of the arbitral proceedings or was otherwise unable to present his case; or

        (iii) the award deals with a dispute not contemplated by or not falling within the terms of the submission to arbitration, or contains decisions on matters beyond the scope of the submission to arbitration, provided that, if the decisions on matters submitted to arbitration can be separated from those not so submitted, only that part of the award which contains decisions on matters not submitted to arbitration may be set aside; or

        (iv) the composition of the arbitral tribunal or the arbitral procedure was not in accordance with the agreement of the parties, unless such agreement was in conflict with a provision of this Law from which the parties cannot derogate, or, failing such agreement, was not in accordance with this Law; or

    (b) the court finds that:

        (i) the subject-matter of the dispute is not capable of settlement by arbitration under the law of this State; or

        (ii) the award is in conflict with the public policy of this State.

(3) An application for setting aside may not be made after three months have elapsed from the date on which the party making that application had received the award or, if a request had been made under article 33, from the date on which that request had been disposed of by the arbitral tribunal.

(4) The court, when asked to set aside an award, may, where appropriate and so requested by a party, suspend the setting aside proceedings for a period of time determined by it in order to give the arbitral tribunal an opportunity to resume the arbitral proceedings or to take such other action as in the arbitral tribunal's opinion will eliminate the grounds for setting aside.".

(2) Subsection (1) does not affect—

된 내용으로 효력을 가진다.

"제34조 중재판정에 대한 유일한 불복방법으로서 취소신청

(1) 중재판정에 대하여 법원에 제기하는 불복은 이 조 제2항과 제3항에 따라 취소신청을 함으로써 가능하다.

(2) 중재판정은 다음에 해당하는 경우에 한하여 제6조에 명시된 관할법원에 의해 취소될 수 있다.

    (a) 취소신청을 한 당사자가 다음의 사실에 대한 증거를 제출하는 경우

        (i) 제7조에 규정된 중재합의의 당사자가 무능력자인 사실 또는 그 중재합의가 당사자들이 준거법으로서 지정한 법에 의하여 무효이거나 그러한 지정이 없는 경우에는 중재판정이 내려진 국가의 법률에 의하여 무효인 사실

        (ii) 취소신청을 한 당사자가 중재인의 선정 또는 중재절차에 관하여 적절한 통지를 받지 못하였거나 기타 사유로 인하여 방어할 수가 없었다는 사실

        (iii) 중재판정이 중재부탁의 내용에 예정되어 있지 아니하거나 그 범위에 속하지 아니하는 분쟁을 다루었거나 또는 중재부탁합의의 범위를 유월한 사항에 관한 결정을 포함하고 있다는 사실. 다만, 중재에 부탁된 사항에 관한 결정이 부탁되지 아니한 사항에 관한 결정으로부터 분리될 수 있는 경우에는 중재에 부탁되지 아니한 사항에 관한 결정을 포함하는 중재판정 부분에 한하여 취소될 수 있다는 사실

        (iv) 중재판정부의 구성이나 중재절차가 당사자 간의 합의에 따르지 아니하였다는 사실 또는 그러한 합의가 없는 경우에 이 법에 따르지 아니하였다는 사실. 다만, 그 합의는 당사자에 의해 배제될 수 없는 성격을 가진 이 법의 규정에 저촉되어서는 아니된다는 사실 또는

    (b) 법원이 다음을 인정하는 경우

        (i) 분쟁의 본안이 이 국가의 법령상 중재로 해결할 수 없다는 사실 또는

        (ii) 중재판정이 이 국가의 공서에 저촉되는 사실.

(3) 중재판정취소의 신청인이 중재판정문을 수령한 날로부터 3개월이 경과하였거나 또는 제33조에 의하여 신청을 하였을 경우에는 당해 신청이 중재판정부에 의해 처리된 날로부터 3개월이 경과한 후에는 제기할 수 없다.

(4) 중재판정취소신청이 있을 경우에 법원은 당사자의 신청이 있고 또한 그것이 적절한 때에는 중재판정부로 하여금 중재절차를 재개하게 하거나 중재판정부가 취소사유를 제거하는데 필요한 기타의 조치를 취할 기회를 허여하기 위하여 일정한 기간을 정하여 정지할 수 있다."

(2) 제1항은 다음을 저해하지 않는다.

(a) the power of the Court to set aside an arbitral award under section 26(5);

(b) the right to challenge an arbitral award under section 4 of Schedule 2 (if applicable); or

(c) the right to appeal against an arbitral award on a question of law under section 5 of Schedule 2 (if applicable).

(3) Subject to subsection (2)(c), the Court does not have jurisdiction to set aside or remit an arbitral award on the ground of errors of fact or law on the face of the award.

(4) The leave of the Court is required for any appeal from a decision of the Court under article 34 of the UNCITRAL Model Law, given effect to by subsection (1).

Part 10   Recognition and Enforcement of Awards

(*Format changes—E.R. 2 of 2014)

* The format of Part 10 has been updated to the current legislative styles.

Division 1   Enforcement of arbitral awards

Section 82   Article 35 of UNCITRAL Model Law (Recognition and enforcement)

Article 35 of the UNCITRAL Model Law does not have effect.

Section 83   Article 36 of UNCITRAL Model Law (Grounds for refusing recognition or enforcement)

Article 36 of the UNCITRAL Model Law does not have effect.

Section 84   Enforcement of arbitral awards

(1) Subject to section 26(2), an award, whether made in or outside Hong Kong, in arbitral proceedings by an arbitral tribunal is enforceable in the same manner as a judgment of the Court that has the same effect, but only with the leave of the Court.

(2) If leave is granted under subsection (1), the Court may enter judgment in terms of the award.

(3) The leave of the Court is required for any appeal from a decision of the Court to grant or refuse leave to enforce an award under subsection (1).

Section 85   Evidence to be produced for enforcement of arbitral awards

The party seeking to enforce an arbitral award, whether made in or outside Hong Kong, which is not a Convention award, Mainland award or Macao award, must produce— (Amended 7 of 2013 s. 9)

(a) 법원이 제26조 제5항에 근거하여 중재판정을 취소하는 권한

(b) 부속서 2의 제4조를 적용하는 경우, 이에 근거하여 중재판정에 불복하는 권한이나 또는

(c) 부속서 2의 제4조를 적용하는 경우, 이에 근거하여 중재판정 중의 법률문제에 대하여 상소를 제기하는 권리.

(3) 제2항 제c호에 별도의 규정이 있는 경우를 제외하고, 법원은 중재판정이 표면상으로 보아 사실 혹은 법률상의 오류가 있다는 이유로 그것을 취소하거나 환송하는 관할권을 가지지 않는다.

(4) 법원이 제1항에 의하여 효력이 부여된 국제거래법위원회 모델중재법 제34조에 근거하여 결정을 내리는 경우, 법원의 허락을 얻은 후에만 해당 결정에 대하여 상소를 제기할 수 있다.

제10편 중재판정의 집행

제1절   중재판정의 집행

제82조   국제거래법위원회 모델중재법 제35조 (중재판정의 승인 및 집행)

국제거래법위원회 모델중재법 제35조는 효력을 갖지 아니한다.

제83조   국제거래법위원회 모델중재법 제36조 (승인 또는 집행의 거부사유)

국제거래법위원회 모델중재법 제36조는 효력을 갖지 아니한다.

제84조   중재판정의 집행

(1) 제26조 제2항의 제한하에, 홍콩이든 또는 홍콩 이외의 지역이든 관계없이 중재판정부가 중재 내에서 내린 판정은 모두 법원의 동등한 효력을 가진 판결처럼, 동일한 방식으로 집행할 수 있다. 다만 법원의 허가를 받은 후에야 집행할 수 있다.

(2) 법원이 제1항에 따라 허가를 하면, 중재판정 관련 조항에 따라 판결을 등록할 수 있다.

(3) 법원이 제1항에 따라 중재판정의 집행을 허가하거나 거절하는 모든 결정에 대하여서는 법원의 허가를 받아야만 상소(appeal)를 제기할 수 있다.

제85조   중재판정의 집행을 위한 증거제출

중재판정의 집행을 구하는 당사자는 그 판정이 국제조약이나 중국본토나 마카오의 중재판정이 아닌 경우, 해당 판정이 홍콩에서 내려졌거나 또는 홍콩 이외의 지역에서 내려졌는지

(a) the duly authenticated original award or a duly certified copy of it;

(b) the original arbitration agreement or a duly certified copy of it; and

(c) if the award or agreement is not in either or both of the official languages, a translation of it in either official language certified by an official or sworn translator or by a diplomatic or consular agent. (Replaced 7 of 2013 s. 9)

Section 86   Refusal of enforcement of arbitral awards

(1) Enforcement of an award referred to in section 85 may be refused if the person against whom it is invoked proves—

    (a) that a party to the arbitration agreement was under some incapacity (under the law applicable to that party); (Replaced 7 of 2013 s. 10)

    (b) that the arbitration agreement was not valid—

        (i) under the law to which the parties subjected it; or

        (ii) (if there was no indication of the law to which the arbitration agreement was subjected) under the law of the country where the award was made;

    (c) that the person—

        (i) was not given proper notice of the appointment of the arbitrator or of the arbitral proceedings; or

        (ii) was otherwise unable to present the person's case;

    (d) subject to subsection (3), that the award—

        (i) deals with a difference not contemplated by or not falling within the terms of the submission to arbitration; or

        (ii) contains decisions on matters beyond the scope of the submission to arbitration;

    (e) that the composition of the arbitral authority or the arbitral procedure was not in accordance with—

        (i) the agreement of the parties; or

        (ii) (if there was no agreement) the law of the country where the arbitration took place; or

    (f) that the award—

        (i) has not yet become binding on the parties; or

        (ii) has been set aside or suspended by a competent authority of the country in which, or under the law of which, it was made.

(2) Enforcement of an award referred to in section 85 may also be refused if—

    (a) the award is in respect of a matter which is not capable of settlement by arbitration under the law of Hong Kong;

    (b) it would be contrary to public policy to enforce the award; or

    (c) for any other reason the court considers it just to do so.

와 관계없이, 다음의 서류를 제출하여야 한다. (수정 7 of 2013 s. 9)

(a) 적절한 확인을 거친 해당 판정의 원본 또는 정히 인증된 사본

(b) 관련 중재합의의 원본 또는 정히 인증된 사본 그리고

(c) 만약 중재판정이나 중재합의가 1종 또는 2종의 법적 언어를 선택하지 아니한 경우, 정부 측의 번역사, 선서를 한 번역사, 외교대표 또는 영사대리인의 인증을 거친 1종의 법적 언어의 번역본. (대체 7 of 2013 s. 9)

제86조 중재판정 집행의 거절

(1) 당사자가 집행에 관한 제85조에서 규정한 판정의 대상에 속하는 경우, 그 당사자는 다음을 입증하면 해당 판정의 집행은 거절될 수 있다.

(a) 중재합의에 (적용되는 일방 당사자의 법률에 의하여) 해당 당사자는 행위능력에서 일부 흠결이 있는 경우 (대체 7 of 2013 s. 10)

(b) 관련 중재합의가 다음에 의하여 유효하지 않은 경우

(i) 각 당사자들을 구속하는 법률 또는

(ii) (만약 해당 합의 중 구속력을 가진 법률에 관하여 불분명한 경우) 해당 판정을 내린 소재지국의 법률

(c) 해당 당사자가

(i) 중재인의 선정 또는 중재절차에 관하여 적당한 통지를 받지 못한 경우 또는

(ii) 기타 사유로 당사자 사건에 출석하지 못한 경우.

(d) 제3항의 제한 하에, 중재판정이

(i) 해당 판정에서 처리한 분쟁이 중재합의조항 중에서 예정한 것이 아니거나 또는 해당 분쟁이 해당 조항에서 규정한 범위에 속하지 아니한 경우 또는

(ii) 해당 판정 중에 중재범위를 벗어나는 사항에 대한 결정을 포함한 경우.

(e) 중재판정부의 구성 또는 중재절차에 관하여 다음에 의하지 않은 경우

(i) 당사자들이 합의한 것 또는

(ii) (합의가 없는 경우라면) 중재를 진행한 소재지 국가의 법률에 규정한 것 또는

(f) 해당 중재판정이

(i) 각 당사자에 대하여 아직 구속력을 가지지 않은 경우 또는

(ii) 해당 판정을 내려진 소재지 국가의 법에 따라 국가의 적법한 관할기관에 의하여 취소 또는 정지된 경우.

(2) 다음의 상황이 존재하는 경우, 제85조에서 언급한 판정의 집행도 거절될 수 있다.

(a) 홍콩의 법률에 따라 중재로 해결할 수 없는 사안에 관한 중재판정인 경우

(b) 해당 판정을 집행할 경우, 공서에 반하는 경우, 또는

(c) 기타 어떠한 사유 때문에 법원이 거절하는 것이 정당하다고 판단한 경우.

(3) If an award referred to in section 85 contains, apart from decisions on matters submitted to arbitration (arbitral decisions), decisions on matters not submitted to arbitration (unrelated decisions), the award may be enforced only in so far as it relates to the arbitral decisions that can be separated from the unrelated decisions. (Replaced 7 of 2013 s. 10)

(4) If an application for setting aside or suspending an award referred to in section 85 has been made to a competent authority as mentioned in subsection (1)(f), the court before which enforcement of the award is sought— (Amended 7 of 2013 s .10)

(a) may, if it thinks fit, adjourn the proceedings for the enforcement of the award; and

(b) may, on the application of the party seeking to enforce the award, order the person against whom the enforcement is invoked to give security.

(5) A decision or order of the court under subsection (4) is not subject to appeal.

Division 2   Enforcement of Convention awards

Section 87   Enforcement of Convention awards

(1) A Convention award is, subject to this Division, enforceable in Hong Kong either—

(a) by action in the Court; or

(b) in the same manner as an award to which section 84 applies, and that section applies to a Convention award accordingly as if a reference in that section to an award were a Convention award. (Amended 7 of 2013 s. 11)

(2) A Convention award which is enforceable as mentioned in subsection (1) is to be treated as binding for all purposes on the parties, and may accordingly be relied on by any of them by way of defence, set off or otherwise in any legal proceedings in Hong Kong. (Replaced 7 of 2013 s. 11)

(3) A reference in this Division to enforcement of a Convention award is to be construed as including reliance on a Convention award.

Section 88   Evidence to be produced for enforcement of Convention awards

The party seeking to enforce a Convention award must produce—

(a) the duly authenticated original award or a duly certified copy of it;

(b) the original arbitration agreement or a duly certified copy of it; and

(c) if the award or agreement is not in either or both of the official languages, a translation of it in either official language certified by an official or sworn translator or by a diplomatic or consular agent. (Replaced 7 of 2013 s. 12)

(3) 제85조에서 규정한 판정이 중재에 회부한 사안에 대한 결정(중재결정)을 포함할 뿐만 아니라 중재에 회부하지 않은 사안에 대한 결정(관련이 없는 결정)까지 포함하는 경우, 해당 판정은 관련이 없는 결정을 분리해 낼 수 있는 중재결정 범위 내에서만 집행할 수 있다. (대체 7 of 2013 s. 10)

(4) 당사자가 이미 제1항 제i호, 제f호에서 규정한 적법한 기관에 제85조에서 규정한 판정의 취소 또는 정지를 신청한 경우에, 해당 중재판정의 집행을 청구받은 법원은 (수정 7 of 2013 s. 10)

   (a) 적당하다고 판단한 경우, 해당 판정을 집행하는 법적 절차를 연기할 수 있다. 그리고

   (b) 해당 판정의 집행을 청구하는 해당 당사자의 신청에 관하여, 해당 집행의 대상에 속하는 자에게 보증을 제공할 것을 명령할 수 있다.

(5) 제4항에서 규정한 법원의 결정 또는 명령에 대하여 상소를 제기하여서는 아니 된다.

제2절 협약판정의 집행

제87조 협약판정의 집행

(1) 이 절의 제한하에, 협약판정은 다음에 의하여 홍콩에서 집행될 수 있다.

   (a) 법원에서의 소송에 기하여 홍콩에서 집행할 수 있거나 또는

   (b) 집행에 관한 제84조를 적용받는 판정과 동일한 방식으로 그리고 해당 규정은 이에 따라 협약판정에 적용되며 그것은 해당 규정에서 언급한 판정이 협약판정이라는 것과 같다. (수정 7 of 2013 s. 11)

(2) 제1항에서 명시된 것과 같이 집행할 수 있는 협약판정은, 모든 목적에서 각 당사자에 대하여 구속력을 가지는 것으로 간주하여야 하며, 모든 당사자는 이에 근거하여 홍콩에서 진행하는 모든 법적절차에서 해당 판정을 근거로 항변 또는 취소의 수단으로 원용될 수 있다. (대체 7 of 2013 s. 11)

(3) 이 절에서 언급하는 집행의 협약판정은 협약판정에 의한 판정을 포함하는 것으로 해석해야 한다.

제88조 협약판정의 집행을 위한 증거의 제출

협약판정의 집행을 원하는 당사자는 다음의 문서를 제출하여야 한다.

(a) 적절한 확인을 거친 해당 중재판정의 원본 또는 정히 인증된 사본

(b) 관련 중재합의의 원본 또는 정히 인증된 중재합의 사본 그리고

(c) 해당 판정 또는 합의가 1종 또는 2종의 법적 언어를 사용하지 않은 경우, 정부 측 번역사, 선서를 한 번역사, 외교대표 또는 영사대리인의 인증을 거친 1종의 법적 언어의 번역본. (대체 7 of 2013 s. 12)

Section 89   Refusal of enforcement of Convention awards

(1) Enforcement of a Convention award may not be refused except as mentioned in this section. (Amended 7 of 2013 s. 13)

(2) Enforcement of a Convention award may be refused if the person against whom it is invoked proves—

    (a) that a party to the arbitration agreement was under some incapacity (under the law applicable to that party); (Replaced 7 of 2013 s. 13)

    (b) that the arbitration agreement was not valid—

        (i)   under the law to which the parties subjected it; or

        (ii) (if there was no indication of the law to which the arbitration agreement was subjected) under the law of the country where the award was made;

    (c) that the person—

        (i)   was not given proper notice of the appointment of the arbitrator or of the arbitral proceedings; or

        (ii) was otherwise unable to present the person's case;

    (d) subject to subsection (4), that the award—

        (i)   deals with a difference not contemplated by or not falling within the terms of the submission to arbitration; or

        (ii) contains decisions on matters beyond the scope of the submission to arbitration;

    (e) that the composition of the arbitral authority or the arbitral procedure was not in accordance with—

        (i)   the agreement of the parties; or

        (ii) (if there was no agreement) the law of the country where the arbitration took place; or

    (f) that the award—

        (i)   has not yet become binding on the parties; or

        (ii) has been set aside or suspended by a competent authority of the country in which, or under the law of which, it was made.

(3) Enforcement of a Convention award may also be refused if—

    (a) the award is in respect of a matter which is not capable of settlement by arbitration under the law of Hong Kong; or

    (b) it would be contrary to public policy to enforce the award.

(4) If a Convention award contains, apart from decisions on matters submitted to arbitration (arbitral decisions), decisions on matters not submitted to arbitration (unrelated decisions), the award may be enforced only in so far as it relates to the arbitral decisions that can be separated from the unrelated decisions. (Replaced 7 of 2013 s. 13)

제89조   협약판정의 집행의 거절

(1) 본조의 규정을 제외하고, 협약판정의 집행을 거절하여서는 아니 된다. (수정 7 of 2013 s. 13)

(2) 협약판정의 집행은 당사자가 다음을 증명하는 경우 집행은 거절될 수 있다.

　(a) 중재합의에 해당 당사자는 (일방 당사자에게 적용되는 법률에 의하여) 행위능력에 있어서 일부 흠결이 있는 경우 (대체 7 of 2013 s. 13)

　(b) 중재합의가 다음의 법률에 의하여 유효하지 않는 경우

　　(i) 당사자들이 준수하는 법 또는

　　(ii) (만약 해당 합의에 적용될 법률이 불분명한 경우) 해당 판정을 내린 소재지 국가의 법률.

　(c) 해당 당사자가

　　(i) 중재인의 선정 또는 중재절차에 관한 적절한 통지를 받지 못했던 경우 또는

　　(ii) 기타 사유로 당사자 사건에 출석할 수 없었던 경우

　(d) 제4항에 별도의 규정이 있는 경우를 제외하고, 중재판정이

　　(i) 해당 판정에서 처리한 분쟁이 중재합의조항 중에서 예정한 것이 아니거나 또는 해당 분쟁이 해당 조항에서 규정한 범위에 속하지 아니한 경우 또는

　　(ii) 해당 판정 중에 중재범위 이외의 사항에 관한 결정을 포함한 경우

　(e) 중재판정부의 구성 또는 중재절차에 관하여 다음에 의하지 않은 경우

　　(i) 당사자들이 합의한 것 또는

　　(ii) (합의가 없는 경우라면) 중재를 진행한 국가의 법에 의한 것 또는

　(f) 해당 중재판정이

　　(i) 각 당사자에 대하여 아직 구속력을 가지지 않은 경우 또는

　　(ii) 해당 판정을 내려진 소재지 국가의 법에 따라 국가의 적법한 관할기관에 의하여 취소 또는 정지된 경우.

(3) 다음의 상황이 존재하는 경우도 협약판정의 집행이 거절될 수 있다.

　(a) 홍콩의 법률에 의하면 해당 판정이 처리한 사안은 중재로 해결할 수 없는 것이거나 또는

　(b) 해당 판정을 집행 할 경우, 공서에 반하는 경우.

(4) 협약판정 중에 중재에 회부한 사안에 대한 결정(중재결정)을 포함할 뿐만 아니라 중재에 회부하지 않은 사안에 대한 결정(관련이 없는 결정)까지 포함하는 경우, 해당 판정은 관련이 없는 결정을 분리해 낼 수 있는 중재결정 범위 내에서만 집행할 수 있다. (대체 7 of 2013 s. 13)

(5) If an application for setting aside or suspending a Convention award has been made to a competent authority as mentioned in subsection (2)(f), the court before which enforcement of the award is sought— (Amended 7 of 2013 s. 13)

    (a) may, if it thinks fit, adjourn the proceedings for the enforcement of the award; and

    (b) may, on the application of the party seeking to enforce the award, order the person against whom the enforcement is invoked to give security.

(6) A decision or order of the court under subsection (5) is not subject to appeal.

Section 90   Order for declaring party to New York Convention

(1) The Chief Executive in Council may, by order in the Gazette, declare that any State or territory that—

    (a) is a party to the New York Convention; and

    (b) is specified in the order, is a party to that Convention.

(2) An order under subsection (1), while in force, is conclusive evidence that the State or territory specified in it is a party to the New York Convention.

(3) Subsections (1) and (2) do not affect any other method of proving that a State or territory is a party to the New York Convention.

Section 91   Saving of rights to enforce Convention awards

This Division does not affect any right to enforce or rely on a Convention award otherwise than under this Division.

Division 3   Enforcement of Mainland awards

Section 92   Enforcement of Mainland awards

(1) A Mainland award is, subject to this Division, enforceable in Hong Kong either—

    (a) by action in the Court; or

    (b) in the same manner as an award to which section 84 applies, and that section applies to a Mainland award accordingly as if a reference in that section to an award were a Mainland award. (Amended 7 of 2013 s. 14)

(2) A Mainland award which is enforceable as mentioned in subsection (1) is to be treated as binding for all purposes on the parties, and may accordingly be relied on by any of them by way of defence, set off or otherwise in any legal proceedings in Hong Kong. (Replaced 7 of 2013 s. 14)

(3) A reference in this Division to enforcement of a Mainland award is to be construed as including reliance on a Mainland award.

(5) 만약 일방 당사자가 제2항 제f호에서 규정한 관할부서에게 협약판정의 취소 또는 정지를 신청하고, 다른 당사자는 법원에 해당 판정의 집행을 청구한 경우, 해당 법원은

　(a) 적당하다고 판단되는 경우, 해당 판정의 집행 법적절차를 연기할 수 있다. 그리고

　(b) 해당 판정의 집행을 청구한 당사자의 신청에 의하여 해당 집행의 대상에 속하는 자에게 담보를 제공할 것을 명령할 수 있다.

(6) 모든 당사자는 제5항에서 규정한 법원의 결정 또는 명령에 대하여 상소를 제기하여서는 아니 된다.

제90조　"뉴욕협약" 체약국 선포 명령

(1) '행정장관'은 관보에 게재한 명령에 의하여 다음의 국가 또는 지역이 "뉴욕협약"의 체약국임을 선포한다.

　(a) 해당 국제조약의 체약국 그리고

　(b) 해당 명령에서 지정한 국가 또는 지역.

(2) 제1항에서 규정한 명령이 유효한 경우, 해당 명령은 곧 지정된 국가 또는 지역이 "뉴욕협약"의 체약국에 속한다는 확실한 증거가 된다.

(3) 제1항과 제2항은 기타 어느 국가 또는 지역이 "뉴욕협약"의 체약국임을 증명하는 방법에 영향을 미치지 않는다.

제91조　협약판정의 집행의 보류권

이 절은 이 절에 근거하지 않은 모든 협약판정을 집행하는 권리 또는 협약판정에 의한 권리에 영향을 미치지 않는다.

제3절　중국본토 중재판정의 집행

제92조　중국본토 중재판정의 집행

(1) 이 절의 적용을 받는 중국본토의 중재판정은

　(a) 법원에서의 소송에 의하여 홍콩에서 집행할 수 있거나 또는

　(b) 제84조를 적용하는 판정에 대한 집행과 같은 방식으로 홍콩에서 집행될 수 있다. 그리하여 해당 조항이 중국본토 판정을 포함하는 것과 같이 해당 조항을 중국본토 판정에 적용시킬 수 있다. (수정 7 of 2013 s. 14)

(2) 제1항에서 언급한 것과 같이 집행할 수 있는 중국본토의 중재판정은, 모든 목적에서 모든 당사자에 대하여 구속력을 가지는 것으로 간주하여야 한다. 그리고 모든 당사자는 모두 이에 근거하여 홍콩에서 진행하는 모든 법적절차에서 해당 판정을 근거로 항변이나 취소, 기타의 수단으로 원용될 수 있다. (대체 7 of 2013 s. 14)

(3) 이 절에서 언급한 집행하는 중국본토 중재판정은 중국본토 중재판정에 의한 집행도 포

Section 93   Restrictions on enforcement of Mainland awards

(1) A Mainland award is not, subject to subsection (2), enforceable under this Division if an application has been made on the Mainland for enforcement of the award.

(2) If a Mainland award is not fully satisfied by way of enforcement proceedings taken in the Mainland, or in any other place other than Hong Kong, that part of the award which is not satisfied in those proceedings is enforceable under this Division. (Replaced 7 of 2013 s. 15)

Section 94   Evidence to be produced for enforcement of Mainland awards

The party seeking to enforce a Mainland award must produce—

(a) the duly authenticated original award or a duly certified copy of it;

(b) the original arbitration agreement or a duly certified copy of it; and

(c) if the award or agreement is not in either or both of the official languages, a translation of it in either official language certified by an official or sworn translator or by a diplomatic or consular agent. (Replaced 7 of 2013 s. 16)

Section 95   Refusal of enforcement of Mainland awards

(1) Enforcement of a Mainland award may not be refused except as mentioned in this section. (Amended 7 of 2013 s. 17)

(2) Enforcement of a Mainland award may be refused if the person against whom it is invoked proves—

    (a) that a party to the arbitration agreement was under some incapacity (under the law applicable to that party); (Replaced 7 of 2013 s. 17)

    (b) that the arbitration agreement was not valid—

        (i)   under the law to which the parties subjected it; or

        (ii) (if there was no indication of the law to which the arbitration agreement was subjected) under the law of the Mainland;

    (c) that the person—

        (i)   was not given proper notice of the appointment of the arbitrator or of the arbitral proceedings; or

        (ii) was otherwise unable to present the person's case;

    (d) subject to subsection (4), that the award—

        (i)   deals with a difference not contemplated by or not falling within the terms of the submission to arbitration; or

        (ii) contains decisions on matters beyond the scope of the submission to arbitration;

함하는 것으로 해석해야 한다.

제93조 중국본토 중재판정의 집행의 제한

(1) 제2항에 별도의 규정이 있는 경우를 제외하고, 만약 일방 당사자가 중국본토 판정을 집행하기 위하여 중국본토에서 신청이 이루어졌다면, 해당 판정은 이 절에 의하여 집행할 수 없다.

(2) 만약 중국본토의 중재판정이 중국본토나 홍콩 이외의 다른 지역에서 집행 절차에 의하여 완전한 이행을 받지 못한 경우, 해당 판정이 해당 절차 중에서 이행되지 못한 부분은 이 절에 의하여 집행할 수 있다. (대체 7 of 2013 s. 15)

제94조 중국본토 중재판정의 집행을 위한 증거제출

중국본토 중재판정의 집행을 원하는 당사자는 다음의 서류를 제출하여야 한다.

(a) 적정한 승인을 거친 해당 중재판정의 원본 또는 정히 인증된 사본

(b) 관련 중재합의의 원본 또는 정히 인증된 중재합의의 사본 그리고

(c) 만약 해당 판정 또는 합의가 1종 또는 2종의 법적 언어를 사용하지 않은 경우, 정부 측 번역사, 선서를 한 번역사, 외교대표 또는 영사대리인의 인증을 거친 1종의 공인 언어의 번역본. (대체 7 of 2013 s. 16)

제95조 중국본토 중재판정의 집행의 거절

(1) 본조의 규정을 제외하고, 중국본토 중재판정의 집행을 거절하여서는 아니 된다. (수정 7 of 2013 s. 17)

(2) 만약 어느 당사자가 중국본토 중재판정의 집행의 대상에 속하고 해당 당사자가 다음을 증명하는 경우, 해당 판정의 집행은 거절될 수 있다.

   (a) 관련 중재합의에 (적용되는 일방 당사자의 법률에 의하여) 해당 당사자는 행위능력에 있어서 일부 흠결이 있는 경우

   (b) 관련 중재합의가 다음의 법률에 의하여 유효하지 않은 경우

      (i) 당사자들이 준수하는 법에 따라 또는

      (ii) (만약 해당 합의에 적용할 법률이 불분명한 경우) 중국본토의 법률에 따라

   (c) 해당 당사자가

      (i) 중재인의 선정 또는 중재절차에 관하여 적절한 통지를 받지 못한 경우 또는

      (ii) 기타 사유로 당사자 사건에 출석할 수 없었던 경우.

   (d) 제4항에 별도의 규정이 있는 경우를 제외하고

      (i) 해당 판정에서 처리한 분쟁이 중재합의조항 중에서 예정한 것이 아니거나 또는 해당 분쟁이 해당 조항에서 규정한 범위에 속하지 아니한 경우 또는

      (ii) 해당 판정 중에 중재범위를 벗어나는 사안에 대한 결정을 포함한 경우.

(e) that the composition of the arbitral authority or the arbitral procedure was not in accordance with—

    (i) the agreement of the parties; or

    (ii) (if there was no agreement) the law of the Mainland; or

(f) that the award—

    (i) has not yet become binding on the parties; or

    (ii) has been set aside or suspended by a competent authority of the Mainland or under the law of the Mainland.

(3) Enforcement of a Mainland award may also be refused if—

    (a) the award is in respect of a matter which is not capable of settlement by arbitration under the law of Hong Kong; or

    (b) it would be contrary to public policy to enforce the award.

(4) If a Mainland award contains, apart from decisions on matters submitted to arbitration (arbitral decisions), decisions on matters not submitted to arbitration (unrelated decisions), the award may be enforced only in so far as it relates to the arbitral decisions that can be separated from the unrelated decisions. (Replaced 7 of 2013 s. 17)

Section 96   Mainland awards to which certain provisions of this Division do not apply

Expanded Cross Reference: 92, 93, 94, 95

(1) Subject to subsection (2), this Division has effect with respect to the enforcement of Mainland awards.

(2) If—

    (a) a Mainland award was at any time before 1 July 1997 a Convention award within the meaning of Part IV of the repealed Ordinance as then in force; and

    (b) the enforcement of that award had been refused at any time before the commencement of section 5 of the Arbitration (Amendment) Ordinance 2000 (2 of 2000) under section 44 of the repealed Ordinance as then in force,

then sections 92 to 95 have no effect with respect to the enforcement of that award. <*Note-Exp. x-Ref: Sections 92, 93, 94, 95 *>

Section 97   Publication of list of recognized Mainland arbitralauthorities

(1) The Secretary for Justice must, by notice in the Gazette, publish a list of recognized Mainland arbitral authorities supplied from time to time to the Government by the Legislative Affairs Office of the State Council of the People's Republic of China through the Hong Kong and Macao Affairs Office of the State Council.

(2) A list published under subsection (1) is not subsidiary legislation.

(e) 중재판정부의 구성 또는 중재절차에 관하여 다음에 의하지 않은 경우

   (i) 당사자의 합의 또는

   (ii) (합의가 없는 경우라면) 중국본토의 법, 또는

(f) 해당 중재판정이

   (i) 각 당사자에 대하여 아직 구속력을 가지지 않은 경우 또는

   (ii) 중국본토의 적법한 기관 혹은 중국본토의 법에 의하여 취소 또는 정지된 경우.

(3) 다음의 경우, 중국본토 중재판정의 집행도 거절될 수 있다.

(a) 홍콩의 법률에 의하면 해당 판정이 처리한 사안은 중재로 해결할 수 없는 사안인 경우 또는

(b) 해당 판정을 집행할 경우, 공서에 반하는 경우.

(4) 중국본토의 판정 중에 중재에 회부한 사안에 대한 결정(중재결정)을 포함할 뿐만 아니라 중재에 회부하지 않은 사안에 대한 결정(관련이 없는 결정)까지 포함하는 경우, 해당 판정은 관련이 없는 결정을 분리해 낼 수 있는 중재결정의 범위 내에서만 집행할 수 있다. (대체 7 of 2013 s. 17)

제96조　이 절의 일부 조항은 중국본토 중재판정에 적용되지 않음

(1) 제2항의 제한 하에, 이 절의 규정은 중국본토 중재판정의 집행에 관하여 효력을 가진다.

(2) 만약

(a) 중국본토의 중재판정이 1997년 7월 1일 전에 그 당시 유효한 "구조례" 제4편에서 규정한 협약판정에 속하는 경우 그리고

(b) 해당 중재판정이 "2000년 중재(수정)조례"(2 of 2000) 제5조 발효 전에 그 당시 유효한 "구조례" 제44조에 의하여 집행이 거절됐었던 경우

제92조 내지 제95조는 해당 중재판정의 집행에 관하여 효력을 가지지 않는다.

제97조　중국본토 중재기관 리스트의 승인과 공표

(1) 법무부 장관은 관보에 게재한 공고에 의하여 중화인민공화국국무원법제판공실이 수시로 국무원홍콩마카오사무판공실을 통하여 정부에게 제공하고 승인한 중국본토 중재기관의 리스트를 공표한다.

(2) 제1항에 근거하여 공표한 리스트는 부속법령이 아니다.

Section 98   Saving of certain Mainland awards

Despite the fact that enforcement of a Mainland award had been refused in Hong Kong at any time during the period between 1 July 1997 and the commencement of section 5 of the Arbitration (Amendment) Ordinance 2000 (2 of 2000) under the repealed Ordinance as then in force, the award is, subject to section 96(2), enforceable under this Division as if enforcement of the award had not previously been so refused.

Division 4   Enforcement of Macao Awards

(Division 4 added 7 of 2013 s. 18)

Section 98A   Enforcement of Macao awards

(1) A Macao award is, subject to this Division, enforceable in Hong Kong either—
   (a) by action in the Court; or
   (b) in the same manner as an award to which section 84 applies, and that section applies to a Macao award accordingly as if a reference in that section to an award were a Macao award.

(2) A Macao award which is enforceable as mentioned in subsection (1) is to be treated as binding for all purposes on the parties, and may accordingly be relied on by any of them by way of defence, set off or otherwise in any legal proceedings in Hong Kong.

(3) A reference in this Division to enforcement of a Macao award is to be construed as including reliance on a Macao award.

Section 98B   Enforcement of Macao awards partially satisfied

If a Macao award is not fully satisfied by way of enforcement proceedings taken in Macao, or in any other place other than Hong Kong, that part of the award which is not satisfied in those proceedings is enforceable under this Division.

Section 98C   Evidence to be produced for enforcement of Macao awards

The party seeking to enforce a Macao award must produce—

(a) the duly authenticated original award or a duly certified copy of it;

(b) the original arbitration agreement or a duly certified copy of it; and

(c) if the award or agreement is not in either or both of the official languages, a translation of it in either official language certified by an official or sworn translator or by a diplomatic or consular agent.

제98조 일부 중국본토 중재판정의 유보

중국본토 중재판정이 1997년 7월 1일부터 "2000년 중재(수정)조례"(2 of 2000) 제5조 발효하기까지, 당시 유효한 "구조례"에 의하여 홍콩에서 집행을 거절당한 경우, 제96조 제2항에 별도의 규정이 없는 한 해당 중재판정은 전에 집행을 거절당한 적이 없는 것과 같이 이 절에 의하여 집행할 수 있다.

제4절 마카오 중재판정의 집행

(제4절 추가 7 of 2013 s. 18)

제98A조 마카오 중재판정의 집행

(1) 이 절의 적용을 받는 마카오의 중재판정은

(a) 법원에서의 소송에 의하여 홍콩에서 집행할 수 있거나 또는

(b) 제84조를 적용하는 판정에 대한 집행과 같은 방식으로 홍콩에서 집행될 수 있다. 그리하여 해당 조항이 마카오 판정을 포함하는 것과 같이 해당 조항을 마카오 판정에 적용시킬 수 있다.

(2) 제1항에서 규정과 같이 집행될 수 있는 마카오의 중재판정은, 모든 목적에서 모든 당사자에 대하여 구속력을 가지는 것으로 간주된다. 그리고 모든 당사자는 모두 이에 근거하여 홍콩에서 진행하는 모든 법적절차에서 해당 판정을 근거로 항변 또는 취소를 주장할 수 있으며, 또는 기타 방식으로 해당 판정을 근거로 이용할 수 있다.

(3) 이 절에서 말하는 마카오 중재판정의 집행은 마카오 중재판정을 원용하는 것을 포함하는 것으로 해석된다.

제98B조 일부 인정된 마카오 중재판정의 집행

만약 마카오 중재판정이 홍콩이 아닌 마카오 혹은 기타 다른 장소에서 진행되는 집행절차의 방법에 전부가 인정되지 아니하는 경우, 그 절차에서 인정되지 아니하는 중재판정의 그 부분이 이 절에 따라 홍콩에서 집행될 수 있다.

제98C조 마카오 중재판정의 집행을 위한 증거제출

마카오 중재판정의 집행을 원하는 당사자는 다음의 서류를 제출하여야 한다.

(a) 적정한 승인을 거친 해당 중재판정의 원본 또는 정히 인증된 사본

(b) 관련 중재합의의 원본 또는 정히 인증된 중재합의의 사본 그리고

(c) 만약 해당 판정 또는 합의가 1종 또는 2종의 법적 언어를 사용하지 않은 경우, 정부 측 번역사, 선서를 한 번역사, 외교대표 또는 영사대리인의 인증을 거친 1종의 공인 언어의 번역본.

Section 98D   Refusal of enforcement of Macao awards

(1) Enforcement of a Macao award may not be refused except as mentioned in this section.

(2) Enforcement of a Macao award may be refused if the person against whom it is invoked proves—

(a) that a party to the arbitration agreement was under some incapacity (under the law applicable to that party);

(b) that the arbitration agreement was not valid—

(i) under the law to which the parties subjected it; or

(ii) (if there was no indication of the law to which the arbitration agreement was subjected) under the law of Macao;

(c) that the person—

(i) was not given proper notice of the appointment of the arbitrator or of the arbitral proceedings; or

(ii) was otherwise unable to present the person's case;

(d) subject to subsection (4), that the award—

(i) deals with a difference not contemplated by or not falling within the terms of the submission to arbitration; or

(ii) contains decisions on matters beyond the scope of the submission to arbitration;

(e) that the composition of the arbitral authority or the arbitral procedure was not in accordance with—

(i) the agreement of the parties; or

(ii) (if there was no agreement) the law of Macao; or

(f) that the award—

(i) has not yet become binding on the parties; or

(ii) has been set aside or suspended by a competent authority of Macao or under the law of Macao.

(3) Enforcement of a Macao award may also be refused if—

(a) the award is in respect of a matter which is not capable of settlement by arbitration under the law of Hong Kong; or

(b) it would be contrary to public policy to enforce the award.

(4) If a Macao award contains, apart from decisions on matters submitted to arbitration (arbitral decisions), decisions on matters not submitted to arbitration (unrelated decisions), the award may be enforced only in so far as it relates to the arbitral decisions that can be separated from the unrelated decisions.

(5) If an application for setting aside or suspending a Macao award has been made to a competent authority as mentioned in subsection (2)(f), the court before which enforcement

제98D조 마카오 중재판정의 집행의 거절

(1) 본조의 규정을 제외하고, 마카오 중재판정의 집행을 거절하여서는 아니 된다.

(2) 만약 어느 당사자가 마카오 중재판정의 집행의 대상에 속하고 해당 당사자가 다음을 증명하는 경우, 해당 판정의 집행은 거절될 수 있다.

  (a) 관련 중재합의에 (적용되는 일방 당사자의 법률에 의하여) 해당 당사자는 행위능력에 있어서 일부 흠결이 있는 경우

  (b) 관련 중재합의가 다음의 법률에 의하여 유효하지 않은 경우

    (i) 당사자들이 준수하는 법에 따라 또는

    (ii) (만약 해당 합의에 적용할 법률이 불분명한 경우) 마카오의 법률에 따라

  (c) 해당 당사자가

    (i) 중재인의 선정 또는 중재절차에 관하여 적절한 통지를 받지 못한 경우 또는

    (ii) 기타 사유로 당사자 사건에 출석할 수 없었던 경우.

  (d) 제4항의 제한 하에

    (i) 해당 판정에서 처리한 분쟁이 중재합의조항 중에서 예정한 것이 아니거나 또는 해당 분쟁이 해당 조항에서 규정한 범위에 속하지 아니한 경우 또는

    (ii) 해당 판정 중에 중재범위를 벗어나는 사안에 대한 결정을 포함한 경우.

  (e) 중재판정부의 구성 또는 중재절차에 관하여 다음에 의하지 않은 경우

    (i) 당사자의 합의 또는

    (ii) (합의가 없는 경우) 마카오의 법 또는

  (f) 해당 중재판정이

    (i) 각 당사자에 대하여 아직 구속력을 가지지 않은 경우 또는

    (ii) 마카오의 적법한 기관 혹은 마카오의 법에 의하여 취소 또는 정지된 경우.

(3) 다음의 경우, 마카오 중재판정의 집행도 거절될 수 있다.

  (a) 홍콩의 법률에 의하면 해당 판정이 처리한 사안은 중재로 해결할 수 없는 사안인 경우 또는

  (b) 해당 판정을 집행할 경우, 공서에 반하는 경우.

(4) 마카오의 중재판정 중에 중재에 회부한 사안에 대한 결정(중재결정)을 포함할 뿐만 아니라 중재에 회부하지 않은 사안에 대한 결정(관련이 없는 결정)까지 포함하는 경우, 해당 판정은 관련이 없는 결정을 분리해 낼 수 있는 중재결정의 범위 내에서만 집행할 수 있다.

(5) 만약 본조 제2항 제f호에서 규정된 적법한 기관에게 중재판정의 취소 또는 정지를 구하는 신청이 있는 경우, 중재판정의 집행 전에 해당 법원은 다음을 할 수 있다.

of the award is sought—

(a) may, if it thinks fit, adjourn the proceedings for the enforcement of the award; and

(b) may, on the application of the party seeking to enforce the award, order the person against whom the enforcement is invoked to give security.

(6) A decision or order of the court under subsection (5) is not subject to appeal.

Part 11 — PROVISIONS THAT MAY BE EXPRESSLY OPTED FOR OR AUTOMATICALLY APPLY

Section 99   Arbitration agreements may provide expressly for opt-in provisions

An arbitration agreement may provide expressly that any or all of the following provisions are to apply—

(a) section 1 of Schedule 2;

(b) section 2 of Schedule 2;

(c) section 3 of Schedule 2;

(d) sections 4 and 7 of Schedule 2;

(e) sections 5, 6 and 7 of Schedule 2.

Section 100   Opt-in provisions automatically apply in certain cases

All the provisions in Schedule 2 apply, subject to section 102, to—

(a) an arbitration agreement entered into before the commencement of this Ordinance which has provided that arbitration under the agreement is a domestic arbitration; or

(b) an arbitration agreement entered into at any time within a period of 6 years after the commencement of this Ordinance which provides that arbitration under the agreement is a domestic arbitration.

Section 101   Opt-in provisions that automatically apply under section 100 deemed to apply to Hong Kong construction subcontracting cases

(1) If—

(a) all the provisions in Schedule 2 apply under section 100(a) or (b) to an arbitration agreement, in any form referred to in section 19, included in a construction contract;

(b) the whole or any part of the construction operations to be carried out under the construction contract ("relevant operation") is subcontracted to any person under another construction contract ("subcontract"); and

(c) that subcontract also includes an arbitration agreement ("subcontracting parties' arbitration agreement") in any form referred to in section 19, then all the provisions in

(a) 적당하다고 판단되는 경우, 중재판정의 집행 법적절차를 연기할 수 있다. 그리고

(b) 중재판정의 집행을 청구한 당사자의 신청에 의하여 집행의 대상에 속하는 자에게 담보를 제공할 것을 명령할 수 있다.

(6) 제5항에서 규정한 법원의 결정 또는 명령에 대하여 상소를 제기하여서는 아니 된다.

제11편　명시적으로 선택할 수 있거나 또는 자동으로 적용되는 규정

제99조　중재합의에 의하여 명시적으로 적용할 규정 선택

중재합의에는 명시적으로 다음의 하나 혹은 전부를 적용한다고 정할 수 있다.

(a) 부속서 2 제1조

(b) 부속서 2 제2조

(c) 부속서 2 제3조

(d) 부속서 2 제4조와 제7조

(e) 부속서 2 제5조, 제6조와 제7조.

제100조　임의적인 선택 규정의 자동적용

제102조에 별도의 규정이 있는 경우를 제외하고 부속서 2의 모든 규정은 다음의 규정에 부합하는 중재합의에 적용된다.

(a) 이 조례 발효 전 체결하고 동시에 해당 합의 중에서 규정한 중재는 현지에서 진행하는 중재라고 밝힌 경우 또는

(b) 이 조례 발효 후 6년 내에 체결하고 동시에 해당 합의 중에서 규정한 중재는 현지에서 진행하는 중재라고 밝힌 경우.

제101조　제100조의 자동적용 규정은 홍콩의 건설 하도급에 관한 사안에 적용하는 것으로 간주

(1) 만약

(a) 건축계약 중에 제19조에서 규정한 임의형식의 중재합의를 포함하며 제100조 제a호 혹은 제b호에 근거하면 부속서 2의 모든 규정이 해당 중재합의에 적용되는 경우

(b) 해당 건축계약에 의하여 진행하는 건축공사의 전부 혹은 부분(“관련공사”)이 다른 건축계약(“하도급계약”)에 근거하여 다른 당사자에게 하도급한 경우

(c) 해당 하도급계약에도 제19조에서 언급한 어느 형식의 중재합의(“하도급 당사자들의 중재합의”)를 포함한 경우, 제102조에 별도의 규정이 있는 경우를 제외하고 부속서 2의 모든 규정은 해당 하도급 당사자들의 중재합의에도 적용된다.

Schedule 2 also apply, subject to section 102, to the subcontracting parties' arbitration agreement.

(2) Unless the subcontracting parties' arbitration agreement is an arbitration agreement referred to in section 100(a) or (b), subsection (1) does not apply if—

(a) the person to whom the whole or any part of the relevant operation is subcontracted under the subcontract is—

(i) a natural person who is ordinarily resident outside Hong Kong;

(ii) a body corporate—

(A) incorporated under the law of a place outside Hong Kong; or

(B) the central management and control of which is exercised outside Hong Kong; or

(iii) an association—

(A) formed under the law of a place outside Hong Kong; or

(B) the central management and control of which is exercised outside Hong Kong;

(b) the person to whom the whole or any part of the relevant operation is subcontracted under the subcontract has no place of business in Hong Kong; or

(c) a substantial part of the relevant operation which is subcontracted under the subcontract is to be performed outside Hong Kong.

(3) If—

(a) all the provisions in Schedule 2 apply to a subcontracting parties' arbitration agreement under subsection (1);

(b) the whole or any part of the relevant operation that is subcontracted under the subcontract is further subcontracted to another person under a further construction contract ("further subcontract"); and

(c) that further subcontract also includes an arbitration agreement in any form referred to in section 19, subsection (1) has effect subject to subsection (2), and all the provisions in Schedule 2 apply, subject to section 102, to the arbitration agreement so included in that further subcontract as if that further subcontract were a subcontract under subsection (1).

(4) In this section—

"construction contract" (建造合約) has the meaning given to it by section 2(1) of the Construction Industry Council Ordinance (Cap 587);

"construction operations" (建造工程) has the meaning given to it by Schedule 1 to the Construction Industry Council Ordinance (Cap 587).

Section 102　Circumstances under which opt-in provisions not automatically apply

Sections 100 and 101 do not apply if—

(a) the parties to the arbitration agreement concerned so agree in writing; or

(b) the arbitration agreement concerned has provided expressly that—

(2) 하도급의 당사자들 간의 중재합의가 제100조 제a호 혹은 제b호에서 언급한 중재합의에 속하는 경우를 제외하고, 다음에 해당하는 경우, 제1항은 적용되지 않는다.

  (a) 관련 공사의 전부 혹은 일부가 하도급계약에 의하여 어느 당사자에게 하도급을 준 경우

    (i) 해당 당사자가 보통 홍콩 이외의 지역에 거주하는 자연인일 경우

    (ii) 단체로서

      (A) 홍콩 이외 지역의 법률에 의하여 설립한 법인단체 또는

      (B) 홍콩 이외의 지역에서 이루어지는 중앙관리와 통제

    (iii) 조직으로서

      (A) 홍콩 이외 지역의 법률에 의하여 설립한 조직 또는

      (B) 홍콩 이외의 지역에서 이루어지는 중앙관리와 통제.

  (b) 관련 공사의 전부 혹은 일부가 하도급계약에 의하여 어느 당사자에게 하도급을 한 경우, 해당 당사자가 홍콩에 영업장소가 없거나, 또는

  (c) 하도급계약에 의하여 어느 당사자에게 하도급을 한 관련 공사의 상당부분이 홍콩 이외의 지역에서 이행되는 경우

(3) 만약

  (a) 제1항에 따라 부속서 2의 모든 규정이 하도급 당사자의 중재합의에 적용되는 경우

  (b) 관련 하도급계약에 의하여 관련 공사의 전부 혹은 일부를 일방 당사자에게 하도급 하였으며 다른 건축계약("재하도급계약")에 근거하여 다시 다른 당사자에게 하도급 한 경우 그리고

  (c) 해당 재하도급계약도 제19조에서 언급한 임의형식의 중재합의를 포함한 경우
제2항의 규정을 조건으로, 제1항은 효력을 가진다. 그리고 제102조에 별도의 규정이 없는 한, 부속서 2의 모든 규정은 이러한 재하도급계약 중에 포함된 중재합의에도 적용되며 이러한 경우 해당 재하도급계약은 제1항에서 언급한 하도급계약과 같다.

(4) 이 조에서

  "건축계약"은 "건축업의회조례"(Cap. 587)의 제2조 제1항의 정의를 말한다.

  "건축공사"는 "건축업의회조례"(Cap. 587) 부속서 1의 정의를 말한다.

제102조　임의적인 조항의 자동적용을 금지하는 상황

만약 다음에 해당하는 경우 제100조와 제101조는 적용되지 않는다.

(a) 관련 중재합의의 당사자들이 서면으로 적용하지 않기로 합의한 경우, 또는

(b) 관련 중재합의에서 명시적으로 다음의 규정을 한 경우

(i) section 100 or 101 does not apply; or

(ii) any of the provisions in Schedule 2 applies or does not apply.

Section 103   Application of provisions under this Part

If there is any conflict or inconsistency between any provision that applies under this Part and any other provision of this Ordinance, the first-mentioned provision prevails, to the extent of the conflict or inconsistency, over that other provision.

Part 12   MISCELLANEOUS

Section 104   Arbitral tribunal or mediator to be liable for certain acts and omissions

(1) An arbitral tribunal or mediator is liable in law for an act done or omitted to be done by—

    (a) the tribunal or mediator; or

    (b) an employee or agent of the tribunal or mediator, in relation to the exercise or performance, or the purported exercise or performance, of the tribunal's arbitral functions or the mediator's functions only if it is proved that the act was done or omitted to be done dishonestly.

(2) An employee or agent of an arbitral tribunal or mediator is liable in law for an act done or omitted to be done by the employee or agent in relation to the exercise or performance, or the purported exercise or performance, of the tribunal's arbitral functions or the mediator's functions only if it is proved that the act was done or omitted to be done dishonestly.

(3) In this section, "mediator" (調解員) means a mediator appointed under section 32 or referred to in section 33.

Section 105   Appointors and administrators to be liable only for certain acts and omissions

(1) A person—

    (a) who appoints an arbitral tribunal or mediator; or

    (b) who exercises or performs any other function of an administrative nature in connection with arbitral or mediation proceedings,

is liable in law for the consequences of doing or omitting to do an act in the exercise or performance, or the purported exercise or performance, of the function only if it is proved that the act was done or omitted to be done dishonestly.

(i) 제100조 혹은 제101조를 적용하지 않기로 하거나 또는

(ii) 부속서 2의 어느 규정의 적용 혹은 불적용.

제103조   이 편에 의하여 적용되는 규정

만약 이 편에 의하여 적용하는 어느 규정이 이 조례의 기타 어느 규정과 모순 혹은 저촉되는 경우, 모순 혹은 저촉되는 범위 내에서 앞에서 언급한 규정이 해당 기타 규정에 비해 우선적으로 적용한다.

제12편 기타

제104조   중재판정부 혹은 조정인의 일부 작위와 부작위에 관한 법적책임

(1) 중재판정부 혹은 조정인은

(a) 중재판정부 혹은 조정인이나 또는

(b) 중재판정부 혹은 조정인의 고용인이나 대리인

당해 인원들이 해당 중재판정부의 중재 역할 혹은 해당 조정인의 역할을 행사 혹은 집행 또는 그러한 취지를 선언한 행사나 집행에 대하여 그들의 작위 혹은 부작위에 대하여 법적책임을 져야 한다. 다만 중재판정부 혹은 조정인은 해당 작위 혹은 부작위가 불성실한 의도에서 이루어진 것이라는 점이 증명된 경우에만 법적책임을 진다.

(2) 중재판정부나 조정인의 고용인 혹은 대리인은 해당 중재판정부의 중재 역할 혹은 해당 조정인의 역할의 행사 혹은 집행 또는 그러한 취지를 선언한 행사 혹은 집행에 있어서 작위 혹은 부작위에 대하여 반드시 법적책임을 져야 한다. 다만 고용인 혹은 대리인은 해당 작위 혹은 부작위가 불성실한 의도에서 이루어진 것이라는 점이 증명된 경우에만 법적책임을 진다.

(3) 본조에서 "조정인"이란 제32조에 의하여 선정하거나 제33조에서 언급한 조정인을 가리킨다.

제105조   선정자와 관리자의 단지 일부 작위와 부작위에 대한 법적 책임

(1) 누구든지

(a) 중재판정부 혹은 조정인을 선정하거나 또는

(b) 중재절차 혹은 조정절차와 관련하며 동시에 행정적인 모든 기타 역할을 행사 혹은 집행 시

해당 인원은 법률상에서 해당 역할의 행사 혹은 집행 혹은 그러한 취지를 선언한 행사 혹은 집행에 있어서 작위 혹은 부작위의 결과에 대하여 반드시 법적책임을 져야 한다.

(2) Subsection (1) does not apply to an act done or omitted to be done by—

(a) a party to the arbitral or mediation proceedings; or

(b) a legal representative or adviser of the party,

in the exercise or performance, or the purported exercise or performance, of a function of an administrative nature in connection with those proceedings.

(3) An employee or agent of a person who has done or omitted to do an act referred to in subsection (1) is liable in law for the consequence of the act done or omission made only if it is proved that—

(a) the act was done or omission was made dishonestly; and

(b) the employee or agent was a party to the dishonesty.

(4) Neither a person referred to in subsection (1) nor an employee or agent of the person is liable in law for the consequences of any act done or omission made by—

(a) the arbitral tribunal or mediator concerned; or

(b) an employee or agent of the tribunal or mediator,

in the exercise or performance, or the purported exercise or performance, of the tribunal's arbitral functions or the mediator's functions merely because the person, employee or agent has exercised or performed a function referred to in that subsection.

(5) In this section—

"appoint" (委任) includes nominate and designate;

"mediator" (調解員) has the same meaning as in section 104, and "mediation proceedings" (調解程序) is to be construed accordingly.

Section 106   Rules of court

(1) The power to make rules of court under section 54 (Rules of court) of the High Court Ordinance (Cap 4) includes power to make rules of court for—

(a) the making of an application for an interim measure under section 45(2) or an order under section 60(1); or

(b) the service out of the jurisdiction of an application for the interim measure or order.

(2) Any rules made by virtue of this section may include the incidental, supplementary and consequential provisions that the authority making the rules considers necessary or expedient.

다만 그들은 해당 작위 혹은 부작위가 불성실한 의도에서 이루어진 것이라는 점이 증명된 경우에만 법적책임을 진다.

(2) 만약 어느 작위의 행위가

(a) 중재절차 혹은 조정절차의 일방 당사자이거나 또는

(b) 해당 당사자의 법률대표 혹은 고문이

해당 절차와 관련하고 또한 행정적 성격을 띤 모든 기타 역할을 행사 혹은 집행 또는 그러한 취지를 선언한 행사 혹은 집행하는 경우, 제1항은 해당 작위행위에 적용되지 않는다.

(3) 어느 당사자의 고용인 혹은 대리인이 제1항에서 언급한 작위행위를 하거나 또는 하지 않은 경우, 해당 고용인 혹은 대리인은 법률상에서 반드시 해당 작위 혹은 부작위의 결과에 관하여 법적책임을 져야 한다. 다만 해당 고용인 혹은 대리인은 다음의 상황에 부합함이 증명된 경우에만 법적책임을 진다.

(a) 해당 작위 혹은 부작위가 불성실한 의도에서 이루어진 것이며

(b) 해당 고용인 혹은 대리인이 해당 불성실한 작위 혹은 부작위행위에 참여한 경우.

(4) 다음에서 언급한 어떤 역할을 행사 혹은 집행하였다는 이유로

(a) 관련 중재판정부 혹은 조정인 또는

(b) 해당 중재판정부의 고용인 혹은 대리인, 또는 해당 조정인의 고용인 혹은 대리인이

해당 중재판정부의 중재역할 혹은 조정인의 역할을 행사 혹은 집행 또는 그러한 취지를 선언한 행사 혹은 집행함에 있어서 작위 혹은 부작위의 결과에 대하여, 법적책임을 지지는 않는다.

(5) 본조에서

"선정"은 제명과 지명을 포함한다.

"조정인"는 제104조의 해당 용어의 정의와 같으며, "조정절차"는 이에 의하여 해석하여야 한다.

제106조 법원규칙

(1) "고등법원조례"(Cap. 4) 제54조(법원규칙)에 근거하면 법원규칙의 제정권은 다음 사안에 관한 법원규칙의 제정권을 포함한다.

(a) 제45조 제2항에서 언급한 임시적 처분, 또는 제60조 제1항에서 언급한 명령의 신청 또는

(b) 관할권 범위 외에서 해당 임시적 처분 혹은 명령의 송달에 관한 신청.

(2) 본조에 근거하여 제정하는 모든 규칙은 제정기관이 필요하다고 또는 적당하다고 판단한 부속서, 보충과 관련 규정을 포함할 수 있다.

Section 107   Making an application, etc. under this Ordinance

An application, request or appeal to the court under this Ordinance is, unless otherwise expressed, to be made in accordance with the Rules of the High Court (Cap 4 sub. leg. A).

Section 108   Decision, etc. of Court under this Ordinance

A decision, determination, direction or award of the Court under this Ordinance is to be treated as a judgment of the Court for the purposes of section 14 (Appeals in civil matters) of the High Court Ordinance (Cap 4).

Part 13   REPEAL, SAVINGS AND TRANSITIONAL PROVISIONS

Section 109   (Omitted as spent)

(Omitted as spent)

Section 110   Effect of repeal on subsidiary legislation

Any subsidiary legislation made under the repealed Ordinance and in force at the commencement of this Ordinance, so far as it is not inconsistent with this Ordinance, continues in force and has the like effect for all purposes as if made under this Ordinance.

Section 111   Savings and transitional provisions

Schedule 3 provides for the savings and transitional arrangements that apply on, or relate to, the commencement of this Ordinance.

Part 14   CONSEQUENTIAL AND RELATED AMENDMENTS

Section 112   (Omitted as spent)

(Omitted as spent)

제107조　이 조례에 의한 신청 등의 제출

별도의 언급이 없는 한, 이 조례에 근거하여 법원에 제출하는 신청, 청구 혹은 상소는 모두 "고등법원규칙"(Cap. 4 sub. leg. A)에 따라 제출하여야 한다.

제108조　이 조례에서 언급한 법원의 결정 등

이 조례에서 말한 법원의 결정, 결의, 지시 혹은 중재판정은 "고등법원조례"(Cap. 4)의 제14조(민사사안에 관한 상소)에 의하여 법원의 판결로 간주한다.

제13편　폐지, 보류와 과도적인 규정

제109조　(실효로 삭제)

(실효로 삭제)

제110조　부속법례 폐지의 효과

모든 "구조례"에 근거하여 제정한, 본조례 발효 시 유효한 부속법례는 이 조례와 저촉하지 않는 범위 내에서 계속 유효하며 해당 부속법례는 이 조례에 근거하여 제정한 것과 같이 기타 모든 목적에 대해서도 효력을 가진다.

제111조　유보와 과도적인 규정

부속서 3은 이 조례의 발효 시 적용한 유보와 과도적인 조치 또는 이 조례의 발효에 관한 유보와 과도적인 조치를 규정한다.

제14편　간접 및 관련 수정

제112조　(실효로 삭제)

(실효로 삭제)

Schedule 1   UNCITRAL MODEL LAW
ON INTERNATIONAL COMMERCIAL ARBITRATION

[section 2]

(As adopted by the United Nations Commission on International Trade Law on 21 June 1985, and as amended by the United Nations Commission on International Trade Law on 7 July 2006)

Schedule 2   PROVISIONS THAT MAY BE EXPRESSLY OPTED
FOR OR AUTOMATICALLY APPLY

[sections 2, 5, 23, 73, 81, 99, 100, 101 & 102]

1. Sole arbitrator

Despite section 23, any dispute arising between the parties to an arbitration agreement is to be submitted to a sole arbitrator for arbitration.

2. Consolidation of arbitrations

(1) If, in relation to 2 or more arbitral proceedings, it appears to the Court—

    (a) that a common question of law or fact arises in both or all of them;

    (b) that the rights to relief claimed in those arbitral proceedings are in respect of or arise out of the same transaction or series of transactions; or

    (c) that for any other reason it is desirable to make an order under this section, the Court may, on the application of any party to those arbitral proceedings—

    (d) order those arbitral proceedings—

        (i)   to be consolidated on such terms as it thinks just; or

        (ii) to be heard at the same time or one immediately after another; or

    (e) order any of those arbitral proceedings to be stayed until after the determination of any other of them.

(2) If the Court orders arbitral proceedings to be consolidated under subsection (1)(d)(i) or to be heard at the same time or one immediately after another under subsection (1)(d)(ii), the Court has the power.

    (a) to make consequential directions as to the payment of costs in those arbitral proceedings; and

    (b) if.

        (i)   all parties to those arbitral proceedings are in agreement as to the choice of arbitrator for those arbitral proceedings, to appoint that arbitrator; or

        (ii) the parties cannot agree as to the choice of arbitrator for those arbitral proceedings, to appoint an arbitrator for those arbitral proceedings (and, in the case of arbitral

부속서 1   국제거래법위원회 모델중재법

(1985년 6월 21일 국제연합 국제거래법위원회에서 채택되고, 동 위원회에서 2006년 7월 7일 수정이 이루어진 모델법임)

이하 모델법의 제 규정의 인용 생략함.

부속서 2   명문으로 선택가능 혹은 자동 적용되는 조항

1. 단독중재인

제23조의 규정이 있더라도 중재합의 당사자들은 발생한 모든 분쟁을 단독중재인에게 회부하여 중재하도록 하여야 한다.

2. 중재의 병합

(1) 2개 혹은 2개 이상의 중재에 관하여 법원이

　(a) 해당 중재절차 중 공통의 법률관계 혹은 사실관계의 문제가 존재하는 경우

　(b) 해당 중재절차에서 신청한 구제의 권리는 모두 동일한, 또는 동일계열의 거래에 관한 것이거나 혹은 동일한, 또는 동일계열의 거래에서 발생한 것인 경우 또는

　(c) 기타 이유 때문에 이 조에 의하여 명령을 내리는 것이 적당한 경우

　　법원은 해당 절차 중에 어느 일방 당사자의 신청에 의하여

　(d) 다음의 명령을 내릴 수 있다.

　　(i) 해당 중재절차를 공정하다고 판단한 조항에 따라 병합하거나 또는

　　(ii) 해당 중재절차에서 관련 사안들을 동시 신문하거나 혹은 연이은 방식으로 신문하거나 또는

　(e) 기타 중재에서 중재판정을 내릴 때까지 어느 중재절차 진행의 중지를 명령한다.

(2) 만약 법원이 제1항 제d호의 제i호에 근거하여 중재절차의 병합을 명령하거나 혹은 제1항 제d호의 제ii호에 근거하여 동시 신문 또는 연이은 신문을 명령하는 경우, 법원은 다음의 권한이 있다.

　(a) 해당 중재절차의 비용에 관하여 상응한 지시를 내리거나 혹은

　(b) 다음의 선정을 한다.

　　(i) 만약 해당 중재절차 중의 모든 당사자들이 해정 중재의 중재인에 관하여 합의하는 경우에, 해당 중재인을 선정하거나 혹은

　　(ii) 만약 당사자들이 중재인 선정에 관하여 합의하지 못하는 경우, 해당 중재에 관하여 중재인을 선정한다. (중재가 동시 신문 또는 연이은 신문방식으로 진행하는 경우에는 해당 중재절차에 관하여 동일의 중재인을 선정한다)

proceedings to be heard at the same time or one immediately after another, to appoint the same arbitrator for those arbitral proceedings).

(3) If the Court makes an appointment of an arbitrator under subsection (2) for the arbitral proceedings to be consolidated or to be heard at the same time or one immediately after another, any appointment of any other arbitrator that has been made for any of those arbitral proceedings ceases to have effect for all purposes on and from the appointment under subsection (2).

(4) The arbitral tribunal hearing the arbitral proceedings that are consolidated under subsection (1)(d)(i) has the power under sections 74 and 75 in relation to the costs of those arbitral proceedings.

(5) f 2 or more arbitral proceedings are heard at the same time or one immediately after another under subsection (1)(d)(ii), the arbitral tribunal.

    (a) has the power under sections 74 and 75 only in relation to the costs of those arbitral proceedings that are heard by it; and

    (b) accordingly, does not have the power to order a party to any of those arbitral proceedings that are heard at the same time or one immediately after another to pay the costs of a party to any other of those proceedings unless the arbitral tribunal is the same tribunal hearing all of those arbitral proceedings.

(6) An order, direction or decision of the Court under this section is not subject to appeal.

3. Decision of preliminary question of law by Court

(1) The Court may, on the application of any party to arbitral proceedings, decide any question of law arising in the course of the arbitral proceedings.

(2) An application under subsection (1) may not be made except.

    (a) with the agreement in writing of all the other parties to the arbitral proceedings; or

    (b) with the permission in writing of the arbitral tribunal.

(3) The application must.

    (a) identify the question of law to be decided; and

    (b) state the grounds on which it is said that the question should be decided by the Court.

(4) The Court must not entertain an application under subsection (1) unless it is satisfied that the decision of the question of law might produce substantial savings in costs to the parties.

(5) The leave of the Court or the Court of Appeal is required for any appeal from a decision of the Court under subsection (1).

4. Challenging arbitral award on ground of serious irregularity

(1) A party to arbitral proceedings may apply to the Court challenging an award in the arbitral proceedings on the ground of serious irregularity affecting the tribunal, the arbitral

(3) 만약 법원이 제2항에 근거하여 중재의 병합, 동시 신문 혹은 연이은 신문의 중재절차에 대하여 중재인을 선정하면, 이미 해당 관련 중재절차에 대하여 내려진 기타 중재인에 관한 선정은 제2항에 근거한 선정이 내려질 때 효력이 정지된다.

(4) 중재절차가 제1항 제d호의 제i호에 근거하여 합병되면 해당 중재절차에서 신문을 진행하는 중재판정부는 해당 중재절차의 비용에 관하여 제74조와 제75조에서 규정된 권한을 가진다.

(5) 만약 제1항 제d호의 제ii호에 근거하여 2개 혹은 그 이상의 중재가 동시 신문을 하든가 혹은 연이은 신문방식을 택하면, 중재판정부는

(a) 오직 신문을 진행하는 중재절차의 비용에 관하여 제74조와 제75조의 권한을 가지며 또한

(b) 이에 따라 동시 신문 혹은 연이은 신문방식으로 진행하는 중재절차 중에서 일방 당사자에게 기타 중재절차 중의 당사자의 중재비용을 지급할 것을 명령할 권한이 없다. 다만 해당 중재판정부가 모든 관련 중재를 진행하는 동일의 중재판정부인 경우는 예외로 한다.

(6) 모든 당사자는 이 조에서 언급한 법원의 명령, 지시 혹은 결정에 대하여 상소를 제기할 수 없다.

3. 법원의 예비적인 법률문제에 대한 결정

(1) 법원은 중재 일방 당사자의 신청에 따라 해당 중재 과정 중에서 발생한 모든 법률문제에 대하여 결정을 내릴 수 있다.

(2) 다음의 경우가 아닌 한

(a) 중재 관련 기타 모든 당사자들의 서면동의를 받거나 혹은

(b) 중재판정부의 서면형식의 허락을 받은 경우

제1항 관련 신청을 제출할 수 없다.

(3) 관련 신청은

(a) 결정할 법률문제를 지적해야 하며 또한

(b) 해당 문제가 법원의 결정에 의하여야 한다는 이유를 설명해야 한다.

(4) 법원은 관련 법률문제에 관한 결정이 중재 당사자들의 비용을 대대적으로 절감할 수 있다고 판단하는 경우를 제외하고는 제1항의 신청을 접수하지 않아야 한다.

(5) 법원이 제1항에 근거하여 결정을 내린 경우에는 법원 혹은 상소법원의 허가를 얻은 후에만 해당 결정에 대하여 상소를 제기할 수 있다.

4. 심각하게 부당한 사실을 이유로 한 중재판정에 대한 불복

(1) 중재절차 중의 일방 당사자는 심각하게 부당한 사실로 중재판정부, 해당 중재절차 또는

proceedings or the award.

(2) Serious irregularity means an irregularity of one or more of the following kinds which the Court considers has caused or will cause substantial injustice to the applicant.

    (a) failure by the arbitral tribunal to comply with section 46;

    (b) the arbitral tribunal exceeding its powers (otherwise than by exceeding its jurisdiction);

    (c) failure by the arbitral tribunal to conduct the arbitral proceedings in accordance with the procedure agreed by the parties;

    (d) failure by the arbitral tribunal to deal with all the issues that were put to it;

    (e) any arbitral or other institution or person vested by the parties with powers in relation to the arbitral proceedings or the award exceeding its powers;

    (f) failure by the arbitral tribunal to give, under section 69, an interpretation of the award the effect of which is uncertain or ambiguous;

    (g) the award being obtained by fraud, or the award or the way in which it was procured being contrary to public policy;

    (h) failure to comply with the requirements as to the form of the award; or

    (i) any irregularity in the conduct of the arbitral proceedings, or in the award which is admitted by the arbitral tribunal or by any arbitral or other institution or person vested by the parties with powers in relation to the arbitral proceedings or the award.

(3) If there is shown to be serious irregularity affecting the arbitral tribunal, the arbitral proceedings or the award, the Court may by order—

    (a) remit the award to the arbitral tribunal, in whole or in part, for reconsideration;

    (b) set aside the award, in whole or in part; or

    (c) declare the award to be of no effect, in whole or in part.

(4) If the award is remitted to the arbitral tribunal, in whole or in part, for reconsideration, the tribunal must make a fresh award in respect of the matters remitted—

    (a) within 3 months of the date of the order for remission; or

    (b) within a longer or shorter period that the Court may direct.

(5) The Court must not exercise its power to set aside an award or to declare an award to be of no effect, in whole or in part, unless it is satisfied that it would be inappropriate to remit the matters in question to the arbitral tribunal for reconsideration.

해당 중재절차 중에서 내린 판정이 영향을 받았다는 이유로 법원에 해당 판정에 대하여 불복을 신청하는 권리를 가진다.

(2) 심각하게 부당한 사실이란 법원이 신청인에게 이미 또는 향후 심각하게 불공정한 결과를 초래할 것이라고 판단하는 다음의 하나 또는 그 이상의 부당한 사실을 말한다.

　(a) 중재판정부가 제46조를 준수하지 않은 경우

　(b) 중재판정부가 관할권을 월권하는 방식으로 권한을 넘어서는 행위를 한 경우

　(c) 중재판정부가 중재절차의 진행에서 각 당사자가 합의한 절차에 따르지 않은 경우

　(d) 중재판정부가 제기된 모든 분쟁을 누락 없이 처리하지 못한 경우

　(e) 중재절차 또는 중재판정에 관하여 각 당사들로부터 권력을 부여받은 모든 중재기관 또는 기타 기관 또는 인원이 해당 수권을 넘어서는 경우

　(f) 중재판정부가 효력을 확정할 수 없는 또는 모호한 판정에 관하여 제69조에 근거하여 해석을 하지 않은 경우

　(g) 해당 판정은 사기의 수단으로 취득하였거나 또는 해당 판정 또는 해당 판정을 취득하는 방법이 공공정책에 반한 경우

　(h) 판정의 형식이 규정에 부합하지 않은 경우 또는

　(i) 중재판정부, 또는 중재절차 혹은 중재판정에 관하여 각 당사들로부터 권한을 부여받은 모든 중재기관 또는 기타 기관 또는 인원이 중재절차 진행 중 또는 해당 판정 중에서 어떠한 부당한 사실이 있음을 인정한 경우.

(3) 만약 심각하게 부당한 사실로 판명되고 중재판정부, 관련 중재절차 또는 판정이 그 영향을 받은 것이 입증된 경우, 법원은 다음의 명령을 내릴 수 있다.

　(a) 중재판정 전체를, 또는 중재판정의 일부분을 중재판정부에 환송하여 다시 검토하도록 하는 명령

　(b) 중재판정 전체를, 또는 중재판정의 일부분을 취소하는 명령 또는

　(c) 중재판정 전체를, 또는 중재판정의 일부분을 무효라고 선언하는 명령.

(4) 만약 중재판정 전체를, 또는 중재판정의 일부분을 중재판정부에 환송하여 다시 검토하도록 한 경우, 중재판정부는 반드시 다음의 기간 내 해당 환송된 사건에 대하여 새로운 판정을 내려야 한다.

　(a) 환송명령을 발한 날로부터 3개월 내에 또는

　(b) 법원에서 지시한 비교적 긴, 또는 비교적 짧은 기간 내

　해당 환송된 사건에 대하여 새로운 판정을 내린다.

(5) 법원이 관련 사건을 중재판정부에 환송하여 재검토하는 것이 부당하다고 판단하는 경우를 제외하고, 법원은 그 권한을 행사하여 판정 전체를 또는 판정의 일부분을 취소하거나, 또는 중재판정 전체를 혹은 중재판정의 일부분을 무효라고 선언하여서는 아니 된다.

(6) The leave of the Court or the Court of Appeal is required for any appeal from a decision, order or direction of the Court under this section.

(7) Section 7 of this Schedule also applies to an application or appeal under this section.

5. Appeal against arbitral award on question of law

(1) Subject to section 6 of this Schedule, a party to arbitral proceedings may appeal to the Court on a question of law arising out of an award made in the arbitral proceedings.

(2) An agreement to dispense with the reasons for an arbitral tribunal's award is to be treated as an agreement to exclude the Court's jurisdiction under this section.

(3) The Court must decide the question of law which is the subject of the appeal on the basis of the findings of fact in the award.

(4) The Court must not consider any of the criteria set out in section 6(4)(c)(i) or (ii) of this Schedule when it decides the question of law under subsection (3).

(5) On hearing an appeal under this section, the Court may by order—
  (a) confirm the award;
  (b) vary the award;
  (c) remit the award to the arbitral tribunal, in whole or in part, for reconsideration in the light of the Court's decision; or
  (d) set aside the award, in whole or in part.

(6) If the award is remitted to the arbitral tribunal, in whole or in part, for reconsideration, the tribunal must make a fresh award in respect of the matters remitted—
  (a) within 3 months of the date of the order for remission; or
  (b) within a longer or shorter period that the Court may direct.

(7) The Court must not exercise its power to set aside an award, in whole or in part, unless it is satisfied that it would be inappropriate to remit the matters in question to the arbitral tribunal for reconsideration.

(8) The leave of the Court or the Court of Appeal is required for any further appeal from an order of the Court under subsection (5).

(9) Leave to further appeal must not be granted unless—
  (a) the question is one of general importance; or
  (b) the question is one which, for some other special reason, should be considered by the Court of Appeal.

(10) Sections 6 and 7 of this Schedule also apply to an appeal or further appeal under this section.

(6) 법원이 이 조에 근거하여 내린 결정, 명령 또는 지시에 대하여서는 법원 또는 상소법원의 허가를 받은 후에만 해당 결정, 명령, 또는 지시에 대한 상소를 제기할 수 있다.

(7) 이 부속서 제7조도 본조에서 언급한 신청 또는 상소에 적용된다.

5. 중재판정의 법적 문제에 대하여 제기한 상소

(1) 이 부속서 제6조의 규정에 부합하는 전제 하에서 중재절차의 일방 당사자는 해당 중재절차 중에서 내린 판정으로 발생한 법적문제에 대하여 법원에 상소를 제기할 수 있다.

(2) 중재판정부의 판정의 이유를 제공할 필요가 없다고 약정한 합의는 이 조에서 언급한 법원의 사법관할을 배제하는 것으로 간주하여야 한다.

(3) 법원은 판정 중에서 판단한 사실에 근거하여 상소의 목적물에 관한 법적문제에 대하여 결정을 내려야 한다.

(4) 법원은 제3항에 근거하여 법적문제에 대한 결정을 내릴 경우, 이 부속서 제6항 제4항 제c호의 제i목 또는 제ii목에서 열거한 어느 준칙도 고려하여서는 아니 된다.

(5) 법원은 본조에서 언급한 상소를 신문하는 경우, 명령을 통하여
   (a) 중재판정 유지
   (b) 중재판정 변경
   (c) 중재판정 전체를, 또는 중재판정의 일부분을 중재판정부에 환송하여, 중재판정부가 법원의 결정에 따라 재검토하도록 하거나 또는
   (d) 중재판정 전체를, 또는 판정의 일부분을 취소한다.

(6) 만약 중재판정 전체를, 또는 중재판정의 일부분을 중재판정부에 환송하여 다시 검토하도록 하는 경우, 중재판정부는
   (a) 환송명령을 발한 날로부터 3개월 내에 또는
   (b) 법원에서 지시한 더 길거나 짧은 기간 내에
   해당 환송된 사건에 대하여 새로운 판정을 내려야 한다.

(7) 법원이 관련 사건을 중재판정부에 환송하여 재검토하는 것이 부당하다고 판단하는 경우를 제외하고, 법원은 그 권한을 행사하여 판정 전체를 또는 판정의 일부분을 취소하거나, 또는 판정 전체를 혹은 판정의 일부분을 무효라고 선언하여서는 아니 된다.

(8) 법원이 제5항에 근거하여 명령을 내린 경우, 법원 또는 상소법원의 허락을 취득한 경우에만 해당 명령에 대한 상소를 제기할 수 있다.

(9) 관련 문제에서 다음의 경우를 제외하고
   (a) 광범한 중요성이 있거나 또는
   (b) 기타 특수한 원인 때문에 상소법원에서 검토하여야 하는 경우
   재상소를 허락하여서는 아니 된다.

(10) 이 부속서 제6조 및 제7조도 이 조에서 언급한 상소 또는 재상소에 적용된다.

6. Application for leave to appeal against arbitral award on question of law

(1) An appeal under section 5 of this Schedule on a question of law may not be brought by a party to arbitral proceedings except—

   (a) with the agreement of all the other parties to the arbitral proceedings; or

   (b) with the leave of the Court.

(2) An application for leave to appeal must—

   (a) identify the question of law to be decided; and

   (b) state the grounds on which it is said that leave to appeal should be granted.

(3) The Court must determine an application for leave to appeal without a hearing unless it appears to the Court that a hearing is required.

(4) Leave to appeal is to be granted only if the Court is satisfied—

   (a) that the decision of the question will substantially affect the rights of one or more of the parties;

   (b) that the question is one which the arbitral tribunal was asked to decide; and

   (c) that, on the basis of the findings of fact in the award—

      (i) the decision of the arbitral tribunal on the question is obviously wrong; or

      (ii) the question is one of general importance and the decision of the arbitral tribunal is at least open to serious doubt.

(5) The leave of the Court or the Court of Appeal is required for any appeal from a decision of the Court to grant or refuse leave to appeal.

(6) Leave to appeal from such a decision of the Court must not be granted unless—

   (a) the question is one of general importance; or

   (b) the question is one which, for some other special reason, should be considered by the Court.

7. Supplementary provisions on challenge to or appeal against arbitral award

(1) An application or appeal under section 4, 5 or 6 of this Schedule may not be brought if the applicant or appellant has not first exhausted—

   (a) any available recourse under section 69; and

   (b) any available arbitral process of appeal or review.

(2) If, on an application or appeal, it appears to the Court that the award—

6. 법적문제로 중재판정에 대한 상소의 허락 신청

(1) 중재절차 중 일방 당사자는 다음에 해당하는 경우를 제외하고는

    (a) 중재절차 중 모든 당사자의 동의를 얻거나 또는

    (b) 법원의 허락을 얻은 경우

  법적문제로 이 부속서 제5조에서 언급한 상소를 제기할 수 없다.

(2) 상소의 허락신청은

    (a) 결정해야 할 법적문제를 명시하여야 하며 또한

    (b) 어떠한 이유에 근거하여 상소를 허락하여야 하는가를 명시하여야 한다.

(3) 법원은 신문할 필요가 있다고 판단하는 경우를 제외하고는, 신문를 하지 않은 상태에서 상소허락을 구하는 신청에 대하여 결정하여야 한다.

(4) 법원은 다음에 해당한다고 판단하는 경우에야 상소를 허락할 수 있다.

    (a) 관련 문제에 대한 결정이 일방 또는 일방 이상의 당사자의 권리에 대하여 중대한 영향을 미치는 경우

    (b) 관련 문제는 중재판정부가 결정해야 하는 문제인 경우 그리고

    (c) 판정 중 사실에 대한 판단이

        (i) 중재판정부의 해당 문제에 대한 결정에 현저한 오류가 존재하거나 또는

        (ii) 해당 문제는 광범위한 중요성을 가지며 중재판정부의 결정은 적어도 중대한 의문을 갖게 하는 경우.

(5) 법원의 상소를 허락 또는 불허하는 결정에 대한 상소는 법원 또는 상소법원의 허락을 받은 후에야 해당 결정에 대한 상소를 제기할 수 있다.

(6) 관련 문제에서 다음의 경우를 제외하고는, 법원의 그 결정에 대한 상소를 허락하여서는 아니 된다.

    (a) 광범위한 중요성이 있거나 또는

    (b) 기타 특수한 원인 때문에 법원에서 검토해야 하는 경우.

7. 중재판정에 대한 불복 또는 상소에 관한 보충규정

(1) 만약 이 부속서 제4조, 제5조 또는 제6조에서 언급한 신청 또는 상소를 제기하고자 하는 신청인 또는 상소인은 우선 취할 수 있는 모든 수단을 취하지 않고서는 해당 신청 또는 상소를 제기할 수 없다.

    (a) 제69조에서 언급한 취할 수 있는 모든 추가소송 그리고

    (b) 취할 수 있는 모든 상소 또는 재심의 중재절차.

(2) 만약 어떠한 신청 또는 상소가 제기되었으며 법원이 관련 판정에 다음이 존재한다고 판단한 경우, 법원은 중재판정부에게 해당 목적을 위하여 해당 판정에 관한 충분하고 상

(a) does not contain the arbitral tribunal's reasons for the award; or

(b) does not set out the arbitral tribunal's reasons for the award in sufficient detail to enable the Court properly to consider the application or appeal, the Court may order the tribunal to state the reasons for the award in sufficient detail for that purpose.

(3) If the Court makes an order under subsection (2), it may make a further order that it thinks fit with respect to any additional costs of the arbitration resulting from its order.

(4) The Court—

(a) may order the applicant or appellant to give security for the costs of the application or appeal; and

(b) may, if the order is not complied with, direct that the application or appeal is to be dismissed.

(5) The power to order security for costs must not be exercised only on the ground that the applicant or appellant is—

(a) a natural person who is ordinarily resident outside Hong Kong;

(b) a body corporate—

(i) incorporated under the law of a place outside Hong Kong; or

(ii) the central management and control of which is exercised outside Hong Kong; or

(c) an association—

(i) formed under the law of a place outside Hong Kong; or

(ii) the central management and control of which is exercised outside Hong Kong.

(6) The Court—

(a) may order that any money payable under the award is to be paid into the Court or otherwise secured pending the determination of the application or appeal; and

(b) may, if the order is not complied with, direct that the application or appeal is to be dismissed.

(7) The Court or the Court of Appeal may impose conditions to the same or similar effect as an order under subsection (4) or (6) on granting leave to appeal under section 4, 5 or 6 of this Schedule.

(8) Subsection (7) does not affect the general discretion of the Court or the Court of Appeal to grant leave subject to conditions.

(9) An order, direction or decision of the Court or the Court of Appeal under this section is not subject to appeal.

세한 사유를 기재하도록 명령할 수 있다.

(a) 중재판정부가 해당 판정을 내린 원인이 포함되어 있지 않거나 또는

(b) 중재판정부가 해당 판정을 내린 원인을 충분하고 상세하게 설명하지 않아 법원이 해당 신청 또는 상소를 적절하게 검토할 수 없는 경우.

(3) 만약 법원이 제2항에 근거하여 명령을 내릴 때, 법원은 자신의 명령으로 발생한 초과의 중재비용에 대하여 적절하다고 판단되는 보충명령을 내릴 수 있다.

(4) 법원은

(a) 신청인 또는 상소인에게 신청 또는 상소의 비용에 관하여 보증을 제공할 것을 명령할 수 있으며

(b) 해당 명령이 집행되지 않은 경우, 해당 신청 또는 상소를 취소할 것을 지시할 수 있다.

(5) 법원은 단지 다음의 이유로 비용에 관한 보증을 제공할 것을 명령하여서는 아니 된다.

(a) 신청인 또는 상소인이 보통 홍콩 이외의 지역에 거주하는 자연인인 경우

(b) 신청인 또는 상소인이

(i) 홍콩 이외의 지역의 법률에 근거하여 성립된 법인단체이거나 또는

(ii) 하나의 법인단체이지만 그 중앙관리와 통제는 홍콩 이외의 지역에서 이루어지는 경우 또는

(c) 신청인 또는 상소인이

(i) 홍콩 이외의 지역의 법률에 근거하여 설립된 조직임 또는

(ii) 하나의 조직이지만 그 중앙관리와 통제는 홍콩 이외의 지역에서 진행되는 경우.

(6) 법원은

(a) 신청 또는 상소가 아직 결정을 대기 중인 경우, 중재판정에 근거하여 지불해야 하는 금액을 법원에 납부하거나 혹은 기타 방법으로 지불을 보장할 것을 명령할 수 있다. 그리고

(b) 해당 명령이 집행되지 않은 경우, 해당 신청 또는 상소의 취소를 지시할 수 있다.

(7) 법원 또는 상소법원이 이 부속서 제4조, 제5조 또는 제6조의 상소를 허가할 경우, 제4항 또는 제6항의 명령과 동일한 또는 유사한 효력을 가지는 조건을 첨부할 수 있다.

(8) 제7항은 법원 또는 상소법원의, 조건을 첨부한 허락에 관한 보통 재량결정권에 영향을 주지 않는다.

(9) 누구든지 이 조에서 말한 법원 또는 상소법원의 명령, 지시 또는 결정에 대하여 상소를 제기하여서는 아니 된다.

Schedule 3   SAVINGS AND TRANSITIONAL PROVISIONS

[section 111]

1. Conduct of arbitral and related proceedings

(1) If an arbitration—

(a) has commenced under article 21 of the UNCITRAL Model Law as defined in section 2(1) of the repealed Ordinance before the commencement of this Ordinance; or

(b) has been deemed to be commenced under section 31(1) of the repealed Ordinance before the commencement of this Ordinance,

that arbitration and all related proceedings, including (where the award made in that arbitration has been set aside) arbitral proceedings resumed after the setting aside of the award, are to be governed by the repealed Ordinance as if this Ordinance had not been enacted.

(2) If an arbitration has commenced under any other Ordinance amended by this Ordinance before the commencement of this Ordinance, that arbitration and all related proceedings, including (where the award made in that arbitration has been set aside) arbitral proceedings resumed after the setting aside of the award, are to be governed by that other Ordinance in force immediately before the commencement of this Ordinance as if this Ordinance had not been enacted.

2. Appointment of arbitrators

(1) Subject to subsection (2), the appointment of an arbitrator made before the commencement of this Ordinance is, after the commencement of this Ordinance, to continue to have effect as if this Ordinance had not been enacted.

(2) The enactment of this Ordinance does not revive the appointment of any arbitrator whose mandate has terminated before the commencement of this Ordinance.

3. Settlement agreements

If the parties to an arbitration agreement have entered into a settlement agreement under section 2C of the repealed Ordinance before the commencement of this Ordinance, that settlement agreement may be enforced in accordance with that section as if this Ordinance had not been enacted.

4. Appointment of members of the

Appointment Advisory Board The appointment of a member of the Appointment Advisory Board established under rule 3 of the Arbitration (Appointment of Arbitrators and Umpires) Rules (Cap 341 sub. leg. B)* made before the commencement of this Ordinance is, after the commencement of this Ordinance, to continue to have effect until the expiry of the term of that

부속서 3 유보와 과도적인 조항

1. 중재절차와 관련 절차의 진행

(1) 만일 중재가

    (a) 이 조례 발효 전 이미 "구조례" 제2조 제1항에서 규정한 국제거래법위원회 모델중재법 제21조에 의하여 진행되었거나 또는

    (b) 이 조례 발효 전 "구조례" 제31조 제1항에 의하여 중재가 이미 시작한 것으로 간주하는 경우

    해당 중재와 모든 관련 절차는, (만약 해당 중재에서 내려진 판정이 취소된 경우) 해당 판정이 취소된 후 진행을 회복한 중재절차를 포함하여 "구조례"의 구속을 받아야 한다. 이 경우 이 조례는 제정되지 않은 것으로 간주한다.

(2) 만약 중재가 본조례 발효 전 이미 본조례에 근거하여 수정된 기타 조례에 의하여 시작하였으면 해당 중재와 관련 절차는 (만약 중재 중에서 내려진 중재판정이 취소된 경우) 해당 중재판정이 취소된 후 다시 시작한 중재절차를 포함하여 이 조례 발효 전 유효하였던 기타 조례의 구속을 받아야 한다. 이 경우, 이 조례는 제정되지 않은 것으로 간주한다.

2. 중재인들의 선정

(1) 제2항의 제한 하에, 이 조례 시행 이전 진행된 중재인의 선정은, 이 조례가 시행되지 않은 것처럼 본조례 시행 이후 계속해서 효력을 갖는다.

(2) 이 조례의 제정은 시행 이전 선정이 종료된 어떠한 중재인의 선정도 부활시키지 않는다.

3. 화해합의

만약 중재합의의 당사자들이 본조례 발효 전 이미 "구조례" 제2조 C에 의하여 화해합의를 달성하였으면 해당 조항에 의하여 집행할 수 있다. 이 경우는 이 조례가 제정되지 않은 것으로 간주한다.

4. 자문위원회 구성원의 선정

이 조례 발효 전 "중재(중재인과 심판인의 선정규칙"(Cap. 341 of the Laws of Hong Kong, 부속법례 B) 제3조에 의하여 설립한 자문위원회 구성원의 선정은 이 조례 발효 후에도 해당 임기 만료까지 계속 효력을 가져야 한다. 이 경우는 이 조례가 제정되지 않은 것으로 간주한다.

appointment as if this Ordinance had not been enacted.

* Now Cap 609 sub. leg. B

Schedule 4   (Omitted as spent)

(Omitted as spent)

부속서 4 (실효로 삭제)

(실효로 삭제)

RUSSIAN FEDERATION

Закон РФ от 7 июля 1993 г. N 5338-I

러시아 중재법

06

Закон РФ от 7 июля 1993 г. N 5338-I

(О международном коммерческом арбитраже)

Настоящий Закон:

исходит из признания полезности арбитража (третейского суда) как широко применяемого метода разрешения споров, возникающих в сфере международной торговли, и необходимости комплексного урегулирования международного коммерческого арбитража в законодательном порядке;

учитывает положения о таком арбитраже, содержащиеся в международных договорах Российской Федерации, а также в типовом законе, принятом в 1985 году Комиссией ООН по праву международной торговли и одобренном Генеральной ассамблеей ООН для возможного использования государствами в своем законодательстве.

Раздел I   Общие положения

Статья 1   Сфера применения

1. Настоящий Закон применяется к международному коммерческому арбитражу, если место арбитража находится на территории Российской Федерации. Однако положения, предусмотренные статьями 8, 9, 35 и 36, применяются и в тех случаях, когда место арбитража находится за границей.

2. В Международный коммерческий арбитраж могут по соглашению сторон передаваться:

   споры из договорных и других гражданско-правовых отношений, возникающие при осуществлении внешнеторговых и иных видов международных экономических связей, если коммерческое предприятие хотя бы одной из сторон находится за границей, а также

   споры предприятий с иностранными инвестициями и международных объединений и организаций, созданных на территории Российской Федерации, между собой, споры между их участниками, а равно их споры с другими субъектами права Российской Федерации.

3. Для целей пункта 2 настоящей статьи:

   если сторона имеет более одного коммерческого предприятия, коммерческим

러시아 중재법

국제상사중재에 관한 러시아 연방법

(1993년 8월 14일 발효)

이 법은
- 국제무역에서 발생하는 분쟁의 해결방법으로 폭넓게 사용되는 (제3자 중재판정부) 중재의 가치를 인정하고 있으며, 법적수단으로서 국제상사중재의 포괄적인 규율의 필요성을 인정하는 근거가 된다.
- 러시아 연방의 국제조약에 포함되는 유사한 중재에 관한 규정을 고려하며, 국제연합 국제거래법위원회의 1985년 채택된 모델법과 국제연합의 제정법 국가들이 적용하는 것으로 간주하는 국제연합 총회에서 승인된 법규들을 고려한다.

제1장 일반규정

제1조 적용범위

1. 이 법은 중재지가 러시아연방의 영토인 경우, 국제상사중재에 적용한다. 그러나 제8조, 제9조, 제35조, 제36조의 규정은 중재지가 외국의 경우에도 적용한다.
2. 당사자의 합의에 따라, 다음의 경우 국제상사중재에 회부될 수 있다.
    - 외국무역과 기타 국제경제관계에서 발생하는 계약적 및 기타 민사 법률관계에 따른 분쟁. 다만 당사자 중 적어도 일방이 해외에 영업소를 소재하고 있는 경우에 한한다.
    - 해외투자기업이나 국제 협회와 러시아 연방 영토에 설립된 조직 간에 발생하는 분쟁. 그리고 이와 같은 조직의 참여자들 간의 분쟁. 그리고 이들 조직과 러시아 연방법에 따른 기타 대상 간의 분쟁.
3. 본조 제2항의 적용에서
    - 당사자가 하나 이상의 영업소를 가지는 경우, 중재합의의 최밀관련성을 가지는 곳이 그 영업소가 된다.

предприятием считается то, которое имеет наибольшее отношение к арбитражному соглашению;

если сторона не имеет коммерческого предприятия, принимается во внимание ее постоянное местожительство.

4. Настоящий Закон не затрагивает действия какого-либо другого закона Российской Федерации, в силу которого определенные споры не могут передаваться в арбитраж или могут быть переданы в арбитраж только в соответствии с положениями иными, нежели те, которые содержатся в настоящем Законе.

5. Если международным договором Российской Федерации установлены иные правила, чем те, которые содержатся в российском законодательстве об арбитраже (третейском суде), то применяются правила международного договора.

Статья 2   Определения терминов и правила толкования

Для целей настоящего Закона:

"арбитраж" означает любой арбитраж (третейский суд) независимо от того, образуется ли он специально для рассмотрения отдельного дела или осуществляется постоянно действующим арбитражным учреждением, в частности Международным коммерческим арбитражным судом или Морской арбитражной комиссией при Торгово-промышленной палате Российской Федерации (приложения I и II к настоящему Закону);

"третейский суд" означает единоличного арбитра или коллегию арбитров (третейских судей);

"суд" означает соответствующий орган судебной системы государства;

когда какое-либо положение настоящего Закона, за исключением статьи 28, предоставляет сторонам возможность принимать решения по определенному вопросу, стороны могут поручить принятие такого решения какому-либо третьему лицу, включая учреждение;

если в каком-либо положении настоящего Закона имеется ссылка на то, что стороны согласились или что они могут согласиться, или в любой другой форме имеется ссылка на соглашение сторон, такое соглашение включает любые арбитражные правила, указанные в этом соглашении;

когда в каком-либо положении настоящего Закона, исключая абзац первый статьи 25 и пункт 2 статьи 32, имеется ссылка на иск, оно применяется также к встречному иску, а когда в нем имеется ссылка на возражение, оно применяется к возражению на такой встречный иск.

Статья 3. Получение письменных сообщений

1. Если стороны не договорились об ином:

любое письменное сообщение считается полученным, если оно доставлено

- 당사자가 영업소를 가지고 있지 않는 경우, 그의 상거소가 그 영업소로 인용된다.

4. 이 법은 중재부탁이 없는 분쟁이나 이 법 이외의 규정만을 준수하는 중재부탁이 있다는 이유로 러시아 연방법에 영향을 미치지 아니한다.

5. 러시아 연방의 국제조약이 중재(제3자 중재판정부)에 관하여 러시아 제정법에 포함된 다른 규칙을 정한 경우라면 그 국제조약의 규칙이 적용되어야 한다.

제2조   용어의 정의 및 해석규칙

이 법의 적용에서

- "중재"란 제기된 사건을 위하여 중재판정부에 의해 임의적으로 구성되어 운영되거나 혹은 러시아 연방 상공회의소(이 법의 부록 I과 II)에 있는 국제상사중재법원이나 해사중재위원회와 같은 상설중재기관에 의해 운영되든지 상관없이 모든 중재를(제3자 판정부) 의미한다.

- "제3자 중재판정부"란 단독 중재인 혹은 중재인단(제3의 재판부)을 의미한다.

- "법정"이란 국가의 사법체계 상의 각 기관을 의미한다.

- 제28조를 제외하고, 이 법의 규정은 당사자들에게 특정한 사안에 대하여 결정할 자유를 부여한다. 이 같은 자유에는 기관을 포함하여 제3자에게 결정을 내리도록 권한을 위임하는 당사자의 권한을 포함한다.

- 이 법의 규정이 당사자들이 합의했거나 또는 합의할 수 있거나 또는 당사자들의 합의로 해석하는 모든 경우가 사실로 간주된다면, 그 같은 합의는 그 합의를 해석하는 중재법규도 포함한다

- 제25조 첫 번째 규정과 제32조 2항을 제외하고, 본 법의 규정이 중재신청에 적용되면 반대중재신청에도 역시 적용된다. 그리고 본 법의 규정이 항변에 적용되면 반대중재신청의 항변에도 역시 적용된다.

제3조   서면통지의 수령

1. 당사자들에 의해 달리 합의한 경우가 아니라면

адресату лично или на его коммерческое предприятие, по его постоянному местожительству или почтовому адресу; когда таковые не могут быть установлены путем разумного наведения справок, письменное сообщение считается полученным, если оно направлено по последнему известному местонахождению коммерческого предприятия, постоянному местожительству или почтовому адресу адресата заказным письмом или любым иным образом, предусматривающим регистрацию попытки доставки этого сообщения;

сообщение считается полученным в день такой доставки.

2. Положения настоящей статьи не применяются к сообщениям в ходе производства в судах.

Статья 4 Отказ от права на возражение

Если сторона, которая знает о том, что какое-либо положение настоящего Закона, от которого стороны могут отступать, или какое-либо требование, предусмотренное арбитражным соглашением, не были соблюдены, и тем не менее продолжает участвовать в арбитражном разбирательстве, не заявив возражений против такого несоблюдения без неоправданной задержки, а если для этой цели предусмотрен какой-либо срок, то в течение такого срока, она считается отказавшейся от своего права на возражение.

Статья 5 Пределы вмешательства суда

По вопросам, регулируемым настоящим Законом, никакое судебное вмешательство не должно иметь места, кроме как в случаях, когда оно предусмотрено в настоящем Законе.

Статья 6 Органы для выполнения определенных функций содействия и контроля в отношении арбитража

1. Функции, указанные в пунктах 3 и 4 статьи 11, пункте 3 статьи 13 и в статье 14, выполняются Президентом Торгово-промышленной палаты Российской Федерации.

2. Функции, указанные в пункте 3 статьи 16 и в пункте 2 статьи 34, выполняются Верховным Судом республики в составе Российской Федерации, краевым, областным, городским судом, судом автономной области и судом автономного округа по месту арбитража.

Раздел II Арбитражное соглашение

Статья 7 Определение и форма арбитражного соглашения

1. Арбитражное соглашение - это соглашение сторон о передаче в арбитраж всех

- 모든 서면통지는 개별 수신인에서 인도되거나 또는 수신인의 사업장이나 상거소나 우편주소에 인도된 경우에 수신되었다고 추정된다. 만약 합리적인 조회를 행한 이후에도 이를 찾을 수 없는 경우, 마지막으로 알려진 수신자의 영업소, 상거소, 등기우편 주소, 기타 인도를 시도한 기록을 제공하는 기타의 방법으로 서면통지를 송부한다면 수령된 것으로 추정된다.

- 통지는 인도되는 날에 수신되었다고 추정된다.

2. 본조 규정은 법원의 소송에서의 통지에는 적용하지 않는다.

제4조 이의 신청권의 상실

당사자들이 이 법의 규정에 벗어나거나 중재합의에 따라 요건에 부합하지 않음을 알고 있으면서 여전히 불일치에 대한 이의를 제기하지 않거나, 기한이 정해진 경우 그 기한 이내에 부당한 지체없이 계속 중재절차를 진행한다면, 그 당사자는 이의 신청권을 상실한 것으로 추정되어야 한다.

제5조 법원의 관여

법원은 이 법에서 규정된 경우를 제외하고, 이 법에 의하여 규율되는 문제에 대하여 관여할 수 없다.

제6조 중재의 지원과 관리를 위한 기관

1. 제11조의 3항, 제11조의 4항, 제13조의 3항, 제14조에 규정된 기능은 러시아연방의 상공회의소 회장에 의해 수행되어져야 한다.

2. 제16조의 3항, 제34조의 2항에 규정된 기능은 러시아 연방의 공화국 형태, 영토, 지역의 대법원이나 도시법원이나 자치구의 법원 혹은 중재가 이루어지는 자치지역에서 수행되어야 한다.

제2장 중재합의

제7조 용어의 정의 및 중재합의의 형식

1. 중재합의는 계약적이든 아니든 상관없이 확정된 법률관계에 관하여 당사자들 간에 발생했거나 발생할 수 있는 모든 혹은 일부의 분쟁을 중재로 신청한다는 당사자들에 의한 합의이다. 중재합의는 계약서에 중재조항의 형식이나 별도의 합의 형식으로 이루어질 수 있다.

или определенных споров, которые возникли или могут возникнуть между ними в связи с каким-либо конкретным правоотношением, независимо от того, носило оно договорный характер или нет. Арбитражное соглашение может быть заключено в виде арбитражной оговорки в договоре или в виде отдельного соглашения.

2. Арбитражное соглашение заключается в письменной форме. Соглашение считается заключенным в письменной форме, если оно содержится в документе, подписанном сторонами или заключено путем обмена письмами, сообщениями по телетайпу, телеграфу или с использованием иных средств электросвязи, обеспечивающих фиксацию такого соглашения, либо путем обмена исковым заявлением и отзывом на иск, в которых одна из сторон утверждает о наличии соглашения, а другая против этого не возражает. Ссылка в договоре на документ, содержащий арбитражную оговорку, является арбитражным соглашением при условии, что договор заключен в письменной форме и данная ссылка такова, что делает упомянутую оговорку частью договора.

Статья 8   Арбитражное соглашение и предъявление иска по существу спора в суде

1. Суд, в который подан иск по вопросу, являющемуся предметом арбитражного соглашения, должен, если любая из сторон попросит об этом не позднее представления своего первого заявления по существу спора, прекратить производство и направить стороны в арбитраж, если не найдет, что это соглашение недействительно, утратило силу или не может быть исполнено.

2. В случае предъявления иска, указанного в пункте 1 настоящей статьи, арбитражное разбирательство может быть тем не менее начато или продолжено и арбитражное решение вынесено, пока пререкания о подсудности ожидают разрешения в суде.

Статья 9   Арбитражное соглашение и обеспечительные меры суда

Обращение стороны в суд до или во время арбитражного разбирательства с просьбой о принятии мер по обеспечению иска и вынесение судом определения о принятии таких мер не являются несовместимыми с арбитражным соглашением.

Раздел III   Состав третейского суда

Статья 10   Число арбитров

1. Стороны могут по своему усмотрению определять число арбитров.
2. Если стороны не определят этого числа, то назначаются три арбитра.

2. 중재합의는 서면으로 이루어져야 한다. 중재합의는 당사자들의 서명된 문서, 교환된 서신, 텔렉스, 전보, 기타 합의의 기록을 나타내는 기타의 통신수단 또는 합의의 존재를 일방 당사자가 주장하고 상대방이 거부하지 않으면서 중재신청서와 답변서의 교환이 있는 경우에는 서면이다. 계약이 서면으로 이루어지고 참조가 계약의 일부조항을 구성하는 경우에 한하여, 계약서에 포함되는 참조문서가 중재약정을 포함하는 것은 중재합의로 간주한다.

제8조 중재합의와 법원에의 제소

1. 중재합의의 대상인 문제에 관하여 소가 제기된 경우에, 어느 당사자가 본안에 관한 최초의 변론을 제기할 때까지 중재합의존재의 항변을 하는 때에는 법원은 그 소송절차를 중지하고 당사자들을 중재로 회부한다. 다만 중재합의가 무효나 중재이행이 실행불가능하거나 수행능력이 없다는 것을 확인하는 경우에는 예외이다.
2. 본조 제1항에서 언급된 소송이 제기되었다할지라도, 법원에서 관할권의 문제가 계류 중인 경우에는 중재절차를 개시하거나 계속 진행할 수 있으며 중재판정을 내릴 수 있다.

제9조 중재합의와 법원의 보전조치

중재절차 이전이나 진행 중에 일방 당사자가 법원에 임의보전조치명령을 신청하고, 법원이 그 조치의 승인 결정을 내리는 것은 중재합의와 불일치하는 것이 아니다.

제3장　제3자 중재판정부의 구성

제10조 중재인의 수

1. 당사자들은 중재인의 수를 자유롭게 결정한다.
2. 당사자들이 중재인의 수를 결정하지 않았다면, 3인의 중재인이 선정되어야 한다.

Статья 11 Назначение арбитров

1. Ни одно лицо не может быть лишено права выступать в качестве арбитра по причине его гражданства, если стороны не договорились об ином.

2. Стороны могут по своему усмотрению согласовать процедуру назначения арбитра или арбитров при условии соблюдения положений пунктов 4 и 5 настоящей статьи.

3. В отсутствие такого соглашения:

   при арбитраже с тремя арбитрами каждая сторона назначает одного арбитра, и два назначенных таким образом арбитра назначают третьего арбитра, если сторона не назначит арбитра в течение 30 дней по получении просьбы об этом от другой стороны или если два арбитра в течение 30 дней с момента их назначения не договорятся о третьем арбитре, по просьбе любой стороны назначение производится органом, указанным в пункте 1 статьи 6;

   при арбитраже с единоличным арбитром, если стороны не договорятся об арбитре, по просьбе любой стороны назначение производится органом, указанным в пункте 1 статьи 6.

4. Если при процедуре назначения, согласованной сторонами:

   одна из сторон не соблюдает такую процедуру; или

   стороны или два арбитра не могут достичь соглашения в соответствии с такой процедурой; или

   третье лицо, включая учреждение, не выполняет какую-либо функцию, возложенную на него в соответствии с такой процедурой, -

   любая сторона может просить орган, указанный в пункте 1 статьи 6, принять необходимые меры, если только соглашение о процедуре назначения не предусматривает иных способов обеспечения назначения.

5. Решение органа, указанного в пункте 1 статьи 6, по любому из вопросов, которые отнесены к его ведению в соответствии с пунктом 3 или 4 настоящей статьи, не подлежит обжалованию. При назначении арбитра этот орган учитывает любые требования, предъявляемые к квалификации арбитра соглашением сторон, и такие соображения, которые могут обеспечить назначение независимого и беспристрастного арбитра, а в случае назначения единоличного или третьего арбитра принимает также во внимание желательность назначения арбитром лица, не являющегося гражданином тех государств, к которым принадлежат стороны.

Статья 12 Основания для отвода арбитра

1. В случае обращения к какому-либо лицу в связи с его возможным назначением в качестве арбитра это лицо должно сообщить о любых обстоятельствах, которые могут вызвать обоснованные сомнения относительно его беспристрастности или

제11조 중재인의 선정

1. 당사자들이 달리 합의한 경우가 아니라면, 누구도 중재인으로서 국적을 이유로 배제되지 않는다.

2. 본조 제4항과 제5항의 제한 하에, 당사자들은 중재인(들)의 선정절차에 관하여 자유롭게 합의한다.

3. 만약 이와 같은 합의가 없다면
   - 중재인을 3인으로 하는 중재에서는, 양당사자가 각 1인의 중재인을 선정하며 그 선정된 중재인들이 제3의 중재인을 선정한다. 만약 어느 당사자가 상대방으로부터 중재인 선정의 요구를 받은 후 30일 이내에 중재인을 선정하지 못하거나 또는 2인의 중재인들이 선정된 이후 30일 이내에 제3의 중재인을 합의하지 못한다면, 그 중재인 선정은 일방 당사자의 요청에 따라 제6조 제1항에 규정된 권한자에 의해 이루어져야 한다.
   - 단독중재인으로 하는 중재에서는, 당사자들이 단독중재인에 관한 합의를 할 수 없다면, 당사자의 요청에 따라 제6조 제1항에 규정된 권한자에 의해 선정되어야 한다.

4. 당사자들에 의해 합의된 중재인 선정절차에 따라
   - 일방 당사자가 그 절차에서 요구되는 행위를 하지 못하거나
   - 그 절차에서 당사자들 또는 2인의 중재인들이 기대되는 어떠한 합의에 도달할 수 없거나
   - 기관을 포함하여 제3자가 그 절차에서 위임받은 기능을 수행하지 못하는 경우에는 당사자가 제6조 제1항에 규정된 권한자에게 필요한 조치를 취하도록 요청할 수 있다. 다만 중재인 선정절차에 관한 합의가 중재인선정을 담보하는 다른 수단을 제공하는 경우에는 예외이다.

5. 제6조 제1항에서 규정된 권한자에게 본조의 제3항이나 제4항에 따라 위임되는 모든 문제에 관한 결정은 불복할 수 없다. 중재인 선정에 관하여 권한자는 당사자들이 합의한 중재인에게 요구되는 자질과 독립적이고 공평한 중재인의 선정을 담보할 수 있도록 상당한 주의를 다하여야 한다. 또한 단독 중재인 혹은 제3의 중재인은 당사자들의 국적과 다른 국적을 갖는 중재인으로 선정하는 적부를 고려하여야 한다.

제12조 중재인에 대한 기피 사유

1. 중재인으로 선정될 여지가 있는 당사자는 독립성과 공평성에 대한 정당한 의심을 야기될 수 있는 모든 상황에 대하여 고지하여야 한다. 당사자들이 이미 중재인에 의해 통지받은 경우가 아니라면, 중재인은 당사자들에게 선정된 시점 이후부터 그리고 중재절차 중에 모든 상황을 지체 없이 고지하여야 한다.

независимости. Арбитр с момента его назначения и в течение всего арбитражного разбирательства должен без промедления сообщать сторонам о любых таких обстоятельствах, если он не уведомил их об этих обстоятельствах ранее.

2. Отвод арбитру может быть заявлен только в том случае, если существуют обстоятельства, вызывающие обоснованные сомнения относительно его беспристрастности или независимости, либо если он не обладает квалификацией, обусловленной соглашением сторон. Сторона может заявить отвод арбитру, которого она назначила или в назначении которого она принимала участие, лишь по причинам, которые стали ей известны после его назначения.

Статья 13   Процедура отвода арбитра

1. Стороны могут по своему усмотрению договориться о процедуре отвода арбитра при условии соблюдения положений пункта 3 настоящей статьи.

2. В отсутствие такой договоренности сторона, намеревающаяся заявить отвод арбитру, должна в течение 15 дней после того, как ей стало известно о сформировании третейского суда или о любых обстоятельствах, указанных в пункте 2 статьи 12, в письменной форме сообщить третейскому суду мотивы отвода. Если арбитр, которому заявлен отвод, не берет самоотвод или другая сторона не соглашается с отводом, вопрос об отводе решается третейским судом.

3. Если заявление об отводе при применении любой процедуры, согласованной сторонами, или процедуры, предусмотренной в пункте 2 настоящей статьи, не удовлетворено, сторона, заявляющая отвод, может в течение 30 дней по получении уведомления о решении об отклонении отвода просить орган, указанный в пункте 1 статьи 6, принять решение по отводу; последнее решение не подлежит обжалованию. Пока просьба стороны ожидает своего разрешения, третейский суд, включая арбитра, которому заявлен отвод, может продолжать арбитражное разбирательство и вынести арбитражное решение.

Статья 14   Прекращение полномочий (мандата) арбитра

1. В случае, когда арбитр оказывается юридически или фактически неспособным выполнять свои функции или по иным причинам не осуществляет их без неоправданной задержки, его полномочия (мандат) прекращаются, если арбитр берет самоотвод или стороны договариваются о прекращении мандата. В иных случаях, когда сохраняются разногласия относительно какого-либо из этих оснований, любая сторона может обратиться в орган, указанный в пункте 1 статьи 6, с просьбой разрешить вопрос о прекращении мандата; такое решение не подлежит обжалованию).

2. Самоотвод арбитра или согласие стороны на прекращение его мандата в соответствии

2. 중재인은 공평성과 독립성에 관한 정당한 의심을 야기하는 상황이 있는 경우나 당사자들의 합의에 의해 요구되는 자격을 갖지 못한 경우에만 기피될 수 있다. 당사자는 중재인이 선정된 후 당사자가 알게 된 사유로서만 그에 의해 선정된 중재인 혹은 그가 참여하여 선정한 중재인을 기피할 수 있다.

제13조 중재인에 대한 기피절차

1. 당사자들은 본조 제3항의 제한 하에, 중재인의 기피에 관한 절차를 자유롭게 합의할 수 있다.

2. 이 같은 합의가 없는 경우, 중재인을 기피하고자 하는 당사자는 중재판정부의 구성을 알게 된 이후 또는 제12조 2항에 규정된 상황을 인지한 이후 15일 이내에 중재판정부에 서면으로 기피에 관한 사유를 통지하여야 한다. 기피된 중재인이 그의 역할에서 물러나거나 다른 당사자가 기피에 대한 동의를 하는 경우를 제외하고, 중재판정부는 중재인의 기피에 관하여 결정을 하여야 한다.

3. 당사자들에 의해 합의된 절차나 본조 제2항의 절차에 따라 중재인의 기피가 중재판정부에 의해 기각된다면, 중재인의 기피를 주장하는 당사자는 그 기각결정의 통지를 수령한 후 30일 이내에 제6조 제1항에 규정된 권한자에게 중재인의 기피에 관한 결정을 신청할 수 있다. 이에 따른 결정은 항변할 수 없다. 이와 같은 신청이 계류 중인 동안에 기피된 중재인을 포함하여 중재판정부는 중재절차를 계속 진행할 수 있으며 중재판정을 내릴 수 있다.

제14조 중재인 권한의 종료

1. 만약 중재인이 법률상 혹은 사실상 그의 역할을 수행할 수 없게 되거나 다른 사유로 부당한 지연 없이 행위할 것을 이행하지 못한다면 그의 권한(위임)은 종료한다. 그리고 중재인이 그의 역할을 포기하거나 당사자들이 중재인의 권한 종료에 관하여 합의한 경우에 중재인의 권한은 종료된다. 만약 이에 관한 사유에 논란이 있다면 당사자는 제6조 제1항에 규정된 권한자에게 중재인 권한의 종료에 관하여 결정할 것을 요청할 수 있다. 그에 따른 결정은 항변할 수 없다.

2. 만약 본조 또는 제13조 제2항에 따라 중재인이 그의 역할을 포기하거나 당사자가 중재인직의 종료를 합의하는 경우, 이것이 이 조나 제12조 2항에 언급된 사유의 효력을 묵시적으로 수락하는 것이 아니다.

с настоящей статьей или пунктом 2 статьи 13 не означает признания любого из оснований упомянутых в настоящей статьей или в пункте 2 статьи 12.

Статья 15   Замена арбитра

Если мандат арбитра прекращается на основании статьи 13 или 14, или ввиду того, что он берет самоотвод по любой иной причине, или ввиду отмены его мандата соглашением сторон, а равно во всяком другом случае прекращения его мандата, другой арбитр назначается в соответствии с правилами, которые были применимы к назначению заменяемого арбитра.

Раздел IV   **Компетенция третейского суда**

Статья 16   Право третейского суда на вынесение постановления о своей компетенции

1. Третейский суд может сам вынести постановление о своей компетенции, в том числе по любым возражениям относительно наличия или действительности арбитражного соглашения. Для этой цели арбитражная оговорка, являющаяся частью договора, должна трактоваться как соглашение, не зависящее от других условий договора. Решение третейского суда о том, что договор ничтожен, не влечет за собой в силу закона недействительность арбитражной оговорки.

2. Заявление об отсутствии у третейского суда компетенции может быть сделано не позднее представления возражений по иску. Назначение стороной арбитра или ее участие в назначении арбитра не лишает сторону права сделать такое заявление. Заявление о том, что третейский суд превышает пределы своей компетенции, должно быть сделано, как только вопрос, который, по мнению стороны, выходит за эти пределы, будет поставлен в ходе арбитражного разбирательства. Третейский суд может в любом из этих случаев принять заявление, сделанное позднее, если он сочтет задержку оправданной.

3. Третейский суд может вынести постановление по заявлению, указанному в пункте 2 настоящей статьи, либо как по вопросу предварительного характера, либо в решении по существу спора. Если третейский суд постановит как по вопросу предварительного характера, что он обладает компетенцией, любая сторона может в течение 30 дней после получения уведомления об этом постановлении просить суд, указанный в пункте 2 статьи 6, принять решение по данному вопросу; такое решение не подлежит обжалованию. Пока просьба стороны ожидает своего разрешения, третейский суд

제15조   보궐중재인

제13조나 제14조에 따라 중재인직이 종료하거나 중재인이 다른 사유로 역할을 포기하거나 당사자들의 합의에 따라 중재인직을 취소하거나 기타 사유로 중재인직이 종료되는 경우, 교체될 중재인을 선정하는 준거규칙에 따라 보궐중재인을 선정하여야 한다.

제4장   중재판정부의 관할권

제16조   관할권에 관하여 결정할 수 있는 중재판정부의 권한

1. 중재판정부는 중재합의의 존부 또는 유효성에 대한 이의를 포함하여 자체 관할권에 대하여 결정할 수 있다. 이 경우 계약의 일부를 형성하는 중재조항의 형식으로 되어 있는 중재합의는 계약의 다른 조항과 독립적인 합의로서 다루어져야 한다. 계약이 무효라는 중재판정부의 결정은 법률 그 자체에 의하여 중재조항이 무효가 되는 것은 아니다.

2. 중재판정부가 관할권을 가지지 않는다는 이의는 본안에 관한 답변서를 제출할 때까지 제기되어야 한다. 당사자는 중재인의 선정이나 중재인 선정에 참여하였다 하더라도 이의를 제기할 수 있다. 중재판정부가 그 권한의 범위를 벗어났다는 이의는 그 권한이 중재절차의 진행 중에 권한 범위를 벗어난다는 주장이 다루어지는 즉시 제기되어야 한다. 이 경우에 중재판정부는 이의가 규정된 시기보다 늦게 제기되었더라도 그 지연에 정당한 이유가 있다고 인정하는 경우에는 이를 받아들일 수 있다.

3. 중재판정부는 본조 제2항의 규정에 의한 이의에 대하여 선결문제로서 결정하거나 본안에 관한 중재판정에서 함께 판단할 수 있다. 중재판정부가 선결문제로서 그 관할권이 있다고 결정한 경우에 이의당사자는 당해 결정의 통지를 받은 날부터 30일 이내에 제6조 제2항에서 규정된 법원에 중재판정부의 권한에 대한 심사를 신청할 수 있다. 이 법원의 결정은 상소할 수 없다. 관할권에 관한 신청으로 재판이 계류 중인 경우에도 중재판정부는 중재절차를 계속 진행하고 중재판정을 내릴 수 있다.

может продолжать разбирательство и вынести арбитражное решение.

Статья 17 Полномочие третейского суда распорядиться о принятии обеспечительных мер

Если стороны не договорились об ином, третейский суд может по просьбе любой стороны распорядиться о принятии какой-либо стороной таких обеспечительных мер в отношении предмета спора, которые он считает необходимыми. Третейский суд может потребовать от любой стороны предоставить надлежащее обеспечение в связи с такими мерами.

Раздел V Ведение арбитражного разбирательства

Статья 18 Равное отношение к сторонам

К сторонам должно быть равное отношение, и каждой стороне должны быть предоставлены все возможности для изложения своей позиции.

Статья 19 Определение правил процедуры

1. При условии соблюдения положений настоящего Закона стороны могут по своему усмотрению договориться о процедуре ведения разбирательства третейским судом.

2. В отсутствие такого соглашения третейский суд может с соблюдением положений настоящего Закона вести арбитражное разбирательство таким образом, какой считает надлежащим. Полномочия, предоставленные третейскому суду, включают полномочия на определение допустимости, относимости, существенности и значимости любого доказательства.

Статья 20 Место арбитража

1. Стороны могут по своему усмотрению договориться о месте арбитража. В отсутствие такой договоренности место арбитража определяется третейским судом с учетом обстоятельств дела, включая фактор удобства для сторон.

2. Несмотря на положения пункта 1 настоящей статьи, третейский суд может, если стороны не договорились об ином, собраться в ином месте, которое он считает надлежащим для проведения консультаций между арбитрами, заслушивания свидетелей, экспертов или сторон либо для осмотра товаров, другого имущества или документов.

Статья 21 Начало арбитражного разбирательства

Если стороны не договорились об ином, арбитражное разбирательство в отношении конкретного спора начинается в день, когда просьба о передаче этого спора в арбитраж

제17조   임시적 처분을 명령할 수 있는 중재판정부의 권한

당사자들에 의해 달리 합의된 경우가 아니라면, 중재판정부는 일방 당사자의 신청으로 분쟁의 대상에 관하여 필요하다고 인정하는 임시적 처분을 당사자에게 명할 수 있다. 중재판정부는 당사자에게 임시적 처분과 관련한 적절한 담보의 제공을 요구할 수 있다.

제5장   중재절차의 이행

제18조   당사자 동등대우

당사자들은 동등하게 대우받아야 하며 각 당사자는 사건에 출석할 충분한 기회가 부여되어야 한다.

제19조   중재절차의 결정

1. 이 법의 규정을 조건으로, 당사자들은 중재절차의 진행에 대하여 중재판정부가 따르는 절차에 관하여 자유롭게 합의한다.

2. 이와 같은 합의가 없는 경우, 이 법의 규정을 조건으로, 중재판정부는 적절하다고 간주하는 방법에 따라 중재를 진행할 수 있다. 중재판정부는 증거의 허용여부, 관련성, 증명력에 관하여 판단할 권한을 가진다.

제20조   중재지

1. 당사자들은 중재지에 관하여 자유롭게 합의한다. 이와 같은 합의가 없다면, 중재지는 당사자들의 편의와 당해 사건에 대한 제반 사정을 고려하여 중재판정부가 결정하여야 한다.

2. 본조 제1항의 규정에도 불구하고, 당사자들에 의해 달리 합의된 경우가 아니라면, 중재판정부는 중재인들 사이의 협의나 증인, 전문가, 당사자들의 신문 또는 물품, 기타 재산이나 문서의 검증을 위하여 중재지 이외의 적절한 장소에서 할 수 있다.

제21조   중재절차의 개시

당사자들이 달리 합의한 경우가 아니라면, 특정한 분쟁에 관한 중재절차는 중재에 언급된 분쟁에 관한 중재요청서를 피신청인이 수령한 날부터 개시된다.

получена ответчиком.

Статья 22   Язык

1. Стороны могут по своему усмотрению договориться о языке или языках, которые будут использоваться в ходе арбитражного разбирательства. В отсутствие такой договоренности третейский суд определяет язык или языки, которые должны использоваться при разбирательстве. Такого рода договоренность или определение, если в них не оговорено иное, относятся к любому письменному заявлению стороны, любому слушанию дела и любому арбитражному решению, постановлению или иному сообщению третейского суда.

2. Третейский суд может распорядиться о том, чтобы любые документальные доказательства сопровождались переводом на язык или языки, о которых договорились стороны или которые определены третейским судом.

Статья 23   Исковое заявление и возражения по иску

1. В течение срока, согласованного сторонами или определенного третейским судом, истец должен заявить об обстоятельствах, подтверждающих его исковые требования, о спорных вопросах и о требуемом удовлетворении, а ответчик должен заявить свои возражения по этим пунктам, если только стороны не договорились об ином в отношении необходимых реквизитов таких заявлений. Стороны могут представить вместе со своими заявлениями все документы, которые они считают относящимися к делу, или могут сделать ссылку на документы или другие доказательства, которые они представят в дальнейшем.

2. Если стороны не договорились об ином, в ходе арбитражного разбирательства любая сторона может изменить или дополнить свои исковые требования или возражения по иску, если только третейский суд не признает нецелесообразным разрешить такое изменение с учетом допущенной задержки.

Статья 24   Слушание и разбирательство по документам

1. При условии соблюдения любого иного соглашения сторон третейский суд принимает решение о том, проводить ли устное слушание дела для представления доказательств или для устных прений либо осуществлять разбирательство только на основе документов и других материалов. Однако, кроме того случая, когда стороны договорились не проводить устного слушания, третейский суд должен провести такое слушание на сообразной стадии арбитражного разбирательства, если об этом просит любая из сторон.

2. Сторонам достаточно заблаговременно должно быть направлено уведомление о любом слушании и о любом заседании третейского суда, проводимом в целях осмотра

제22조 중재언어

1. 당사자들은 중재절차에 사용될 언어(들)를 자유롭게 합의한다. 이와 같은 합의가 없다면, 중재판정부가 중재절차에 사용될 언어(들)를 결정하여야 한다. 달리 정함이 없는 한, 이 합의나 결정은 당사자의 모든 서면진술서, 신문, 중재판정부의 중재판정 및 결정, 기타의 통지에 적용하여야 한다.

2. 중재판정부는 당사자들에 의해 합의된 언어(들) 또는 중재판정부에 의해 결정된 언어(들)에 따라 모든 증거문서의 번역문을 함께 제출할 것을 명할 수 있다.

제23조 신청서와 답변서

1. 당사자들이 합의하였거나 중재판정부가 정한 기간 내에 신청인은 만약 당사자들이 진술서의 요건에 대하여 달리 합의하지 않았다면, 신청인은 그의 주장을 입증하는 사실, 쟁점, 구제, 배상요구사항을 기재한 신청서를 중재판정부에 제출하고, 피신청인은 이에 대하여 답변서를 제출하여야 한다. 당사자들은 신청서 또는 답변서에 중요하다고 인정하는 서류를 첨부하거나 장래 사용할 증거방법을 표시할 수 있다.

2. 당사자들이 달리 합의한 경우가 아니라면, 각 당사자들은 중재절차의 진행 중에 자신의 신청이나 공격방어방법을 변경 또는 보완할 수 있다. 다만 중재판정부가 변경을 이행하는데 따른 지연을 인정하는 것이 부적절하다고 판단하는 경우에는 그러하지 아니하다.

제24조 신문과 서면심리절차

1. 당사자들에 의해 반대의 합의가 있는 경우를 제외하고, 중재판정부는 증거제출이나 구두 논쟁을 위하여 구두신문을 할 것인지 또는 문서와 기타 자료에 의한 서면심리를 할 것인지의 여부를 결정하여야 한다. 다만 당사자들이 구두신문을 하지 아니하기로 합의한 경우를 제외하고, 중재판정부는 일방 당사자의 신청에 따라 중재절차의 적절한 단계에서 신문을 개최하여야 한다.

2. 당사자들은 물품, 기타 재산, 문서의 조사 목적에 대하여 중재판정부의 신문과 회의에 관하여 사전에 충분한 시간을 두고 통지받아야 한다.

товаров, другого имущества или документов.

3. Все заявления, документы или другая информация, представляемые одной из сторон третейскому суду, должны быть переданы другой стороне. Сторонам должны быть переданы любые заключения экспертов или другие документы, имеющие доказательственное значение, на которых третейский суд может основываться при вынесении своего решения.

Статья 25   епредставление документов или неявка стороны.

Если стороны не договорились об ином, в тех случаях, когда без указания уважительной причины:

истец не представляет свое исковое заявление, как это требуется в соответствии с пунктом 1 статьи 23, - третейский суд прекращает разбирательство;

ответчик не представляет своих возражений по иску, как это требуется в соответствии с пунктом 1 статьи 23, - третейский суд продолжает разбирательство, не рассматривая такое непредставление само по себе как признание утверждений истца;

любая сторона не является на слушание или не представляет документальные доказательства, - третейский суд может продолжить разбирательство и вынести решение на основе имеющихся у него доказательств.

Статья 26   Эксперт, назначенный третейским судом

1. Если стороны не договорились об ином, третейский суд может:
назначить одного или нескольких экспертов для представления ему доклада по конкретным вопросам, которые определяются третейским судом;
потребовать от стороны предоставления эксперту любой относящейся к делу информации либо предъявления для осмотра, или предоставления возможности осмотра им относящихся к делу документов, товаров или другого имущества.

2. При отсутствии договоренности сторон об ином эксперт, если сторона просит об этом или если третейский суд считает это необходимым, должен после представления своего письменного или устного заключения принять участие в слушании, на котором сторонам предоставляется возможность задавать ему вопросы и представлять специалистов для дачи показаний по спорным вопросам.

Статья 27   Содействие суда в получении доказательств

Третейский суд или сторона с согласия третейского суда могут обратиться к компетентному суду Российской Федерации с просьбой о содействии в получении доказательств. Суд может выполнить эту просьбу, руководствуясь правилами, касающимися обеспечения доказательств, в том числе судебных поручений.

3. 일방 당사자가 중재판정부에 제공한 모든 진술서, 문서, 기타 정보는 상대방에게 통지되어야 한다. 또한 중재판정부가 결정을 내리는데 기초로 삼는 전문가의 감정서나 서증은 당사자들에게 통지되어야 한다.

제25조 문서의 미제출 또는 신문의 불출석

당사자들에 의해 달리 합의된 경우가 아니라면, 충분한 사유를 제시하지 않고
- 신청인이 제23조 제1항의 규정에 의하여 신청서를 제출하지 아니하는 경우에 중재판정부는 중재절차를 종료하여야 한다.
- 피신청인이 제23조 제1항에 따른 답변서를 제출하지 아니하는 경우에 중재판정부는 답변서의 미통지를 신청인의 주장이 인정하는 것으로 간주하지 아니하고 중재절차를 계속 진행하여야 한다.
- 일방 당사자가 신문에 출석하지 아니하거나 서증을 제출하지 아니하는 경우에 중재판정부는 중재절차를 계속 진행하여 제출된 증거를 기초로 중재판정을 내릴 수 있다.

제26조 중재판정부에 의한 전문가 선정

1. 당사자들이 달리 합의한 경우가 아니라면, 중재판정부는
   - 중재판정부에 의해 결정되어야 하는 특정 쟁점에 대한 감정을 위하여 1인 혹은 그 이상의 전문가를 지정할 수 있다.
   - 당사자로 하여금 전문가의 조사를 위하여 관련 문서, 물품, 기타 재산에 대하여 전문가에게 관련 정보를 제출하거나 그에 대한 접근을 허용하도록 할 수 있다.
2. 당사자들이 달리 합의한 경우가 아니라면, 전문가의 서면이나 구두 보고를 수령한 이후에, 당사자의 신청이나 중재판정부의 직권으로, 당사자들이 전문가에게 질문할 기회를 가지며 쟁점을 검증하는 전문증거를 제시하도록 전문가를 신문에 참석시켜야 한다.

제27조 증거조사에 관한 법원의 협조

중재판정부나 중재판정부가 승인하는 당사자는 러시아 연방 관할 법원에 증거조사의 협조를 신청할 수 있다. 법원은 증인신문권을 포함하여 증거조사에 관한 법규에 따라 그 신청을 행할 수 있다.

Раздел VI | **Вынесение арбитражного решения и прекращение разбирательства**

Статья 28   Нормы, применимые к существу спора

1. Третейский суд разрешает спор в соответствии с такими нормами права, которые стороны избрали в качестве применимых к существу спора. Любое указание на право или систему права какого-либо государства должно толковаться как непосредственно отсылающее к материальному праву этого государства, а не к его коллизионным нормам.

2. При отсутствии какого-либо указания сторон третейский суд применяет право, определенное в соответствии с коллизионными нормами, которые он считает применимыми.

3. Во всех случаях третейский суд принимает решение в соответствии с условиями договора и с учетом торговых обычаев, применимых к данной сделке.

Статья 29   Вынесение решения коллегией арбитров

При арбитражном разбирательстве, осуществляемом коллегией арбитров, любое решение третейского суда, если стороны не договорились об ином, должно быть вынесено большинством арбитров. Однако вопросы процедуры могут разрешаться арбитром, являющимся председателем третейского суда, если он будет уполномочен на это сторонами или всеми другими арбитрами.

Статья 30   Мировое соглашение

1. Если в ходе арбитражного разбирательства стороны урегулируют спор, третейский суд прекращает разбирательство и по просьбе сторон и при отсутствии возражений с его стороны фиксирует это урегулирование в виде арбитражного решения на согласованных условиях.

2. Арбитражное решение на согласованных условиях должно быть вынесено в соответствии с положениями статьи 31 и должно содержать указание на то, что оно является арбитражным решением. Такое арбитражное решение имеет ту же силу и подлежит исполнению так же, как и любое другое арбитражное решение по существу спора.

Статья 31   Форма и содержание арбитражного решения

1. Арбитражное решение должно быть вынесено в письменной форме и подписано единоличным арбитром или арбитрами. При арбитражном разбирательстве, осуществляемом коллегией арбитров, достаточно наличия подписей большинства членов третейского суда при условии указания причины отсутствия других подписей.

2. В арбитражном решении должны быть указаны мотивы, на которых оно основано,

제6장　중재판정과 중재절차의 종료

제28조　분쟁의 실체에 적용될 법규

1. 중재판정부는 당사자들에 의해 정해진 분쟁의 실체에 적용할 법규에 따라 분쟁을 결정하여야 한다. 특정 국가의 법 또는 법체계가 지정된 경우에 그 국가의 국제사법이 아닌 직접적으로 당해 국가의 실체법을 지정한 것으로 간주한다.

2. 당사자들에 의해 지정이 없는 경우에, 중재판정부는 적용 가능한 국제사법에 의해 결정된 법을 적용하여야 한다.

3. 이 모든 경우에 중재판정부는 계약에서 정한 바에 따라 결정하고 그 거래에 적용될 수 있는 무역관습을 고려하여야 한다.

제29조　중재판정부에 의한 결정

당사자들에 의해 달리 합의된 경우가 아니라면, 1인 이상의 중재인으로 구성된 중재판정부의 의사결정은 다수결에 의한다. 그러나 당사자들이나 중재판정부의 모든 구성원에 의해 그 권한이 부여된 경우에 의장중재인이 중재절차의 문제들을 결정할 수 있다.

제30조　화해

1. 중재절차의 진행 중에 당사자들이 분쟁을 화해로 해결한다면, 중재판정부는 중재절차를 종료한다. 그리고 당사자들의 요구에 의하여 중재판정부가 거부하지 않는다면 화해내용을 중재판정의 형식으로 기재한다.

2. 화해내용을 기재한 중재판정은 제31조의 규정에 따라 작성되어야 하며, 중재판정으로 명시되어야 한다. 이 같은 중재판정은 본안 사건에 관한 다른 중재판정과 동일한 법적 지위와 효력을 가진다.

제31조　중재판정의 형식과 내용

1. 중재판정은 서면으로 작성되어야 하며 중재인(들)이 서명하여야 한다. 1인 이상의 중재인들로 구성된 중재절차에서는 서명할 수 없는 그 사유를 기재한다면 중재판정부 모든 구성원의 과반수 서명으로 충분하다.

2. 중재판정은 청구의 인정 혹은 거부에 대한 결정, 중재비용과 보수 그리고 그 할당에 대한 근거 사유를 기재하여야 한다.

вывод об удовлетворении или отклонении исковых требований, сумма арбитражного сбора и расходы по делу, их распределение между сторонами.

3. В арбитражном решении должны быть указаны его дата и место арбитража, как оно определено в соответствии с пунктом 1 статьи 20.

Арбитражное решение считается вынесенным в этом месте.

4. После вынесения арбитражного решения каждой стороне должна быть передана его копия, подписанная арбитрами в соответствии с пунктом 1 настоящей статьи.

Статья 32   Прекращение арбитражного разбирательства

1. Арбитражное разбирательство прекращается окончательным арбитражным решением или постановлением третейского суда, вынесенным в соответствии с пунктом 2 настоящей статьи.

2. Третейский суд выносит постановление о прекращении арбитражного разбирательства, когда:

истец отказывается от своего требования, если только ответчик не выдвинет возражений против прекращения разбирательства и третейский суд не признает законный интерес ответчика в окончательном урегулировании спора;

стороны договариваются о прекращении разбирательства;

третейский суд находит, что продолжение разбирательства стало по каким-либо причинам ненужным или невозможным.

3. Мандат третейского суда прекращается одновременно с прекращением арбитражного разбирательства, без ущерба, однако, для положений статьи 33 и пункта 4 статьи 34.

Статья 33   Исправление и толкование решения. Дополнительное решение

1. В течение 30 дней по получении арбитражного решения, если сторонами не согласован иной срок:

любая из сторон, уведомив об этом другую сторону, может просить третейский суд исправить любые допущенные в решении ошибки в подсчетах, описки или опечатки либо иные ошибки аналогичного характера;

при наличии соответствующей договоренности между сторонами любая из сторон, уведомив об этом другую сторону, может просить третейский суд дать толкование какого-либо конкретного пункта или части решения.

Третейский суд, если он сочтет просьбу оправданной, должен в течение 30 дней по ее получении внести соответствующие исправления или дать толкование. Такое толкование становится составной частью арбитражного решения.

2. Третейский суд в течение 30 дней, считая с даты арбитражного решения, может по своей инициативе исправить любые ошибки, указанные в абзаце втором пункта 1 настоящей статьи.

3. 중재판정은 제20조 제1항에 따라 결정된 날짜와 중재지를 기재하여야 한다. 중재판정은 그 장소에서 내려진 것으로 본다.

4. 중재판정이 내려진 후 중재인의 서명이 된 사본은 본조 제1항에 따라 각 당사자에게 송부되어야 한다.

제32조 중재절차의 종료

1. 중재절차는 종국판정으로 종료되거나 본조 제2항에 따라 중재판정부의 명령으로 종료된다.

2. 중재판정부는 다음에 대하여 중재절차의 종료를 명하여야 한다.

   - 중재신청인이 그의 신청을 철회하는 경우, 다만, 피신청인이 이를 거부하고 중재판정부가 분쟁의 최종적 해결을 구할 정당한 이익이 있다고 인정하는 경우에는 그러하지 아니하다.
   - 당사자들이 중재절차의 종료에 합의하는 경우
   - 중재판정부가 그 외의 사유로 중재절차를 속행하는 것이 불필요하거나 불가능하다고 인정하는 경우.

3. 제33조와 제34조 제4항의 규정을 제외하고, 중재판정부의 권한은 중재절차의 종료와 함께 종결된다.

제33조 중재판정의 정정 및 해석 추가판정

1. 당사자들이 또 다른 기간이 합의한 경우가 아니라면, 중재판정을 수령한 날로부터 30일 이내에

   - 당사자는 중재판정의 모든 계산착오, 오기, 오타 또는 이에 유사한 오류의 정정을 상대방에게 그 취지를 통지하면서 중재판정부에 신청할 수 있다.
   - 당사자간의 합의가 있는 경우에, 일방 당사자는 중재판정의 특정쟁점이나 일부에 대한 해석을 제공해 줄 것을 상대방에게 그 취지를 통지를 하면서 중재판정부에 신청할 수 있다.
   - 중재판정부는 그 신청이 정당하다고 인정하는 경우에, 신청을 받은 날부터 30일 이내에 중재판정의 정정이나 해석을 제공하여야 한다. 이 해석은 중재판정의 일부를 구성한다.

2. 중재판정부는 중재판정일 이후 30일 이내에 직권으로 본조 제1항의 두 번째 문장에 규정하는 모든 오류에 대하여 정정할 수 있다.

3. Если стороны не договорились об ином, любая из сторон, уведомив об этом другую сторону, может в течение 30 дней по получении арбитражного решения просить третейский суд вынести дополнительное решение в отношении требований, которые были заявлены в ходе арбитражного разбирательства, однако не были отражены в решении. Третейский суд, если он сочтет просьбу оправданной, должен в течение 60 дней по ее получении вынести дополнительное арбитражное решение.

4. Третейский суд в случае необходимости может продлить срок, в течение которого он должен исправить ошибки, дать толкование или вынести дополнительное арбитражное решение в соответствии с пунктом 1 или 3 настоящей статьи.

5. Положения статьи 31 должны применяться в отношении исправления или толкования арбитражного решения или в отношении дополнительного арбитражного решения.

Раздел VII   Оспаривание арбитражного решения

Статья 34   Ходатайство об отмене как исключительное средство оспаривания арбитражного решения

1. Оспаривание в суде арбитражного решения может быть произведено только путем подачи ходатайства об отмене в соответствии с пунктами 2 и 3 настоящей статьи.

2. Арбитражное решение может быть отменено судом, указанным в пункте 2 статьи 6, лишь в случае, если:

   1) сторона, заявляющая ходатайство об отмене, представит доказательства того, что:
   одна из сторон в арбитражном соглашении, указанном в статье 7 была в какой-то мере недееспособна, или это соглашение недействительно по закону, которому стороны его подчинили, а при отсутствии такого указания - по закону Российской Федерации; или

   она не была должным образом уведомлена о назначении арбитра или об арбитражном разбирательстве, или по другим причинам не могла представить свои объяснения; или

   решение вынесено по спору, не предусмотренному арбитражным соглашением или не подпадающему под его условия, или содержит постановления по вопросам, выходящим за пределы арбитражного соглашения, с тем, однако, что если постановления по вопросам, охватываемым арбитражным соглашением, могут быть отделены от тех, которые не охватываются таким соглашением, то может быть отменена только та часть арбитражного решения, которая содержит постановления по вопросам, не охватываемым арбитражным соглашением; или

3. 당사자들에 의해 달리 합의된 경우가 아니라면, 중재판정을 받은 날부터 30일 이내에, 당사자는 중재절차에서 주장되었으나 중재판정에 포함되지 아니한 청구에 대하여 추가 판정을 내려 줄 것을 상대방에게 그 취지를 통지를 하면서 중재판정부에 신청할 수 있다. 만약 중재판정부가 이 신청이 정당하다고 인정하는 경우에 60일 이내에 추가 중재 판정을 내려야 한다.

4. 중재판정부는 필요하다고 인정하는 때에는 본조 제1항이나 제3항에 따른 중재판정의 정정, 해석, 추가판정의 기간을 연장할 수 있다.

5. 제31조의 규정은 중재판정의 정정, 해석 또는 추가판정에도 적용되어야 한다.

제7장 중재판정에 대한 불복

제34조 중재판정에 대한 한정된 불복으로써 중재판정의 취소 신청

1. 본조 제2항과 제3항에 따라 중재판정에 대한 불복은 법원에 제기하는 중재판정취소의 소에 의하여만 할 수 있다.

2. 중재판정은 제6조 제2항에서 규정된 다음의 경우에 대해서만 법원에 의해 취소될 수 있다.

   1) 중재판정의 취소를 구하는 신청 당사자가 다음의 사유를 증명하는 경우

      - 제7조에 규정된 중재합의의 당사자가 무능력자였거나 또는 중재합의가 당사자들 이 지정한 법에 의하여 무효이거나 그러한 지정이 없는 경우에는 러시아 연방법 에 의하여 무효인 사실

      - 당사자가 중재인의 선정 또는 중재절차에 관하여 적절한 통지를 받지 못하였거나 그 사건에 달리 출석할 수 없었던 사실

      - 중재판정이 중재부탁의 조건에서 의도하지 아니하거나 배제하는 분쟁에 대하여 내 려진 사실, 또는 중재판정이 중재부탁의 범위를 벗어난 사항에 관한 결정을 포함하 는 사실. 다만 중재에 제기된 문제에 관한 결정이 범위를 넘어서는 사항과 별개로 분리될 수 있는 경우에는 대상이 아닌 중재판정의 그 일부만이 취소될 수 있다.

состав третейского суда или арбитражная процедура не соответствовали соглашению сторон, если только такое соглашение не противоречит любому положению настоящего Закона, от которого стороны не могут отступать, либо в отсутствие такого соглашения не соответствовали настоящему Закону, либо

2) суд определит, что:

объект спора не может быть предметом арбитражного разбирательства по закону Российской Федерации; или

арбитражное решение противоречит публичному порядку Российской Федерации.

3. Ходатайство об отмене не может быть заявлено по истечении трех месяцев со дня получения стороной, заявляющей это ходатайство, арбитражного решения, а в случае, если была подана просьба в соответствии со статьей 33, - со дня вынесения третейским судом решения по этой просьбе.

4. Суд, в который подано ходатайство об отмене арбитражного решения, может, если сочтет это надлежащим и если об этом просит одна из сторон, приостановить на установленный срок производство по этому вопросу, с тем чтобы предоставить третейскому суду возможность возобновить арбитражное разбирательство или предпринять иные действия, которые, по мнению третейского суда, позволят устранить основания для отмены арбитражного решения.

Раздел VIII Признание и приведение в исполнение арбитражных решений

Статья 35 Признание и приведение в исполнение арбитражного решения

1. Арбитражное решение, независимо от того, в какой стране оно было вынесено, признается обязательным и при подаче в компетентный суд письменного ходатайства приводится в исполнение с учетом положений настоящей статьи и статьи 36.

2. Сторона, основывающаяся на арбитражном решении или ходатайствующая о приведении его в исполнение, должна представить должным образом заверенное подлинное арбитражное решение или должным образом заверенную копию такового, а также подлинное арбитражное соглашение, указанное в статье 7, или должным образом заверенную копию такового. Если арбитражное решение или соглашение изложены на иностранном языке, сторона должна представить должным образом заверенный перевод этих документов на русский язык.

Статья 36 Основания для отказа в признании или приведении в исполнение арбитражного решения

1. В признании или приведении в исполнение арбитражного решения, независимо от

- 중재판정부의 구성이나 중재절차가 당사자들의 합의에 따라 이루어지지 않은 사실, 또는 그 같은 합의가 없다면 이 법을 따르지 않았다는 사실. 다만 그 같은 합의가 당사자들이 훼손할 수 없는 이 법의 규정과 저촉되는 경우에는 그러하지 아니한다.

2) 법원이 다음을 확인하는 경우
- 분쟁의 대상이 러시아 연방법에 따라 중재에 의해 해결할 수 없는 경우 또는
- 중재판정이 러시아 연방의 공서에 반하는 경우.

3. 중재판정의 취소의 신청은 중재판정을 받은 날부터 그리고 만약 제33조의 규정에 의한 신청이 있었던 경우라면 중재판정부에 의해 그 신청이 처리된 날부터 3개월이 경과된 이후에는 제기되지 않을 수 있다.

4. 중재판정의 취소를 소가 제기된 법원은 일방 당사자들의 요청으로 적절하다고 판단하는 경우에는 중재판정부에 중재절차를 재개할 기회를 부여하거나 중재판정의 취소에 대한 사유를 제거하는 행위를 할 수 있도록 그 정해진 기간 동안에 중재판정취소의 소송절차를 보류할 수 있다.

제8장 중재판정의 승인 및 집행

제35조 중재판정의 승인 및 집행

1. 본조 및 제36조의 제한 하에, 중재판정은 중재판정이 내려진 국가와 상관없이 적법한 법원에 서면신청에 따라 구속력이 승인되고 집행되어야 한다.

2. 중재판정에 기대하거나 그 집행을 신청하는 당사자는 진정한 원본의 중재판정 혹은 정히 인증된 그 사본을 제공하여야 한다. 만약 중재판정이나 중재합의가 외국 언어로 작성되어진 경우 당사자는 러시아 언어로 정히 인증된 그 번역문을 제공하여야 한다.

제36조 중재판정의 승인이나 집행의 거부 사유

1. 중재판정의 승인이나 집행은 중재판정이 내려진 국가와 상관없이 아래의 경우에 대해서만 거부될 수 있다.

того, в какой стране оно было вынесено, может быть отказано лишь:

1) по просьбе стороны, против которой оно направлено, если эта сторона представит компетентному суду, в котором испрашивается признание или приведение в исполнение, доказательства того, что:

одна из сторон в арбитражном соглашении, указанном в статье 7, была в какой-либо мере недееспособна; или это соглашение недействительно по закону, которому стороны его подчинили, а при отсутствии такого указания - по закону страны, где решение было вынесено; или

сторона, против которой вынесено решение, не была должным образом уведомлена о назначении арбитра или об арбитражном разбирательстве или по другим причинам не могла представить свои объяснения; или

решение вынесено по спору, не предусмотренному арбитражным соглашением или не подпадающему под его условия, или содержит постановления по вопросам, выходящим за пределы арбитражного соглашения, с тем, однако, что если постановления по вопросам, охватываемым арбитражным соглашением, могут быть отделены от тех, которые не охватываются таким соглашением, то та часть арбитражного решения, которой содержатся постановления по вопросам, охватываемым арбитражным соглашением, может быть признана и приведена в исполнение; или

состав третейского суда или арбитражная процедура не соответствовали соглашению сторон или в отсутствие такового не соответствовали закону той страны, где имел место арбитраж; или решение еще не стало обязательным для сторон, или было отменено, или его исполнение было приостановлено судом страны, в которой или в соответствии с законом которой оно было вынесено; либо

2) если суд найдет, что:

объект спора не может быть предметом арбитражного разбирательства по закону Российской Федерации; или

признание и приведение в исполнение этого арбитражного решения противоречат публичному порядку Российской Федерации.

2. Если в суде, указанном в абзаце пятом подпункта 1 пункта 1 настоящей статьи, заявлено ходатайство об отмене или приостановлении исполнения арбитражного решения, суд, в котором испрашивается признание или приведение в исполнение, может, если сочтет это надлежащим, отложить вынесение своего решения и может также по ходатайству той стороны, которая просит о признании или приведении в исполнение арбитражного решения, обязать другую сторону представить надлежащее обеспечение.

1) 중재판정의 승인이나 집행을 구하는 상대방과 대립하는 당사자의 신청에 따라, 만약 그 당사자가 중재판정의 승인이나 집행을 구하는 적법한 법원에 다음의 사유를 증명한다면, 즉

   - 제7조에 규정된 중재합의의 당사자가 무능력자였거나 또는 중재합의가 당사자들이 지정한 법에 의하여 무효이거나 그러한 지정이 없는 경우에는 중재판정이 내려진 국가법에 의하여 무효인 사실

   - 중재판정을 거부하는 당사자가 중재인의 선정 또는 중재절차에 관하여 적절한 통지를 받지 못하였거나 그 사건에 달리 출석할 수 없었던 사실

   - 중재판정이 중재부탁의 조건에서 의도하지 아니하거나 배제하는 분쟁에 대하여 내려진 사실, 또는 중재판정이 중재부탁의 범위를 벗어난 사항에 관한 결정을 포함하는 사실. 다만 중재에 제기된 문제에 관한 결정이 범위를 넘어서는 사항과 별개로 분리될 수 있는 경우에는 중재에 제기된 문제에 관한 결정을 포함하는 중재판정의 그 일부는 승인 및 집행될 수 있다. 또는

   - 중재판정부의 구성이나 중재절차가 당사자들의 합의에 따라 이루어지지 않은 사실, 또는 그 같은 합의가 없다면 중재가 이루어진 장소의 국가법에 따르지 않은 사실

   - 중재판정이 아직 당사자들에게 구속력을 갖지 아니하거나 또는 중재판정이 내려진 법이나 국가 법원에 의하여 취소된 사실 또는

2) 법원이 다음을 인정하는 경우

   - 분쟁의 대상이 러시아 연방법에 따라 중재에 의해 해결할 수 없음. 또는

   - 중재판정의 승인이나 집행이 러시아 연방의 공서에 반함.

2. 중재판정의 취소나 중지에 대한 신청이 본조 제1항의 첫 번째 문단의 다섯 번째 사안으로 법원에 제기되었다면, 중재판정의 승인과 집행을 신청받은 법원은 적절하다고 판단하는 경우 그 결정을 연기할 수 있다. 또한 중재판정의 승인이나 집행을 요구하는 당사자의 신청에 대하여 상대방에게 적절한 담보를 제공하도록 명할 수 있다.

| 감수자 |

오원석

【학력】

1968. 3.~1973. 2.   성균관대학교 통계학과
1979. 8.~1980. 12. 미국 Thunderbird 대학원 국제경영학 석사
1981. 3.~1986. 2.   성균관대학교 대학원 무역경영전공 경제학박사

【경력】

1995~ 현 성균관대학교 교수
2009. 11.~ 현 대한상사중재원 중재인 겸 이사
2007~2008 성균관대학교 경영대학장 겸 경영전문대학원장
1994~2005 한국무역상무학회장 (제1대~제6대)
1998~2000 성균관대학교 무역연구소장
1981~1995 동아대학교 교수

허해관

【학력】

1987. 3.~1994. 2. 서울대학교 법과대학 법학사
1996. 2.~1998. 2. 성균관대학교 대학원 무역학과 경제학석사
1998. 3.~2003. 8. 성균관대학교 대학원 무역학과 경영학박사

【경력】

2012. 3.~ 현 숭실대학교 글로벌통상학과 조교수
2013. 3.~ 현 법무부 중재법 개정 특별분과위원회 위원
2013. 1.~ 현 한국중재학회 이사 및 중재연구 편집위원
2009. 1.~ 현 대한상사중재원 국제금융위원회 위원
2003. 3.~2012. 2. 성균관대학교 경영학부 및 대학원 무역학과 강사

| 편자 법무부 중재법개정자료발간팀 |

장준호 고려대학교 법과대학 졸업
고려대학교 법과대학원 석사과정 수료
법무부 법무심의관실 검사

임수민 서울대학교 법과대학 졸업
서울대학교 법과대학원 박사과정 수료
법무부 법무자문위원회 연구위원

세계중재법규총서 **1**

세계중재법규 제3권

2014년 11월 20일 초판 1쇄 인쇄
2014년 11월 25일 초판 1쇄 발행

발행 **법무부**
황교안 법무부장관
주소: 경기도 과천시 관문로 47 정부과천청사
전화: 02-2110-3268
팩스: 02-2110-0325
홈페이지: http://www.moj.go.kr
기획 장준호 법무부 법무심의관실 검사

출판·판매 (주) **박영사**
출판등록: 제300-1959-1호(倫)
주소: 서울특별시 종로구 새문안로3길 36, 1601
전화: 02) 733-6771
팩스: 02) 736-4818
홈페이지: www.pybook.co.kr

정가 24,000원   ISBN 979-11-86140-04-8
979-11-86140-01-7(세트)